# 서철원 박사 교의신학

## Ⅳ

## 그리스도론
―
하나님의 성육신과 그의 구원사역

### Incarnatio Dei et Illius Opus Salutis

창조경륜을 이루시기 위해 하나님이 성육신하셨다.
성육신하신 하나님은 직접적 실제 창조주이시다.
자기의 창조가 범죄하여 망하게 되었으므로 창조주가 성육신하여 구주가 되셨다.
그리스도께서 피 흘리심으로 죗값을 갚아
반역한 백성을 다시 하나님의 백성으로 돌이키셨다.

서 철 원

Christologia

* 이 책은 특허법에 의해 보호받는 저작물이므로 복사하거나 복제 또 전자복사 저장하는 것을 일체 불허함. 단지 인용은 허용함.
* 이 책에 인용된 성경은 한글개역판임.

그리스도론 - 하나님의 성육신과 그의 구원사역
# 서철원 박사 교의신학 Ⅳ

1판 1쇄 발행 _ 2018년 4월 30일
1판 3쇄 발행 _ 2021년 4월 1일

지은이 _ 서철원
펴낸이 _ 이형규
펴낸곳 _ 쿰란출판사
기  획 _ 창조경륜사

주소 _ 서울특별시 종로구 이화장길 6
편집부 _ 745-1007, 745-1301~2, 747-1212, 743-1300
영업부 _ 747-1004, FAX 745-8490
본사평생전화번호 _ 0502-756-1004
홈페이지 _ http://www.qumran.co.kr
E-mail _ qrbooks@daum.net / qrbooks@gmail.com
한글인터넷주소 _ 쿰란, 쿰란출판사
등록 _ 제1-670호 (1988.2.27)
책임교열 _ 최진희·김영미

ⓒ 서철원 2018  ISBN 979-11-6143-131-4 94230
              979-11-6143-135-2 (세트)

책값은 뒤표지에 있습니다.
이 출판물은 저작권법에 의해 보호를 받는 저작물이므로 무단 복제할 수 없습니다.
파본 (破本)은 구입처에서 교환해 드립니다.

# 서철원 박사 교의신학

## 그리스도론
―
하나님의 성육신과 그의 구원사역

## 머리말

　하나님이 성육신하사 사람이 되시어 피 흘리시므로 많은 인류를 죄와 죽음에서 구원하여 영생에 이르게 하고 하나님의 백성으로 삼으셨다.

　이렇게 창조경륜을 성취하기 위하여 하나님이 친히 사람이 되시고 피 흘려 죗값을 대신 갚으셨다. 이런 기이하고 불가사의한 진리가 그리스도교에만 있다. 그러므로 그리스도만이 유일한 구주이고 참 구주이시다.

　하나님이 사람이 되신 방식, 인류를 죄와 죽음에서 구원하기 위해서 피 흘리심은 말로 표현할 수 없는 신비이고 감격이다. 사람이 되사 피 흘리심으로 반역한 백성을 다시 하나님의 백성으로 돌이키신 사역 때문에 육체 안에 오신 하나님을 찬양하고 경배하지 않을 수 없다.

　책을 교정해준 아내와 출판을 후원해주신 한기승 목사, 소강석 목사와 무명으로 도우신 분에게 깊은 감사를 표한다. 출판을 맡아준 쿰란출판사의 대표에게도 감사를 표한다.

2018년 3월 5일
저자 서철원

## 차례

머리말 ... 4

### 제1장　　　　　　　　　　　　　　　서론

- 제1절　그리스도론의 정의 ................................................... 26
- 제2절　그리스도론의 내용 ................................................... 28
- 제3절　그리스도론의 자리: 그리스도 신앙의 정초 ....................... 29
- 제4절　밑에서 위로 올라가는 그리스도론 (상승기독론)의 부당성 ...... 30
  - 1.4.1.　슐라이어마허의 견해 ............................... 30
  - 1.4.2.　릿츨의 주장 .......................................... 31
  - 1.4.3.　브룬너의 견해 ....................................... 31
  - 1.4.4.　발트의 견해 .......................................... 32
  - 1.4.5.　틸리히의 주장 ....................................... 34
  - 1.4.6.　불트만의 주장 ....................................... 34
  - 1.4.7.　베르크호프의 견해 .................................. 35
  - 1.4.8.　라아너의 주장 ....................................... 35
  - 1.4.9.　성경 비평자들의 견해 .............................. 36
  - 1.4.10.　고대 이단들의 주장 ................................ 36
- 제5절　위에서 밑으로 내려오는 그리스도론 (하강기독론) ............... 37

# 제2장　　　　　　　　　하나님의 구원경륜

**제1절  구원협약** ……………………………………………… 40
    2.1.1.　중보자 세움 ………………………………… 40
    2.1.1.1.　구원협약은 구원중보자를 세우시기 위한 삼위
        하나님 간의 작정 ………………………………… 40

**제2절  선택과 버리심 (유기)의 작정** ………………………… 42

# 제3장　　　　　　　　　하나님의 성육신

**제1절  성육신의 동인** ………………………………………… 46
    3.1.1.　성경의 근본진리: 죄 때문 ………………… 46
    3.1.2.　비성경적 주장들 …………………………… 47
    3.1.2.1.　오리게네스의 주장 ……………………… 47
    3.1.2.2.　둔스 스코투스의 하나님의 작정 주장 …… 48
    3.1.2.3.　오시안더의 궤변 ……………………………… 48
    3.1.2.4.　매개신학의 앙양 주장 ………………… 49
    3.1.2.5.　발트의 신 존재 동참 주장 …………… 50
    3.1.2.6.　베르크호프의 주장 …………………… 50
    3.1.2.7.　라아너의 신화 주장 …………………… 51

**제2절  성육신의 필요성** ……………………………………… 51
    3.2.1.　언약의 성취 …………………………………… 52
    3.2.2.　원상회복의 법 ………………………………… 53
    3.2.3.　속죄제사 ……………………………………… 54
    3.2.4.　새 인류의 조성 ……………………………… 54

제3절 하나님의 성육신: 임마누엘 ..................................................... 55
  3.3.1. 성육신의 주체 ........................................................................ 56
    3.3.1.1. 독생하신 하나님이 인간의 전 본성을 취하셨다 ... 56
    3.3.1.2. 성육신하신 하나님은 아들 곧 창조 중보자이시다 56
    3.3.1.3. 성육신하신 하나님은 하나님에게서 나오신 참 하나님이시다 ................................................................. 57
    3.3.1.4. 로고스 하나님은 아버지의 객관화여서 하나님의 형상이시다 ................................................................. 57
  3.3.2. 아들 하나님이 구원주가 되신 이유 ................................. 57
    3.3.2.1. 제 2 클레멘트의 가르침 ............................................ 58
    3.3.2.2. 바나바스 서신의 가르침 ............................................ 58
    3.3.2.3. 이그나치오스의 가르침 ............................................. 59
    3.3.2.4. 유스티노스의 가르침 ................................................. 59
    3.3.2.5. 타치아노스의 가르침 ................................................. 60
    3.3.2.6. 에레나이오스의 가르침 ............................................. 61
    3.3.2.7. 텔툴리아누스의 가르침 ............................................. 61
    3.3.2.8. 힙폴리토스의 가르침 ................................................. 62
    3.3.2.9. 알렉산드리아의 클레멘트의 가르침 ...................... 62
    3.3.2.10. 메또디오스의 가르침 ............................................... 62
    3.3.2.11. 아다나시오스의 정통적 가르침 ............................. 63
  3.3.3. 성육신의 방식 ........................................................................ 64
    3.3.3.1. 로고스 하나님이 인간본성을 취하여 신인이 되심 64
    3.3.3.2. 한 개인이 아니라 한 인간본성을 취하심 ........... 64
    3.3.3.3. 신인의 인격은 신적 인격이다 ................................ 65
    3.3.3.4. 그리스도의 인성은 그의 인격에 의존해서 존재한다 ... 65
    3.3.3.5. 죄로 오염되지 않은 온전한 인성을 취함 ........... 65

제4절 출생의 길 ................................................................ 66
- 3.4.1. 성령의 역사로 잉태; 동정녀 탄생 ..................... 66
- 3.4.1.1. 성령은 한 인성을 형성하셨다 ......................... 66
- 3.4.1.2. 그 인성을 깨끗하게 하셨다 ............................ 66
- 3.4.1.3. 성령은 조성한 인성을 로고스의 위격에 연합시키셨다 ................................................. 67
- 3.4.2. 동정녀에게서 출생 ............................................. 68
- 3.4.2.1. 마리아의 피에서 인성을 형성 ........................ 68
- 3.4.2.2. 그리스도의 영혼은 수태 시 새롭게 창조되었다 ... 68
- 3.4.3. 동정녀 탄생을 부정하는 주장들 ........................ 69
- 3.4.3.1. 브룬너의 주장 ................................................ 69
- 3.4.3.2. 슐라이어마허의 부정 ..................................... 70
- 3.4.4. 자연적 방식으로 출생 ....................................... 70
- 3.4.4.1. 출생의 방식은 자연적이다 ............................. 70
- 3.4.4.2. 주 예수는 정상적인 인간의 성장을 하였다 ......... 71
- 3.4.5. 유일한 의인, 완전히 거룩한 사람으로 출생 ......... 71
- 3.4.5.1. 성령의 역사로 죄책과 오염이 전달되지 아니하였다 ... 72
- 3.4.5.2. 완전 거룩자로 출생하여 죄성과의 투쟁이 없음 ... 72
- 3.4.5.3. 새 인류의 조상이므로 죄과의 전가가 없음 ........ 72
- 3.4.5.4. 하나님의 인격에 죄과의 전달은 불가하다 ......... 72
- 3.4.6. 바울은 하늘의 인격으로 출생함이라고 표현 ...... 73
- 3.4.7. 두 본성에 한 인격 ............................................. 73
- 3.4.8. 신인으로 출생 ................................................... 73

제5절 하나님의 성육신의 예언 ........................................... 73
- 3.5.1. 첫 범죄자의 심판에서 하나님이 구주가 되실 것을 알리심 ............................................................... 74
- 3.5.2. 이삭의 출생으로 그리스도 오심을 약속 ............ 74

- 3.5.3. 하나님이 선지자로 오실 것임이 약속되었음 ...... 75
- 3.5.4. 하나님이 동정녀 탄생으로 오실 것을 예언 ......... 75
- 3.5.5. 하나님이 한 아이로 나심을 예언 ..................... 75
- 3.5.6. 하나님이 이새의 후손으로 오심을 예언 ........... 76
- 3.5.7. 하나님이 육신으로 나타나실 것을 예언 ........... 76
- 3.5.8. 여호와가 광야에 오실 이로 예언 ..................... 77
- 3.5.9. 하나님이 성육신하여 상함 받을 것을 예언 ...... 77
- 3.5.10. 하나님이 완전한 사람으로 오실 것을 예언 ...... 77
- 3.5.11. 하나님이 성육신하여 한 사람으로 나시므로 새 인류의 조상이 되심이 예언됨 ............................... 78
- 3.5.12. 사람이 되신 하나님이 멸시와 간고를 겪으심을 예언 78
- 3.5.13. 성육신하신 구주가 성령으로 역사하실 것을 예언 78
- 3.5.14. 여호와가 다윗의 후손으로 오실 것을 예언 ......... 79
- 3.5.15. 여호와가 인자로서 하늘에서 내려오심을 예언 ... 79
- 3.5.16. 나귀 타심을 예언 .............................................. 80
- 3.5.17. 성육신하신 하나님이 은 삼십에 팔릴 것을 예언 ...80
- 3.5.18. 그리스도가 십자가에 못 박힘을 예언 ............... 81
- 3.5.19. 그리스도의 제자들이 흩어짐을 예언 ............... 81
- 3.5.20. 하나님이 성육신하여 언약의 사자로 나타나심을 예언 81
- 3.5.21. 그리스도의 전령 세례 요한이 엘리야로 옴을 예언 82

### 제4장 그리스도의 인격

#### 제1절 신인의 인격 ......................................... 84
- 4.1.1. 그리스도는 신성과 인성으로 이루어진 유일한 신인인격 ................................................................. 84

- 4.1.1.1. 칼케돈 신경 ............................................. 85
- 4.1.1.2. 이단적 견해들은 칼케돈 신경과 배치된다 ......... 85
- 4.1.1.2.1. 아폴리나리스의 한 본성 주장 ..................... 85
- 4.1.1.2.2. 유티커스의 한 본성 한 인격 주장 ................ 86
- 4.1.1.2.3. 네스토리오스의 두 본성 두 인격 주장 ........... 86
- 4.1.1.3. 자기 비움의 이론 ....................................... 87
- 4.1.1.3.1. 초기 케노시스 이론 .................................. 87
- 4.1.1.3.2. 19세기 케노시스주의자들의 신적 존재의 비움 주장 ... 87
- 4.1.1.3.3. 케노시스 이론은 성육신 부정 ..................... 88
- 4.1.1.3.4. 그리스도는 통일 인격임 ............................ 89
- 4.1.1.4 근세신학은 인간인격만 주장 ........................ 89
- 4.1.1.5. 두 본성 교리 배척은 성육신 부정 ................. 90
- 4.1.2. 그리스도의 신격이 신인의 인격이고 인적 본성은 종속적 .................................................. 90
- 4.1.3. 두 본성은 각각 그 본성대로 역사 ..................... 90
- 4.1.4. 그리스도의 인격은 인성과 함께, 안에도 또 밖에도 계심 ...................................................... 91
- 4.1.5. 속성 전달은 위격적 전달 .............................. 92
- 4.1.5.1. 각 본성의 속성들이 위격에 전달된다 ............. 92
- 4.1.5.2. 루터신학에 의하면 전지와 편재와 전능이 인성에 전달 .................................................. 92
- 4.1.5.2.1. 신적 속성이 인성에 직접 전달되면 성육신이 부정됨 ... 93
- 4.1.5.2.2. 신적 속성이 직접 전달되면 정상적 성장 불가 ...... 93
- 4.1.5.2.3. 속성교류는 위격적 전달임 ......................... 93
- 4.1.6. 모든 인격적 결정은 신격의 일 ....................... 94
- 제2절 그리스도의 무죄성 ........................................ 94
- 4.2.1. 그리스도는 완전히 거룩한 사람으로 출생하였다 ... 94

| 4.2.2. | 성령으로 잉태되었으므로 무죄하다 | 95 |
| --- | --- | --- |
| 4.2.3. | 그리스도는 첫 언약의 대상이 아니므로 죄과의 전가가 안 됨 | 95 |
| 4.2.4. | 온전한 우리의 인성이어도 무죄하다 | 95 |
| 4.2.5. | 범죄의 가능성이 성령의 역사로 배제된다 | 96 |
| 4.2.6. | 인성의 의지가 죄로 나아가고 죄 된 것을 욕망할 수 없다 | 96 |
| 4.2.7. | 재세례파의 부당한 주장 | 96 |
| 4.2.8. | 로마교회의 무흠수태 주장 | 97 |

# 제5장  구원중보자

| 제1절 | 구원중보자 | | 100 |
| --- | --- | --- | --- |
| | 5.1.1. | 아들 하나님이 구속중보자로 세워짐 | 100 |
| | 5.1.2. | 주 예수는 성령세례 받아 구원중보자로 임명됨 | 101 |
| | 5.1.3. | 세례 받음으로 인류의 죄를 전가 받음 | 102 |
| | 5.1.4. | 삼중 직임을 지닌 그리스도로 세워짐 | 102 |
| 제2절 | 중보자의 인격 | | 103 |
| | 5.2.1. | 예수 | 103 |
| | 5.2.1.1. | 예수는 구원주의 이름 | 104 |
| | 5.2.1.2. | 예수가 주로 호칭됨 | 104 |
| | 5.2.1.3. | 예수는 구약에서 예표를 갖는다 | 104 |
| | 5.2.1.3.1. | 여호수아는 두 방면에서 예수를 예표한다 | 104 |
| | 5.2.1.3.2. | 토지분배는 그리스도의 구원배분 예표 | 105 |
| | 5.2.1.3.3. | 대제사장 여호수아는 그리스도의 속죄 예표 | 106 |
| | 5.2.2. | 그리스도 | 106 |

| | | |
|---|---|---|
| 5.2.2.1. | 그리스도는 기름부음 받은 자로서 메시아의 번역어이다 | 106 |
| 5.2.2.2. | 그리스도는 이스라엘의 왕으로 임명됨 | 106 |
| 5.2.2.3. | 그리스도는 성령의 기름부음 받은 왕이므로 이스라엘의 구주이다 | 107 |
| 5.2.2.4. | 그리스도는 제사장적 왕이다 | 107 |
| 5.2.2.5. | 이스라엘은 정치적 메시아를 기대하였다 | 108 |
| 5.2.2.6. | 메시아는 다윗 자손으로 충분하다고 여김 | 108 |
| 5.2.2.7. | 구약의 기름부음 받은 자들은 성령 부음 받은 그리스도를 예표하였다 | 109 |
| 5.2.2.8. | 그리스도는 성령 부음 받아 하나님 나라의 왕으로 임명 | 110 |
| 5.2.2.9. | 그리스도는 대제사장으로 세워짐 | 111 |
| 5.2.2.10. | 종교 신학은 종교 설립자들이 다 그리스도라고 주장 | 112 |
| 5.2.3. | 인자 | 112 |
| 5.2.3.1. | 인자는 예수 자신의 호칭이다 | 112 |
| 5.2.3.2. | 인자는 성육신의 신비 지시 | 113 |
| 5.2.3.3. | 인자는 신분전이를 지시 | 113 |
| 5.2.3.4. | 인자는 제 2 아담임을 함의 | 114 |
| 5.2.3.5. | 인자란 호칭으로 인류의 심판주 됨을 강조 | 114 |
| 5.2.3.6. | 인자의 유래 | 114 |
| 5.2.4. | 하나님의 아들 | 115 |
| 5.2.4.1. | 아들은 하나님과의 친숙한 관계 지시 | 115 |
| 5.2.4.2. | 아들로 초자연적 출생 지시 | 115 |
| 5.2.4.3. | 아들은 삼위일체의 제 2 위격 지시 | 116 |
| 5.2.4.4. | 에비온파는 예수가 영원한 아들임을 부인 | 116 |
| 5.2.4.5. | 근세신학도 영원한 아들임을 부인 | 117 |

| | | |
|---|---|---|
| 5.2.5. | 주 ................................................. | 118 |
| 5.2.5.1. | 교회의 첫 신앙고백은 주 예수 ................... | 118 |
| 5.2.5.2 | 주 예수는 신적 대권자를 뜻함 ................... | 118 |
| 5.2.5.3. | 주 예수는 주로서 여호와와 동일자 ............. | 118 |
| 5.2.5.4. | 예수는 ἐγω εἰμ를 사용하여 자기를 여호와로 지시 | 119 |
| 5.2.5.5. | 예수는 부활로 천지의 대권을 받음 ............. | 119 |
| 5.2.6. | 하나님 ............................................. | 120 |
| 5.2.6.1. | 예수는 부활로 하나님으로 고백되었다 ......... | 120 |
| 5.2.6.2. | 요한복음은 성육신자가 하나님이심에서 출발 ... | 120 |
| 5.2.6.3. | 성육신하신 로고스가 여호와 하나님이심 ...... | 120 |
| 5.2.6.4. | 예수 그리스도가 참 하나님 ...................... | 121 |
| 5.2.6.5. | 바울도 그리스도를 하나님으로 지목 ............ | 121 |
| 5.2.6.6. | 그리스도는 만물 위에 찬송 받으실 하나님 ..... | 121 |
| 5.2.6.7. | 예수 그리스도는 크신 하나님 구주 ............... | 122 |
| 5.2.6.8. | 바울은 예수 그리스도에 창조주 공식을 적용 ... | 122 |
| 5.2.6.9. | 니카야 신경: 예수 그리스도는 하나님에게서 나온 하나님 ............................................. | 122 |
| 5.2.6.10. | 자유주의 신학은 예수 그리스도의 하나님이심 부정 | 123 |
| 5.2.7. | 마지막 아담 ....................................... | 123 |
| 5.2.7.1. | 예수 그리스도가 마지막 아담 ................... | 123 |
| 5.2.7.2. | 제 2 아담은 새 인류의 조상임 ................... | 123 |
| 5.2.7.3. | 마지막 아담은 살려주는 영 ...................... | 124 |
| 5.2.8. | 주의 종 ............................................. | 124 |
| 5.2.8.1. | 주의 종은 제자들이 지목한 이름 ................ | 124 |
| 5.2.8.2. | 주의 종은 이사야의 예언 ......................... | 125 |
| 5.2.8.3. | 주의 종이란 호칭은 피조물을 입었기 때문 ..... | 125 |
| 5.2.8.4. | 주의 종 호칭은 종으로서 고난 받아 구원을 이룸으로 | 125 |

제3절  예수의 그리스도 주장과 수행 ................................ 126
    5.3.1.    예수의 자기 증거 ........................................ 126
    5.3.2.    예수 그리스도의 전권 주장 ........................... 129
    5.3.3.    메시아 사역 ................................................. 135

## 제6장　　　　　　　　　　그리스도의 낮아지심

제1절  성육신: 낮아지심의 시작 ...................................... 141
    6.1.1.    성육신 자체가 낮아지심임 ............................ 141
    6.1.1.1.  종의 형상을 입음 ........................................ 141
    6.1.1.2.  법에 종속 .................................................... 143
    6.1.2.    낮아지심의 주체 .......................................... 145
    6.1.2.1.  루터교회: 하나님의 성육신은 낮아지심이 아님 145
    6.1.2.2.  낮아지심의 주체는 하나님의 인격 ................. 145
    6.1.2.3.  신성의 비수난성의 문제 .............................. 145

제2절  고난의 삶: 낮아지심의 두 번째 단계; 의의 성취 ...... 146
    6.2.1.    인간의 모든 죄악 아래 사심 .......................... 148
    6.2.1.1.  외로움을 당함 ............................................. 148
    6.2.1.2.  수치를 당함 ................................................. 151
    6.2.2.    그리스도의 세례 받음 .................................. 156
    6.2.2.1.  세례에서 세상 죄과를 넘겨받음 .................... 156
    6.2.2.2.  성령세례 받아 하나님 나라의 왕으로 임직 ..... 159
    6.2.2.3.  성령 기름부음으로 성령담지자와 파송자가 되었다 160
    6.2.3.    시험을 받음 ................................................. 162
    6.2.3.1.  예수 그리스도는 공생애 시작에 시험받음 ..... 162
    6.2.3.2.  감람동산에서의 시험: 마지막 시험 ............... 164

| | | |
|---|---|---|
| 6.2.4. | 율법의 성취 | 165 |
| 6.2.4.1. | 주 예수는 모든 율법의 요구에 자기를 종속시켰다 | 165 |
| 6.2.4.2. | 율법의 요구를 충족하여 율법을 완성하셨다 | 166 |

# 제7장　새 언약의 체결

## 제1절　새 언약 ... 172

| | | |
|---|---|---|
| 7.1.1. | 은혜언약은 새 언약으로 이해해야 한다 | 172 |
| 7.1.2. | 그리스도가 새 인류의 대표와 언약을 체결하심 | 173 |
| 7.1.3. | 새 언약은 주 예수가 자기의 피로 세우셨다 | 173 |
| 7.1.4. | 언약설립자가 언약의 보증이 되심 | 174 |
| 7.1.5. | 언약 당사자들은 역사적 실제 인물인 교회의 대표 | 174 |
| 7.1.6. | 새 언약은 파기된 첫 언약의 성취이다 | 175 |
| 7.1.7. | 새 언약에서는 사랑의 계명을 생활의 규범으로 주심 | 175 |
| 7.1.8. | 성령의 임재를 약속하고 성령을 파송하셨다 | 176 |
| 7.1.9. | 새 언약은 그리스도의 피로 죄과가 용서되어 성령의 임재로 성취되었다 | 176 |
| 7.1.9.1. | 확실한 구원을 위해 자기 피로 언약을 보증 | 176 |
| 7.1.9.2. | 그리스도의 속죄제사로 의가 세워짐 | 177 |
| 7.1.9.3. | 구원에 이름은 주 예수를 믿는 믿음으로 | 178 |
| 7.1.9.4. | 믿는 자들이 구원을 실제로 소유 | 178 |
| 7.1.9.5. | 새 언약의 실체는 하나님이 백성의 하나님 되심 | 179 |
| 7.1.9.6. | 그리스도의 피로 죄용서 곧 의가 세워짐 | 179 |
| 7.1.9.7. | 믿는 자는 순전히 은혜로 구원받음 | 179 |
| 7.1.9.8. | 새 언약의 성례는 세례와 성찬이다 | 180 |
| 7.1.10. | 새 언약은 하나님이 구원창시자로서 확실한 백성 회복 목표 | 180 |

| 제2절 | 은혜언약 | | 181 |
|---|---|---|---|
| | 7.2.1. | 은혜언약은 구원협약에 근거하여 그리스도와 맺은 언약 | 181 |
| | 7.2.2. | 구원협약과 은혜언약은 내용이 같음 | 181 |
| | 7.2.3. | 은혜언약은 두 번 체결한 언약임 | 182 |
| | 7.2.4. | 은혜언약은 새 언약으로 바꾸어야 함 | 182 |
| | 7.2.5. | 언약사상은 새 언약을 무시함 | 183 |

## 제8장　그리스도의 구속사역

| 제1절 | 구속은 두 방면으로 성립한다 | | 186 |
|---|---|---|---|
| | 8.1.1. | 구속은 팔린 것을 다시 사는 것임 | 186 |
| | 8.1.2. | 구속은 해방을 뜻함 | 187 |
| 제2절 | 십자가상의 죽음 | | 188 |
| | 8.2.1. | 예수의 십자가 처형 | 189 |
| | 8.2.1.1. | 예수를 죽일 죄목은 하나님의 아들이란 자기주장 | 189 |
| | 8.2.1.2. | 십자가 처형의 죄목은 유대인의 왕 그리스도라는 주장 | 190 |
| | 8.2.1.3. | 반역자로 정죄되므로 십자가 처형 | 191 |
| | 8.2.1.4. | 십자가상의 죽음은 예수 그리스도의 전존재가 당하는 고통이었음 | 191 |
| | 8.2.1.5. | 예수의 죽음은 완전한 죽음이어서 사망이 확인되었다 | 192 |
| | 8.2.2. | 십자가 처형에 대한 예언 | 193 |
| | 8.2.2.1. | 나무에 달린 자는 하나님께 저주를 받았음이니라 | 193 |
| | 8.2.2.2. | 그 뼈가 하나도 꺾이지 아니하리라 | 194 |

### 제3절 십자가의 죽음=화해제사 .................................... 194
- 8.3.1. 주 예수의 죽음은 하나님이 세상과 화해하심이다 194
- 8.3.2. 예수 그리스도의 피가 하나님의 진노를 진정하였다 198

### 제4절 십자가의 죽음=속죄제사 .................................... 199
- 8.4.1. 예수 그리스도의 죽음을 하나님이 속죄제사로 작정하셨다 ............................................. 199
- 8.4.1.1. 이삭의 제사로 주 예수의 죽음을 예표 ........... 199
- 8.4.1.2. 짐승의 제사로 그리스도의 속죄제사 예표 ...... 199
- 8.4.2. 예수 그리스도가 어린양으로 속죄제사를 드림 200
- 8.4.2.1. 예수 그리스도가 하나님의 어린양으로 죽었다 200
- 8.4.2.2. 하나님의 어린양으로 지목된 예수가 자신을 제물로 바쳤다 ............................................. 201
- 8.4.2.2.1. 구약의 모든 속죄제사는 짐승으로 드린 제사였다 201
- 8.4.2.2.2. 그의 몸을 제물로 바쳐 단번에 죄를 완전 제거... 201
- 8.4.2.3. 예수의 피가 죄를 속량하는 속전이 되었다 ...... 202
- 8.4.3. 예수 그리스도가 대제사장으로서 죄를 속하였다 203
- 8.4.3.1. 대제사장 예수는 그의 몸을 제사하여 완전한 속죄를 이루었다 ............................................. 203
- 8.4.3.2. 예수는 몸으로 제물이 되고 인격으로 대제사장이 되었다 ............................................. 203
- 8.4.3.3. 예수는 대제사장으로 영원한 제사를 드렸다 ... 203
- 8.4.3.3.1. 예수는 하나님의 아들이므로 영원한 대제사장이다 204
- 8.4.3.3.2. 예수 대제사장은 한 번의 제사로 죄를 완전히 속하였다 ............................................. 205
- 8.4.3.3.3. 그의 제사는 하늘의 성소에서 이루어지므로 죄를 완전히 속하였다 ............................................. 206
- 8.4.4. 그리스도의 피가 죄를 속한다 ..................... 206

|  |  |  |
|---|---|---|
| 8.4.5. | 예수 그리스도의 죽음과 피 흘리심은 해방과 자유를 가져왔다 | 207 |

**제5절  십자가의 죽음=대리적 속죄** ............................ 209

|  |  |  |
|---|---|---|
| 8.5.1. | 한 의인 예수가 대신 죽으므로 모두가 죽은 것이다 | 209 |
| 8.5.2. | 모든 믿는 자들의 죄를 속하기 위해 대신 죽었다 | 209 |
| 8.5.3. | 그리스도의 죽음은 죄의 세력을 궤멸하여 생명 도입 | 210 |

**제6절  구속에 대해 그릇된 현대신학** ............................ 211

|  |  |  |
|---|---|---|
| 8.6.1. | 슐라이어마허의 그릇된 견해 | 211 |
| 8.6.2. | 릿츨의 윤리적 견해 | 212 |
| 8.6.3. | 발트의 주장: 신 존재 동참 | 212 |
| 8.6.4. | 라아너의 주장: 신 존재 통보로 신화됨 | 213 |

# 제9장    그리스도의 죽음과 지옥강하

**제1절  그리스도의 죽음과 장사지냄** ............................ 216

|  |  |  |
|---|---|---|
| 9.1.1. | 그리스도의 죽음은 믿는 자들의 죄과를 속량하는 사역이다 | 216 |
| 9.1.2. | 죽음에서 그리스도의 영혼과 육체가 분리되었다 | 216 |
| 9.1.3. | 로고스의 인격은 죽음에서도 인성과 연합을 계속 | 216 |
| 9.1.4. | 그리스도는 부자의 무덤에 묻힘 | 217 |
| 9.1.5. | 그리스도는 장례되어 사흘 동안 무덤에 머물렀다 | 217 |
| 9.1.6. | 그는 죽음의 상태에서 사흘 동안 죽은 자들의 세계에 속하였다 | 218 |
| 9.1.7. | 그리스도의 신격은 영혼과 함께 하늘에, 몸은 무덤에 | 218 |
| 9.1.8. | 그리스도는 썩음과 해체를 보지 않음 | 218 |

제2절 지옥강하 ................................................................ 219
 9.2.1. 초기 로마형의 사도신경에는 지옥강하가 없음   219
  9.2.1.1. 희랍교회는 지옥강하 주장 ........................ 219
  9.2.1.2. 로마교회는 조상림보로 가서 조상들 해방 주장   219
 9.2.2. 루터교회의 가르침: 지옥에서 승리의 행진 주장   221
  9.2.2.1. 루터교회에 의하면 지옥강하가 높아지심의 첫 단계이다   221
  9.2.2.2. 옥에 가 있을 때 영혼과 육체는 분리되었는데 그 분리 상태는 높아지심이 아니다 ........................ 221
 9.2.3. 개혁신학의 가르침; 지옥강하: 십자가상의 죽음과 땅에 묻힘으로 이해 ................................ 221
  9.2.3.1. 칼빈은 낮아지심의 극치로 이해 ................. 222
  9.2.3.2. 그리스도의 영혼은 저주받은 자들이 있는 곳에 갈 수 없다   222
  9.2.3.3. 십자가 사건이 영의 권세로 지옥에 알려짐을 뜻함   222

# 제10장     그리스도의 부활과 승천

제1절 부활 ..................................................................... 224
 10.1.1. 부활의 근거 ............................................. 225
 10.1.2. 부활자 ..................................................... 226
  10.1.2.1. 영체로 부활 ........................................ 226
  10.1.2.2. 새 인류의 머리로 부활: 우리의 부활 보장 ...... 226
  10.1.2.3. 그의 인성은 하나님의 현시기관이 됨 ........... 226
  10.1.2.4. 부활로 하나님의 존재방식으로 돌아감 ........ 227
  10.1.2.5. 그리스도는 부활로 본래 하나님의 영광과 권세로 돌아감 ................................................ 227
  10.1.2.6. 부활로 생명의 주가 되심 ........................ 228

| | | |
|---|---|---|
| 10.1.2.7. | 부활로 천지의 대주재가 되심 | 228 |
| 10.1.2.8. | 부활의 권세로 인류와 창조를 변화시킬 것임 | 228 |
| 10.1.3. | 부활 후 40일 | 229 |
| 10.1.3.1. | 새 세계의 거주자로 돌아오심 | 229 |
| 10.1.3.2. | 부활자의 현현 | 230 |
| 10.1.3.3. | 부활자의 계시는 그리스도가 하나님이심을 현시함 | 230 |
| 10.1.3.4. | 부활 후 하늘에 오르심이 필연적 | 231 |
| 10.1.4. | 그리스도의 부활을 부인하는 주장들 | 232 |
| 10.1.4.1. | 슐라이어마허의 주장: 부활은 그의 인격의 구성요인 아님 | 232 |
| 10.1.4.2. | 릿츨의 부활 부정 | 233 |
| 10.1.4.3. | 불트만의 부활 부정: 부활 선포만 있음 | 233 |
| 10.1.4.4. | 몰트만의 부활 부정: 예수의 미래를 예상한 것임 | 235 |
| 10.1.4.5. | 라아너의 부활 부정: 구주란 주장이 승리한 것이라고 함 | 235 |
| 10.1.4.6. | 발트의 부활 부정: 인간 예수를 하나님의 아들로 인정함임 | 236 |

**제2절 그리스도의 하늘에 오르심** ......................... 237

| | | |
|---|---|---|
| 10.2.1. | 하늘에 오르심 | 237 |
| 10.2.1.1. | 승천은 하늘로 장소적 이동임 | 237 |
| 10.2.1.2. | 루터교회는 승천은 상태의 변화 곧 인성의 편재라고 함 | 238 |
| 10.2.1.3. | 보좌 자체로 이동해 가심 | 239 |
| 10.2.2. | 승천은 속죄제사의 완성이다 | 239 |
| 10.2.3. | 승천은 하나님의 보좌 우편에 앉으심이다 | 240 |
| 10.2.4. | 통치의 시작이 성령을 보내심이다 | 240 |
| 10.2.5. | 그의 승천은 우리 몸이 하나님의 보좌 앞에 가 있음이다 | 241 |
| 10.2.5.1. | 그의 승천은 우리 영혼이 하나님 앞에 가는 길을 열었다 | 241 |

|  |  | 10.2.5.2. | 그의 육체로 하나님이 새 인류와 친숙한 연합을 하신다 242 |
| :-- | :-- | :-- | :-- |

제3절 보좌에 앉으심: 왕으로 다스림 ………………………………… 242

- 10.3.1. 보좌에 앉음은 중보자의 위격으로 세상을 다스림이다 242
- 10.3.2. 교회를 보호하고 인도하시다 ………………… 243
- 10.3.3. 자기의 백성을 진리로 인도하신다 ………… 243
- 10.3.4. 그리스도는 모든 세상을 다스리시고 역사를 주재하신다 244

제4절 재림 …………………………………………………………… 244

- 10.4.1. 그리스도의 재림의 목적은 구원을 완성함에 있다 245
- 10.4.2. 재림은 중보자의 통치 완성이다 ………………… 245
- 10.4.3. 그리스도의 심판은 구원의 완성을 위해 악을 제거함임 245
- 10.4.4. 악을 완전히 제거함으로 사탄이 권세를 행사하지 못함 246
- 10.4.5. 하나님은 충만한 임재로 만유 안에 만유가 되심 246

# 제11장   그리스도의 삼중 직임

제1절 그리스도의 선지자 직임 ……………………………………… 249

- 11.1.1. 그리스도가 신 계시의 원천이므로 선지자임 … 249
- 11.1.2. 그리스도가 하나님의 나타나심 자체이다 …… 250
- 11.1.3. 구원의 길을 가르치셨다 ………………………… 250
- 11.1.4. 율법을 바르게 해석하셨다 ……………………… 251
- 11.1.5. 성령으로 사람의 마음을 조명하여 진리를 가르침 251
- 11.1.6. 선지자와 사도를 통하여 구원진리를 계시하고 성취하심 252
- 11.1.7. 제 2 아담으로서 하나님의 경륜을 바르게 해석하셨다 ………………………………………………… 252
- 11.1.8. 그리스도가 하나님의 말씀 자체이다 ………… 253
- 11.1.9. 모든 인류로 지식에 이르게 한다 ……………… 253

|         |                                                      |     |
| ------- | ---------------------------------------------------- | --- |
| 11.1.10. | 모든 성경계시가 그리스도의 구원 사건의 해석으로 종결 | 254 |
| 11.1.11. | 그리스도의 구원성취로 더 이상 새 계시는 없다 | 254 |

제2절 그리스도의 왕직 .................................................. 254

| | | |
| --- | --- | --- |
| 11.2.1. | 그리스도의 임직으로 하나님의 나라가 시작 | 255 |
| 11.2.2. | 하나님의 나라는 그의 피로 백성을 속량함임 | 255 |
| 11.2.3. | 그리스도의 통치는 영으로 다스림이다 | 256 |
| 11.2.3.1. | 은혜의 통치는 죄의 제거로 사람이 하나님을 섬기게 함임 | 256 |
| 11.2.3.2. | 교회가 그리스도의 통치의 영역이다 | 256 |
| 11.2.3.3. | 하나님의 법이 지켜지는 사회가 그리스도의 다스림의 영역이다 | 257 |
| 11.2.4. | 그리스도의 통치권은 우리가 확대한다 | 257 |
| 11.2.5. | 중보자의 통치가 종말에는 직접적 신적 통치로 바뀐다 | 258 |
| 11.2.6. | 그리스도의 심판은 구원의 완성이 된다 | 258 |
| 11.2.7. | 심판 후에 하나님의 임재가 충만해진다 | 259 |
| 11.2.8. | 그리스도의 왕권은 영원하다 | 259 |
| 11.2.9. | 그리스도의 왕권 행사로 세상 권력이 신적 성질을 상실 | 260 |

제3절 그리스도의 제사장 직임 ...................................... 260

| | | |
| --- | --- | --- |
| 11.3.1. | 그리스도는 성령으로 그의 구원을 계속 적용하신다 | 260 |
| 11.3.2. | 그리스도의 제사장직 수행은 모든 제사의 완성 | 261 |
| 11.3.3. | 자기의 백성을 위해 중보기도를 하신다 | 261 |

### 제12장　　　　　　　　　　그리스도의 구원

제1절　죄용서 ………………………………………… 264
제2절　의의 선사 ……………………………………… 266
제3절　영생의 선사 …………………………………… 268
제4절　아들들이 됨 …………………………………… 269
제5절　부활을 보장함 ………………………………… 271
제6절　창조의 변환 …………………………………… 272


### 　　　　　　　　　　　　　성경 색인

**구약** ……………………………………………………… 276
**신약** ……………………………………………………… 278
**라틴어와 다른 언어 용어 색인** ……………………………… 290

## 제1장

# 서론

## 제1절 그리스도론의 정의

그리스도론 (기독론)은 하나님의 성육신과 그의 구원사역을 다루는 신학이다.

하나님은 자기의 창조경륜을 이루시기 위하여 성육신하셨다. 하나님은 창조 시 창조경륜을 가지셨다. 창조경륜은 하나님이 자기 백성을 가지시고 그들 가운데 거하시며 찬양과 경배를 받으시는 것이다 (계 21:3-4).

이 목적을 이루시기 위해 하나님은 사람을 하나님의 형상대로 곧 인격체로 창조하시고 남자와 여자로 지으셨다 (창 1:27).

또 하나님은 첫 사람들과 언약을 맺어 그들로 창조주만을 하나님으로 섬기는 백성으로 삼으셨다. 그 언약은 선악과계명으로 체결되었다 (창 2:17). 선악과계명은 창조주를 하나님으로 섬기는 것을 선 (善)으로 하나님 섬김을 거부하는 것을 악 (惡)으로 정하신 것이다. 하나님을 섬김이 선이므로 생명에 이르고 하나님 섬김을 거부하는 것은 악이어서 죽음에 이르게 정하셨다.

언약체결로 첫 사람들은 하나님을 찬양하고 경배하는 삶을 잘 살았다. 또 하나님의 창조세계를 탐구하여 더욱 창조주를 찬양하고 경배하였다.

그러다가 유혹자가 나타나 첫 사람들로 선악 결정을 스스로 하는 자주자(自主者)가 되라고 부추겼다 (창 3:5). 그들은 유혹을 따라 선악을 스스로 결정하는 자주자 곧 하나님의 자리에 서기로 하였다. 곧 창조주 하나님 섬김을 거부하였다.

아담과 하와는 언약을 파기하여 하나님 섬김을 거부하였으므로 언약의 법대로 죽음과 저주를 선고받았다 (창 3:17-19). 형벌 받은 인류가 다 망해 없어지게 되었다.

그러나 하나님은 반역한 백성을 불쌍히 여기셨다. 그들을 다시 돌이켜 자기의 백성 삼으시기로 하셨다. 그러려면 반역한 백성들의 죄과(罪過)를 무효화해야 한다. 죄과를 무효화하려면 범죄자가 그 죗값을 갚아야 한다. 그러나 아담의 후손은 다 죄인들이므로 죗값을 갚을 수가 없었다.

그래서 하나님이 사람의 죗값을 대신 갚으심으로 백성들을 회복하기로 하셨다. 이 목적으로 하나님이 성육신하셔서 사람의 죗값을 지시고 피 흘리심으로 백성들의 죄과를 무효화하기로 하셨다. 하나님이 사람이 되시고 피 흘리시어 사람들의 죄를 제거하심으로 다시 백성들을 회복하여 그들 가운데 거(居)하시며 찬양과 경배를 받기로 하셨다.

이렇게 하나님은 타락한 인류를 구원하시는 일을 친히 하기로 하셨다. 그의 작정대로 하나님은 인간의 육(肉, σάρξ)을 입고 사람이 되시어, 십자가에서 피 흘리심으로 인류의 죗값을 갚아 다시 그들을 하나님의 백성으로 회복하셨다. 이렇게 하여 하나님은 창조경륜을 이루기로 하셨다.

하나님이 사람이 되어 사람의 죗값을 치르시고 사람들을 구원하시어 다시 하나님의 백성으로 회복시키신 것이 그리스도론의 핵심이다.

첫 창조 시에는 하나님이 말씀과 권능으로 만물을 창조하시므로 창조주가 되셨다. 재창조 시에는 하나님이 그의 인격에 피조물을 입으시어 인격으로 구원을 이루셨다.

그러므로 재창조의 사역이 더 큰 신비요 은혜의 역사이다. 도저히 불가능한 일이 하나님의 사랑 때문에 이루어졌다.

## 제2절 그리스도론의 내용

예수 그리스도는 하나님의 성육신 (Deus incarnatus, incarnatio Dei)이다. 따라서 그리스도론은 성육신의 방식으로 세상을 구원하시기로 한 하나님의 작정 곧 구원협약 (pactum salutis)을 논한다.

또한 성육신의 필요성과 동인 (動因, motive), 성육신의 방식을 제시하고 신인인격 (神人人格)과 두 본성을 논한다. 그리스도의 중보직과 속죄사역을 중점 논의하며 부활과 승천과 속죄의 범위 등을 논의한다.

또 삼중직으로서 그리스도의 왕권과 선지자직도 다룬다. 이처럼 그리스도론의 중심은 그리스도의 인격과 속죄사역이다.

이 책은 전통적인 그리스도론에서 전혀 다루지 않은 그리스도의 구원을 추가하였다. 그리스도는 피 흘리심으로 구원을 이루셨다. 구원은 죄용서와 의의 선사, 영생의 선사, 하나님의 아들들이 됨, 부활을 보장함과 창조의 변환으로 성립한다.

## 제3절 그리스도론의 자리: 그리스도 신앙의 정초

그리스도교는 예수 그리스도를 믿는 믿음이다. 그리스도론은 성경에 제시된 그리스도의 실재(實在)를 고찰하여 믿음을 확립한다. 그러나 믿음은 성령의 역사로 이루어지므로 성경계시에 근거하여 예수 그리스도를 믿는 믿음의 당위성과 근거를 제시한다. 또한 성경계시에 근거하여 하나님의 성육신의 방식으로 구원이 이루어질 수밖에 없음을 밝힌다.

그리스도는 성경계시에 의해 믿어지며, 그리스도를 믿는 믿음은 계시자인 하나님에 의해서 결정된다. 또한 하나님을 아는 것도 그리스도를 통해서 이루어진다.

바른 하나님 지식은 그리스도에 의해서 이루어진다. 그리스도를 믿는 믿음도 성경의 하나님에 의해서 이루어진다. 왜냐하면 그리스도가 하나님의 성육신이며, 하나님은 그리스도 안에서 일을 이루시기 때문이다.

그리스도론은 그리스도를 믿는 믿음만 정립하는 것이 아니라 그리스도교 신학 전체를 결정하는 기초이고 시작점이다.

그리스도론이 그리스도를 믿는 믿음을 전체로서 결정할 뿐만 아니라, 신학내용을 그리스도 신앙으로 확정한다. 따라서 모든 신학은 그리스도를 믿는 믿음에 의해 결정되고 규정되며 그리스도론적으로 개진된다.

그리스도론적으로 형성된 신학내용이 그리스도교 신학이다. 그리스도교 신학은 그리스도로 시작하고 그리스도로 마친다. 따라서 그리스도론은 신학내용 전체를 정초하고 규정짓는다.

그리스도론은 그리스도교를 구원종교로 정초하거나, 근본진리를 다 부정하는 자유주의 신학으로 변질시키는 중심점이다.

## 제4절 밑에서 위로 올라가는 그리스도론 (상승기독론, Aufstiegschristologie)의 부당성

신약성경은 역사적 예수를 그리스도로 증거한다. 역사적 예수와 그리스도는 분리되지 않는다. 더 나아가 신약은 역사적 예수와 함께 하나님의 성육신 (成肉身, incarnatio Dei)과 선재 (先在)를 말한다. 이는 예수 그리스도가 하나님의 성육신이기 때문이다.

그러나 18세기 이래 현대신학은 상승 (上昇)기독론 곧 밑에서부터 위로 올라가는 그리스도론에 부착한다. 인간 예수에게서 시작하여 가치판단에 의해 그를 하나님의 아들로 인정한다.

### 1.4.1. 슐라이어마허의 견해

슐라이어마허 (Friedrich Schleiermacher, 1768-1834)는 예수는 한낱 인간이지만 자연적 개발에 의해 이룩한 그의 무한한 신의식 (神意識, Gottesbewusstein) 때문에 예수를 하나님의 아들 곧 신성 (神性, deitas)과 일치시킨다 (Der Christliche Glaube, § 93, 3; § 96, 3; § 97, 2-3).

### 1.4.2. 릿츌의 주장

릿츌 (Albrecht Ritschl, 1822-1889)도 그리스도의 신성을 그의 인간성의 한계 내에 둔다.

릿츌에 의하면 하나님으로서 그리스도는 마리아에게서 날 수 없다 (wenn nicht Christus auch als Gott von Maria geboren wäre. Die christliche Lehre von der Rechtfertigung und Versöhnung, III, 1884, 1978, 365). 그리스도의 신성은 그가 우리의 구원을 위해 수난 받았다는 가치 평가이다 (Rechtfertigung und Versöhnung, III, 366, 369).

그리스도의 신성 교리는 신약에서는 획득할 수도 없고 기대할 수도 없다. 그리스도의 신성 사상은 교회가 교회 설립자에 대해서 바친 인정과 가치 평가일 뿐이다 (Rechtfertigung und Versöhnung, III, 371). 그리스도는 하나님으로서 선재할 수 없고 만물이 지향하는 목표로 창조되었다. 그러므로 이 면에 있어서 그리스도가 만물에 선행 (先行)한다고 말한다 (Rechtfertigung und Versöhnung, III, 375).

이처럼 그리스도가 인간으로서 우월한 것을 주 (主, Herr)로 표기하였다 (Rechtfertigung und Versöhnung, III, 376). 그리스도를 주라고 하는 것은 하나님이라고 하는 것과 같은 것인데, 그리스도의 완전한 도덕성 때문에 그를 하나님으로 여긴다. 따라서 하나님의 인격의 성육신은 신화 (神話, Mythe)라고 주장한다.

### 1.4.3. 브룬너의 견해

20세기에 들어와서도 동일하다.

브룬너 (Emil Brunner, 1889-1966)는 동정녀 탄생 (童貞女 誕生)의 불가능성을 주장한다. 예수 그리스도는 아버지와 어머니에게서 출생한 한 인간일 뿐이다. 이런 예수가 신인 (神人, Gottmensch)으로서 하나님의 아들이라고 말한다.

브룬너에 의하면 예수가 여자에게서 낳았다는 것은 그의 완전한 피조성을 말하는 것이고 자연적인 성장법칙을 따라 자랐다는 것을 말한다. 그는 완전한 인간인데 그의 의지가 하나님의 의지와 완전히 일치했다 (Brunner, Dogmatik, II, 1950, 376, 378).

브룬너에 의하면 신약은 영원한 하나님의 아들의 동정녀 탄생을 알지 못한다. 오늘 낳았다고 한 것은 신적 본성적 출산을 말하는 것이 아니라 하나의 인간을 메시아와 하나님의 아들 됨의 위엄으로 세움을 말한다 (in die Würde der Messianität und Gottessohnschaft, Brunner, Dogmatik, II, 404). 신약은 영원한 아들 됨과 그의 성육신을 말하지 않는다. 동정녀 탄생이라고 하는 것은 구주의 인격의 출생을 말한 것뿐이라는 것이다. 마리아의 태에서 예수 그리스도가 하나님에 의해서 창조된 것이다 (Brunner, Dogmatik, II, 416-420). 아버지 없는 출생은 인성이 부족하다는 주장이다.

### 1.4.4. 발트의 견해

칼 발트 (Karl Barth, 1886-1968)도 예수 그리스도는 시간 내에 살고 활동하다가 죽은 자로 말한다. 그리스도의 선재는 인격적 하나님으로서 영원에서 존재하신 것이 아니고 하나님의 영원한 작정 속에 들어 있었기 때문이라고 한다. 그는 변증법적으로 하나님의 성육신을 말하여도, 그의 신학에는 성육신할 수 있는 삼위일체 하나님이 없다. 그의 신학에서 하나님은 한 인격적인 하나님 (der eine persönliche Gott)이기 때문이다 (Kirchliche Dogmatik, III/1, 50-70).

예수 그리스도는 하나님의 아들 곧 삼위일체의 제 2 위격으로 선재한 것이 아니고 하나님의 창조목표로 하나님의 경륜 안에 선재하였다. 하나님은 사람을 창조하시고 교제하신 후에 예수 그리스도로 말미암아 그의 피조물을 자기의 존재에 동참하도록 하는 작정을 하셨다. 그러므로 예수 그리스도로 연합을 이루시기로 하셨으므로 예수 그리스도를 먼저 작정하셨다.

또한 신인 연합을 화해라고 발트는 제시한다. 예수 그리스도가 화해를 이루었으므로 그가 하나님의 유일한 말씀이고 또 참 하나님이다 (KD, IV/1, 51, 54). 예수 그리스도로 화해를 이루셨기 때문에 그가 창조에 있어서 하나님의 의지의 처음이고 내용이며 목표이다. 이런 의미에서 예수 그리스도는 하나님의 의지의 첫 번째이고 영원한 말씀이라는 것이다 (KD, IV/1, 52, 53).

예수 그리스도 안에서 이루어진 화해가 만물의 시작이고 전제이므로 예수 그리스도 때문에 하나님이 천지를 창조하셨다 (KD, IV/1, 51). 예수 그리스도가 화해를 이루셨으므로 역사적 인물이지만 하나님의 영원한 아들이다.

예수 그리스도는 전통적 신학에서 가르쳐온 대로 로고스 아사르코스 (Logos asarkos)나 삼위일체의 제 2 위격이 아니다. 그런 제 2 위격은 화해자 하나님이 아니다 (KD, IV/1, 55). 제 2 위격은 숨겨진 하나님 (Deus absconditus)이고 사람이 만들어낸 신들의 형상이어서 하나님 안에 이신론 (二神論, duotheismus)을 도입함이다 (KD, IV/1, 55, 69,

94). 그러므로 예수 그리스도는 인격적 하나님으로서 영원부터 계신 것이 아니고, 하나님의 예정 안에 선재한다. 이런 점에서 그는 하나님의 아들로 불리게 된다는 것이다 (KD, IV/1, 70).

### 1.4.5. 틸리히의 주장

틸리히 (Paul Tillich, 1886-1965)는 하나님에게서 나온 로고스라는 원리가 예수에게 나타났으므로 그리스도가 새 존재라는 것이다. 그리스도는 새 실재의 기대인데 예수가 그리스도로서 새 존재이고 새 존재의 담지자이다 (Systematic Theology, Vol II, 102, 136ff). 이런 면에서 한 인간 예수가 그리스도라는 것이다.

### 1.4.6. 불트만의 주장

불트만 (Rudolf Bultmann, 1884-1976)은 신약의 그리스도 증거를 전부 신화 (神話)로 보므로 오직 인간 예수만 있다고 (Jesus Christ and mythology) 말한다.

불트만에 의하면 복음서는 예수의 전기나 사실들의 기록이 아니라 교회의 신앙에 의해 이루어진 신학의 산물이다. 그러므로 예수 그리스도의 하나님으로서의 선재, 강생, 동정녀 탄생, 대속적인 죽음, 부활은 다 신화이다. 예수는 처참한 십자가의 죽음으로 끝난 존재이다. 그러나 교회의 신앙이 그를 부활하였다고 선포하였다. 부활 선포만이 역사적이라는 것이다.

### 1.4.7. 베르크호프의 견해

베르크호프 (Hendrikus Berkhof, 1914-1995)도 그리스도의 신성을 그의 인간으로서의 완전성으로 이해한다. 예수 그리스도가 하나님의 아들인 것은 영원한 선재자로서가 아니고 하나님이 예수를 새롭게 창조하셨기 때문이다. 이런 점에서 그는 새 사람이라고 한다 (Christelijk Geloof, 305, 298, 302, 318, et passim).

### 1.4.8. 라아너의 주장

로마교회의 칼 라아너 (Karl Rahner, 1904-1984)도 근본적으로 상승 기독론의 입장을 취한다. 신약은 그리스도를 하나님으로 지목하지 않는다고 주장한다. 또 성육신도 예수 그리스도에게만 있는 유일한 사건이 아니고, 모든 인간에게 가능한 사건이 예수에게서 구현되었다고 주장한다.

라아너는 존재 자체를 하나님으로 말한다. 존재 자체를 창조주라고 말하는 것은 존재 자체가 존재를 사람과 개물(個物)들에게 통보하기 때문이라고 한다. 이 존재 통보가 예수에게 특별히 일어났다는 것이다. 예수를 그리스도라고 하는 것은 하나님의 존재의 통보와 피조물의 자기 상승이 그에게서 합쳐졌기 때문이라는 것이다. 그러므로 누구나 다 성육신이 될 수 있다.

라아너에 의하면 요한복음이 말한 하나님의 로고스는 세상에 대한 하나님의 자기 통보이고 인격적인 존재가 전혀 아니다. 신 존재 통보가 예수에게서 역사적으로 구체화된 것이 하나님의 성육신이다. 그러므로 그의 생은 죽음으로 끝났다 (Grundkurs des Glaubens, 1976, 178-312)는 것이다.

### 1.4.9. 성경 비평자들의 견해

성경 비평자들도 예수는 나사렛 사람 예수일 뿐이라는 기본 입장을 견지한다. 신약 비평자들은 역사적 예수에게서 출발하고, 거기에 국한하므로 그의 초자연적 기원을 다 거부한다. 그러면 예수는 하나님으로서 성육신하신 것이 아니고 인간 예수일 뿐이다. 그는 탁월한 윤리교사, 사랑의 화신, 천재적 종교가에 불과하다. 이런 인간 예수를 하나님으로 추앙하여도 거기에는 구원이 없고 신약의 그리스도교가 무너진다.

### 1.4.10. 고대 이단들의 주장

초대교회 시기에 에비온파는 예수를 한낱 사람으로만 보았다. 그런데 세례 받아 특별한 권능을 행하였고, 부활 후에 하나님의 아들로 입양되었다고 보았다.

고대교회에서 일어난 아레안 이단도 동일한 주장을 하였다. 하나님의 아들은 선재하신 영원하신 하나님의 아들이 아니고 만물보다 먼저 창조되었다. 이런 점에서 그는 다른 피조물들과 다르다고 하였다.

아레안 이단에 의하면 하나님은 한 존재로서 분열 불가하고 그의 존재의 통보가 불가능하다. 그러므로 하나님의 아들은 창조되어 존재하게 된 것이고, 하나님 아버지와 동일 실체로 계신 제 2 위격이 아니다. 예수는 하나님과 동일 실체 (homoousia)가 아니라 유사 실체라고 주장하였다.

아레안 이단은 니카야 공회의 (Concilium Nicaenum I, 325)에서 정죄되고 삼위일체 교리가 공식화되었지만 이들은 오래도록 교회를 지배하였고 근세에 이르러 모든 신학이 다 아레안 이단으로 돌아갔다.

현대신학에서 수립된 그리스도론도 근본은 고대교회의 이단의 주장과 동일하다. 이처럼 밑에서부터 시작한 그리스도론은 언제나 동일한 결론에 도달한다.

## 제5절 위에서 밑으로 내려오는 그리스도론
### (하강기독론, Abstiegschristologie)

그리스도의 바른 이해와 바른 신앙은 역사적 예수에게서 출발하는 것이 아니고 그의 하나님으로서의 존재와 성육신에서 출발한다.

신약은 예수 그리스도의 기원을 영원에서 출발하고 하나님의 성육신을 근본으로 삼는다. 즉 선재자와 성육신자의 인격적 동일을 근본으로 삼는다.

또 신약이 선포하는 그리스도는 역사적 예수 그리스도이다. 그는 죽고 부활함으로 그의 모든 생이 하나님의 성육신으로 또 하나님의 구원으로 이해되고 선포되었다.

그러므로 역사적 예수에서 출발하여 가치판단에 의해 하나님으로 인정되고 높이 우러름 (추앙)되는 것이 결코 아니다.

역사적 예수는 하나님의 성육신이므로 위에서 밑으로 (von oben

nach unten) 내려오는 그리스도론 곧 하강 (下降)기독론이어야 한다. 그렇지 않고 상승기독론을 취하면 다 비신화화 (非神話化)에 이르러 역사적 예수만 남고 신약의 그리스도교는 흩어져 사라진다 (소산, 消散).

## 제2장

# 하나님의 구원경륜

(consilium salutis divinum)

(시 40:6-8; 사 42:1; 53:5, 10-12; 마 26:24; 요 17:2-10; 엡 1:4)

Incarnatio Dei et Illius Opus Salutis
Incarnatio Dei et Illius Opus Salutis
Incarnatio Dei et Illius Opus Salutis

하나님은 반역한 인류를 구원하시어 다시 자기의 백성 삼기로 정하셨다. 하나님의 성육신과 그의 속죄제사의 방식으로 인류를 구원하기로 하신 하나님의 작정이 구원협약이다. 이렇게 삼위 하나님 간에 구원중보자와 구원의 방식을 작정하셨다.

## 제1절 구원협약 (pactum salutis)

### 2.1.1. 중보자 세움 (constitutio mediatoris)

#### 2.1.1.1. 구원협약은 구원중보자를 세우기 위한 삼위 하나님 간의 작정

가. 아버지 (성부), 아들 (성자), 성령이 세상 구원을 위하여 구원자와 구원방식을 협약하셨다.

아버지와 아들과 성령이 아들을 구원중보자로 합의하셨다. 직접적 창조주이신 아들이 인류를 창조하셨는데 그 인류가 범죄하여 멸망하게 되었다. 반역한 인류를 다시 하나님의 백성이 되게 하는데 창조주 아들 하나님이 구원중보자가 되시는 것이 합당하다고 합의하셨다. 삼위 하나님이 구원중보자를 합의하셨으므로 이 합의가 구원협약이다.

이 구원협약 때문에 카위퍼 (Abraham Kuyper, 1837-1920)와 바빙크 (Herman Bavinck, 1854-1921)는 하나님의 존재를 언약적 존재라고 칭한다 (Abraham Kuyper, Dictaten Dogmatiek, Ⅲ, Locus de Foedere, § 5 de pacto salutis, 81f; Herman Bavinck, Gereformeerde Dogmatiek, Ⅲ, het Verbond der Genade, 194).

나. 아들 하나님이 사람이 되사 속죄제사로 인류를 구원하기로 약속하셨다.

하나님의 공의의 법에 의하면 범죄자 혹은 죄를 범한 본성이 죗값을 갚아야 한다. 그러나 아담의 후손은 아무도 죗값을 갚을 수 없으므로 하나님이 대신 속죄제사로 죄를 해결하여 인류를 구원하기로 정하셨다. 구원중보자가 피 흘리시므로 죄를 무효화하여 반역한 백성을 다시 하나님의 백성으로 회복하기로 약속하셨다.

다. 아들 하나님이 새 언약 (foedus novum)으로 모든 믿는 자들의 죄를 속량하시어 인류를 구원하기로 하셨다.

구원중보자는 새 언약으로 새 인류의 죄를 완전히 속량하셔서 하나님의 백성으로 돌리기로 하셨다. 대신 속죄제사로 죄과를 제거하여 백성을 회복하기로 구원중보자(Mediator redemptionis)가 하나님께 약속하셨다.

라. 아버지는 이 약속을 받아 아들을 그리스도 곧 구원중보자로 선언하시고 그의 죽음 곧 희생의 제사를 믿는 자들의 죄를 위한 완전한 속량으로 받기로 약속하셨다.

마. 아들이 피 흘려 언약을 세우고 속죄하기로 약속하셨다.

이것을 위해 아들이 자기의 피를 흘려 아버지의 언약 (testamentum)의 보증 (pignus)이 되고 그가 언약을 세워 언약의 설립자가 되기로 하셨다.

바. 아들의 속죄사역에 근거하여 성령을 보내어 구원을 적용하사 교회를 조성하고 가르치고 보호하기로 약속하셨다.

이 약속에 근거하여 주 예수가 성령을 보낸다고 하실 때 성령을 아버지의 약속이라고 제시하셨다 (눅 24:49; 행 1:4; 2:33).

사. 이 협약은 하나님의 약정이므로 사람의 타락 (lapsus hominis)이 전제되지만 영원한 작정 (decretum aeternum)이다.

아. 구원협약은 시 40:6-8; 사 42:1; 53:5, 10-12; 마 26:24; 요 17:2-10; 엡 1:4에 근거한다.

자. 칼 발트는 구원협약을 은혜언약으로 표현된 것으로 이해하여 은혜언약은 불가하다고 배척한다.

아버지와 아들 간의 협정은 두 신을 설정함이므로 이신론 (二神論, duotheismus)을 도입함이어서 우상숭배가 된다고 배척한다 (Karl Barth, Kirchliche Dogmatik, IV/1, 69).

## 제2절 선택과 버리심 (유기)의 작정

구원협약은 구속중보자를 세움과 선택과 유기의 작정을 포함한다.

가. 하나님은 아들의 구속에 의하여 타락한 인류 중에서 일부를 구원해 내기로 작정하셨다.

나. 택함 받은 자들은 인류 전체가 아니라 일부가 될 것이다.

일부는 전체가 아니라는 의미이고 소수를 뜻하는 것은 아니다. 그러나 인류 자체가 구원된다. 따라서 첫 인류의 조상인 아담이 구원에 이르므로 인류 자체가 구원에 이르게 된다.

카위퍼가 제시한 대로 나무의 비유로 설명할 수 있다. 큰 나무에 마른 가지들이 있는데 그 마른 가지를 제거하면 나무 자체가 남는다. 마찬가지로 인류 중에서 그리스도의 생명에 연결되지 않은 사람들은 마른 가지이므로 그들을 제거하고 인류 자체를 구원하는 것이다.

다. 구원에 이르게 할 자들의 선택은 영원 (aeternitas), 특수 (particularitas), 불변 (immutabilitas)의 특성을 가져 완전한 구원이 되게 하셨다.

하나님은 일정한 수의 사람들을 영원한 구원으로 예정하셨으므로 택함 받은 자들의 수가 확정적이고 그 예정이 불변이며 영원한 구원이 되게 하셨다.

라. 선택과정은 믿을 것을 미리 아시고 (예지, praevisio) 작정한 것이 아니고 전적으로 하나님의 호의이므로 믿는 자들에게 믿음과 회개를 주기로 작정하셨다 (엡 2:8-9).

그리고 택자들은 때에 맞게 전적으로 은혜를 입고 구원의 확실성 (certitudo salutis)을 가지며 끝까지 믿음에 머무르게 된다 (persistentia in fide finalis).

마. 버리심 (유기, reprobatio)은 죄 때문에 정죄에 이르기로 한 작정이어서 그의 공의 (iustitia)대로 은혜 입히심에서 지나쳐 가심 (간과하심)이다.

바. 버리심의 내적 원인 (causa movens interna)은 죄에 대한 정당

한 형벌이므로 징벌 공의 (iustitia Dei vindicativa)이다.

그러나 버리심의 궁극적인 원인 곧 외적 원인 (causa movens externa)은 그리스도의 구원을 거부함 (repudium meriti Christi) 곧 그리스도를 구주로 믿지 않음이다.

사. 버리심에 의하여 은혜 입음에서 넘겨봄으로 (간과) 영원한 구원의 상속에서 제거되고 영원한 형벌을 받는다.

영원한 형벌을 반대하는 주장이 있는데, 그것은 첫 범죄가 창조주 하나님에게 대한 반역임을 알지 못하기 때문에 생긴 것이다. 창조주에 대한 반역은 영원한 형벌과 죽음이 타당하다. 또 주 예수를 끝까지 믿지 않음은 두 번째 반역이다.

아. 버리심의 작정 (decretum reprobationis)도 영원하고 불변하다 (aeternum et immutabilitum).

버림받은 자들은 다수이고 (pluralitas), 일시적으로 믿음의 상태에 있을 수 있으나 끝까지 불신앙에 머문다 (perseverantia in infidelitate finalis).

## 제3장

# 하나님의 성육신

(Incarnatio Dei)

(요 1:1-14; 갈 4:4; 빌 2:5-11; 골 1:15-19; 2:9; 딤전 3:16; 히 2:9-14)

Incarnatio Dei et Illius Opus Salutis
Incarnatio Dei et Illius Opus Salutis
Incarnatio Dei et Illius Opus Salutis

하나님은 반역한 인류를 구원하셔서 다시 자기의 백성을 삼으시기 위해 사람이 되셨다. 창조주는 사람이 되어 죄과를 지고 피 흘림으로 죗값을 지불하여 사람들을 속량하려고 성육신하셨다.

또한 백성을 구원할 뿐만 아니라 창조경륜대로 구원된 백성 가운데 거하시기 위해서도 성육신하셨다.

## 제1절 성육신의 동인 (動因)

### 3.1.1. 성경의 근본진리: 죄 때문

성경은 모든 인류의 범죄 때문에 하나님의 아들 곧 하나님의 성육신을 말하고, 그의 속죄의 죽음을 말한다 (요 1:29; 3:16; 마 1:21; 막 10:45; 롬 3:22-25; 5:8-10; 6:23; 고전 15:3; 히 1:3; 2:17; 9:26-28; 10:12; 벧전 2:24; 3:18; 요일 2:2; 3:5; 4:9-10; 계 1:5). 죄에서의 구속을 위해 하나님의 아들의 성육신과 죽음이 필수적이다.

성육신의 동인은 죄 때문이다. 아우구스티누스 (Augustinus, 354-430)는 이 진리를 표현하여 "내 죄과가 복되도다" (O Felix culpa mea)

고 하였다. 죄 아니면 로고스의 성육신은 발생하지 않았기 때문이다. 곧 인류의 타락이 없었으면 하나님의 성육신은 일어날 수 없었다. 내가 범죄하였으므로 나를 구원하기 위해서 하나님 자신이 성육신하셨기 때문이다.

전통적 그리스도교는 하나님의 성육신은 백성을 죄에서 회복(restitutio)하기 위해서 이루어졌다고 성경의 가르침대로 믿고 고백해 왔다.

피조물이 죄로 타락하였는데 원래의 상태로 회복하기 위해 성육신이 발생하였다. 성경의 증거를 따라 성육신의 동인은 죄라고 함이 진리이다.

### 3.1.2. 비성경적 주장들

신학사에서 성경의 진리와 반대되는 주장이 제기되어 왔다.

### 3.1.2.1. 오리게네스의 주장

오리게네스(Origenes, 185-254)는 로고스의 성육신을 만유의 회복에 더 중점을 두었다 (엡 4:6).

처음 완전 행복 상태에서 탈락한 인류종족이 미래 세계에서 원상태로 회복될 것이라고 오리게네스는 주장한다 (de principiis, I, 6, 2). 더 나아가 원수의 수준으로 떨어진 종족들 곧 악마 혹은 사탄과 그의 천사들도 미래 세계에서는 의로 회복될 것이라고 주장한다 (de principiis, I, 6, 3).

성육신의 목적을 죄에서의 구속보다 만유의 회복에 두므로 종말에 사탄까지 회복됨을 말하였다.

### 3.1.2.2. 둔스 스코투스의 하나님의 작정 주장

중세의 둔스 스코투스(Johannes Duns Scotus, 1265-1308)는 하나님이 합리적인 피조물들 중에서 한 존재를 택하여 말씀과 결합시켜 그 존재를 가장 영화롭게 하려고 작정하셨다고 주장하였다. 바로 하나님의 말씀(Verbum Dei)의 육(肉, caro)을 영화롭게 해주려는 하나님의 작정 때문에 성육신하였다고 주장하였다 (Sententiae Ⅲ, Distinctio Ⅶ, Quaestio 3, pp. 349, 350).

### 3.1.2.3. 오시안더의 궤변

종교개혁 당시 루터교회 목사인 오시안더(Andreas Osiander, 1498-1552)는 하나님의 성육신은 죄와 상관없이 작정되었다고 주장하였다.
그는 아담이 타락하기 전에 그리스도가 인간본성의 원형으로 정해졌기 때문에 아담이 하나님의 형상을 따라 창조되었다고 주장하였다 (an filius Dei quoted in Institutio, III, 12, 5).
곧 사람이 하나님의 형상으로 창조된 것은 아담이 오실 메시아의 원형 혹은 모형으로 형성되었기 때문이라고 주장한다 (Institutio, II, 12, 5). 즉 그리스도가 아담의 원형이라는 것이다 (Institutio, I, 15, 3). 그러므로 아담이 타락하지 않았어도 그리스도는 사람이 되었을 것이라고 오시안더는 주장한다 (Institutio, II, 12, 5. 6).

그는 사람이 범죄하지 않았어도 그리스도가 사람이 되셨을 것이라고 주장하고 그리스도가 육체 안에 나타나서 그의 신적 본질을 우리에게 주입하여 우리를 의롭게 만드셨다고 주장하였다. 이로써 그리스도의 죽음과 부활에 의한 구원과 의롭다 하심을 배제하였다 (Institutio, I, 15, 4; III, 11, 5. 6. 8. 10. 12; III, 12, 5).

그는 또 전개하기를 하나님이 본래 인류를 방문하기로 작정하셨는데, 인간의 타락으로 하나님의 성육신이 앞당겨진 것뿐이라고 하였다. 앞당겨진 이유는 원래 아버지가 아들을 방문하게 되어 있는데 아들이 사고가 남으로 예정된 방문이 앞당겨진 것과 같다고 하였다.

### 3.1.2.4. 매개신학의 앙양 주장

19세기 헤겔철학의 영향으로 발생한 매개신학 (Vermittlungstheologie)은 죄에서의 구속 곧 회복 때문이 아니라 인류의 앙양 (昻揚, elevatio)을 위해서 성육신이 발생하였다고 주장하였다.

가. 매개신학에 의하면 하나님이 모든 만물을 통일하셔서 만물의 머리가 되셔야 하므로 성육신이 필수적이라고 하였다.

나. 또 인류를 하나님 자신에게로 끌어올려 하나님처럼 만드는 것 (神化)이 그의 작정이다. 그러므로 인류를 신 되게 하기 위하여 하나님의 성육신이 필연적이라고 하였다.

다. 이러한 매개신학의 앙양 주장은 20세기에도 계속되어 신학계의 주류사상 (主流思想)이 되었다.

### 3.1.2.5. 발트의 신(神) 존재 동참 주장

칼 발트 (Karl Barth, 1886-1968)는 매개신학의 사상을 더욱 발전시켰다. 하나님은 사랑이시기 때문에 인간을 교제의 대상으로 지으시고, 사귐 후에 사람들을 끌어올려 자기 존재에 동참하게 작정하셨다. 이것을 위하여 성육신으로 신인연합을 이루어 하나님의 자기 존재에 동참을 허락하셨다. 죄는 이 신인연합으로 가는 길에 생긴 삽화적 사건에 불과하다. 죄도 성육신으로 해결한다 (Kirchliche Dogmatik, Ⅲ/1, § 41; Ⅳ/1, § 57)고 주장한다.

그러나 발트의 신학에는 사람이 하나님의 존재에 직접 동참하는 것은 없다. 신 존재에 동참하는 것이란 하나님 섬김에서 궁극적이고 완전한 존재가 세계와 사람의 미래라고 하여 자신의 처음 주장을 바꾸었기 때문이다 (KD, IV/1, 133, weil ein großes, endgültiges, vollkommenes Sein im Dienste Gottes die Zukunft der Welt und jedes Menschen und so auch die seinige ist).

그런데도 발트의 앙양사상이 현대신학의 주류를 형성하게 되었다.

### 3.1.2.6. 베르크호프의 주장

헨드리쿠스 베르크호프 (Hendrikus Berkhof)는 발트의 제자로서 그의 사상을 이어받아 예수 그리스도는 하나님의 영원한 작정 가운데 있었다고 주장한다.

처음 창조 시 하나님은 예수 그리스도를 눈에 두고 창조하셨다. 그리고 예수 그리스도를 원형으로 삼아 임시적인 창조 곧 사람을 다시 짓기 위해 예수의 출생이 생겼다. 또 그리스도를 목표로 하여 창조를 새로 짓는 과정에 정화를 위해 십자가가 필요하다고 주장한다 (Christelijk Geloof, 307-308).

### 3.1.2.7. 라아너의 신화 주장

20세기 로마교회 신학자인 칼 라아너 (Karl Rahner)는 전통적인 로마교회의 신 되기 (神化) 사상과 발트의 사상을 결합하였다.

성육신은 신적 존재의 통보 혹은 나누어줌 (分與)을 이루어 인간을 신 되게 하기 위해서 이루어졌다고 주장한다. 곧 인류를 하나님의 존재와 같이 되게 하기 위해서 성육신이 이루어졌다. 그러므로 성육신은 하나님의 인격의 성육신이 아니고, 신 존재의 통보와 인간의 초월의 결합으로 생긴 것이라고 주장한다.

그런데 라아너는 하나님을 존재 자체로 대체하였다. 이 존재 자체가 자기의 존재를 사람에게 통보하여 신인연합이 인간 예수에게서 이루어졌다고 말한다 (Foundations of Christian Faith, 212-229).

## 제2절 성육신의 필요성

성육신 (incarnatio Dei) 곧 하나님이 육신을 입으심은 인류를 죄와 죽음에서 구원하시기 위해 이루어져야 했다. 그러나 구원의 역사는 하나님의 법의 성취를 통해서 이루게 하셨다. 그러므로 성육신이 구원에 필수적이다.

### 3.2.1. 언약의 성취

하나님은 창조경륜을 가지셨다. 창조경륜은 하나님이 자기 백성을 가지시고 그들 가운데 거하시며 찬양과 경배를 받으시는 것이다 (계 21:3; 창 17:7; 출 6:7; 19:6; 신 29:13; 렘 31:33). 이 목적을 위해 하나님은 사람을 자기의 형상대로 만드시고 언약을 체결하셨다 (창 1:26-28; 2:16-17).

이 경륜을 이루시기 위하여 하나님은 첫 사람과 언약을 맺으셔서 그들을 자기의 백성으로 삼으셨다. 이로써 인류는 창조주만을 하나님으로 섬기는 백성이 되었다.

그런데 하나님은 사람과 언약을 맺으실 때 언약의 법적 제약을 자신에게도 지우셨다. 언약 당사자인 인간이 언약을 파기해도 하나님은 기어이 언약을 성취하셔서 자기 백성을 가지기로 하셨기 때문이다. 언약의 법적 제약을 자신에게 부과하셨으므로, 언약 당사자의 파기에도 불구하고 언약을 성취하기로 하셨다. 이렇게 하나님은 창조경륜을 이루기로 하셨다.

하나님은 사람의 자리에 오셔서 언약을 파기한 죄를 무효화하여 언약을 회복하기로 하셨다. 곧 언약의 계명을 범한 죄과대로 죽음을 감당하여 죗값을 지불하므로 아담의 죄과를 무효화하셨다. 이렇게 언약을 성취하여 인간의 죄를 속량하므로 인류를 다시 하나님의 백성으로 회복한다. 이것이 구원이다. 그러므로 성육신이 필수적이다.

### 3.2.2. 원상회복의 법 (restitutio)

하나님은 죄과가 범해진 그 본성에서 죄가 속량 (redemptio)되게 하셨다. 곧 죄과가 범해진 본성이 죗값을 지불하므로 죄에서 구속하기로 하셨다.

인간이 자기의 힘으로는 죄과를 속량할 수 없기 때문에 하나님이 인간본성 (natura humana)을 입으시고, 인간이 범한 죄과 때문에 받을 형벌 (poena) 곧 죽음을 감당하시므로 죗값을 갚아 하나님의 법 곧 의를 세우기로 하셨다.

구약에서 하나님은 이스라엘에게 원상회복의 법을 가르치셨다. "사람을 쳐 죽인 자는 반드시 죽일 것이요 짐승을 쳐 죽인 자는 짐승으로 짐승을 갚을 것이며 사람이 만일 그 이웃을 상하였으면 그 행한 대로 그에게 행할 것이니 파상(破傷)은 파상으로, 눈은 눈으로, 이는 이로 갚을지라, 발은 발로니라. 남에게 손상을 입힌 대로 그에게 그렇게 할 것이며" (출 21:23-27; 레 24:17-22; 신 19:21; 마 5:38). 위와 같이 하도록 하심은 원상회복의 법을 가르치심이다. 복수의 법을 가르침이 결코 아니다.

하나님이 사람의 원상을 회복하기 위하여 죄과가 범해진 우리의 본성 곧 육신을 입으셔야 했다. 따라서 성육신으로 원상회복 (restitutio)을 이루신다. 사람이 범한 죄과를 성육신하신 이가 우리의 본성에서 지불하심으로써 구원이 이루어지기 때문이다.

### 3.2.3. 속죄제사 (sacrificium)

하나님은 속죄제사의 방식으로 인류를 구원하시기로 작정하셨다. 죄는 피로 곧 생명으로 속량되는 것임을 알게 하시기 위하여 하나님은 이스라엘에 속죄제사 제도를 세우셨다 (레 17:11).

이 방식으로 속죄가 이루어짐을 이삭의 제사로 분명히 알게 하셨다. 이삭이 제물로 드려진 제사의 방식으로 세상을 구원하기로 작정하셨기 때문이다 (창 22:2, 9-11). 또 백성으로 대신 속죄를 알도록 하기 위하여 양을 속죄 제물로 드리게 하셨다. 유월절제사가 대표적인 예표이다 (출 12:1-28; 레 23:4-8).

구약의 제사는 참 제사의 예표였다 (히 8:4-5). 죄를 완전히 속하여 생명을 살리는 제사는 사람의 피여야 한다. 그것이 유월절 설립 시 애굽 장자 살해 (출 12:29)와 어린양으로 드린 속죄제사로 예표하신 것이다. 구약 제사제도는 인간의 몸으로 드려질 제사가 참 속죄제사임을 가르치기 위해 세워졌다 (시 40:6-8; 히 9:1-10; 10:5-6).

속죄제사의 제물은 흠 없는 몸이어야 한다. 흠 없는 피로 제사하여 죄를 속량하기 위해서 하나님이 성육신하셔야 했다 (히 8:3-13; 9:11-15, 26; 10:5-6, 10-12). 범죄한 인성은 자기를 속량할 수 없기 때문이다.

### 3.2.4. 새 인류의 조성

하나님은 그리스도 안에서 새 인류를 만들기로 작정하셨다. 아담에 의해 타락한 인류에게서 새 인류를 만드시기 위하여 산 혼이 아니라 영으로 난 사람을 새 인류의 머리로 세우기로 하셨다 (롬 5:14;

고전 15:45).

　자녀를 가진 자는 아버지이다. 그리스도가 성육신하여 새 인류의 조상이 되므로 자녀들을 가졌다. "나와 및 하나님께서 내게 주신 자녀니라" (히 2:13). 이 새 자녀들은 그가 피 흘려 백성을 죄와 죽음에서 구속하심으로 얻은 자녀들이다. 구속된 자녀들을 가진 한 사람 곧 예수를 하나님은 새 인류의 조상으로 삼으셨다.

　영적 새 인류를 만드시기 위해 새 인류의 조상을 (히 2:13) 영의 사람으로 조성하셨다. 그리하여 성령으로 수태되고 형성되게 하셨다 (마 1:18-20; 눅 1:35). 성령으로 수태되어 형성되었으므로 살려주는 영이 되었다 (고전 15:45).

　새 인류의 조상인 둘째 아담 (고전 15:45)의 후손들은 다 영으로 거듭나게 함으로 (고전 15:19; 벧전 1:3; 요 3:5-6) 새 인류, 새 백성이 되게 하셨다. 그러므로 새 인류에게 성령을 보내셨다 (갈 4:6; 롬 8:15).

　이처럼 새 인류를 조성하기 위하여 새 조상을 필요로 하였다 (갈 3:16, 19). 이 일을 위하여 성육신이 필수적이다.


### 제3절 하나님의 성육신 (Incarnatio Dei): 임마누엘 (Immanuel)

　하나님의 성육신은 하나님이 인류와 함께 하심이다. 영으로 인류와 함께 하심이 아니고 그의 인격으로 친히 사람들과 함께 하시기 위해서 하나님이 성육신하셨다. 그러므로 그리스도는 하나님의 성육신으로서 (요 1:14; 골 2:9) 우리와 함께 하시는 하나님이시다 (사 7:14; 8:8; 마 1:23).

사도적 교부 이그나치오스 (Ignatios, +117)와 칼빈 (John Calvin, 1509-1564)의 표현대로 그리스도는 육체 안에 오신 하나님 (Deus in carne, Deus incarnatus)이시다. 인류를 구원하시고 인류와 함께 하시기 위해서 하나님이 성육신하셨다. 하나님이 인류를 구원하시기 위하여 육신이 되시므로 예수 그리스도가 되셨다.

### 3.3.1. 성육신의 주체

#### 3.3.1.1. 독생하신 하나님이 인간의 전 본성을 취하셨다

삼위 하나님의 제 2 위격이신 로고스 (Logos, Verbum Dei; 요 1:1), 아들 (Deus Filius), 독생하신 하나님 (요 1:18)이 인간의 전 본성 (tota natura hominis) 곧 육체와 영혼을 취하셨다.

#### 3.3.1.2. 성육신하신 하나님은 아들 곧 창조 중보자이시다

성육신하신 하나님은 아버지도 아니고 성령도 아니고 아들이시다. 그는 참 하나님이셔서 (롬 9:5; 요일 5:20; 요 20:28; 행 20:28; 딛 2:13) 창조주이시고 (요 1:3; 히 1:2; 골 1:16) 창조 중보자이시다 (롬 11:36; 고전 8:6). 창조 중보자가 자기의 창조를 구원하기 위해서 사람이 되기로 작정하셨다 (요 1:3; 롬 11:36; 고전 8:6; 골 1:16).

### 3.3.1.3. 성육신하신 하나님은 하나님에게서 나오신 참 하나님이시다

성육신하신 하나님은 니카야 신경 (Symbolum Nicaenum)의 고백대로 하나님에게서 나온 하나님 (Deum ex Deo)이요 빛에서 나온 빛 (Lumen ex Lumine)이요, 참 하나님에게서 나온 참 하나님 (Deus Verus de Deo Vero)이시다.

### 3.3.1.4. 로고스 하나님은 아버지의 객관화여서 하나님의 형상이시다

로고스 하나님은 아버지에게서 출생하여 아버지의 객관화로서 하나님의 형상 (Imago Dei)이시다 (고후 4:4; 골 1:15; 빌 2:6; 히 1:3). 그러므로 아들은 아버지의 나타내보이심 (현시)이다. 에레나이오스 (이레네이우스, Eirenaios, Irenaeus, +C.202)의 가르침처럼 아들의 현시가 곧 아버지의 지식이다 (Filii manifestatio est agnitio enim Patris, Adversus Haereticos, IV, 6. 3).

### 3.3.2. 아들 하나님이 구원주가 되신 이유

세 위격이 다 성육신하신 것이 아니고 아들 하나님이 성육신하여 구주가 되셨다. 아들이 성육신하여 구주가 되신 것은 그가 인류를 하나님의 형상으로 지으신 창조주이기 때문이다.

자기의 창조물이 범죄하여 죽음으로 완전히 썩어 없어지게 되었으므로 다시 돌이켜 자기의 백성으로 삼으시기 위해서 창조주가 사람의 형상을 입으시어 구원주가 되셨다. 직접적인 창조주이신 아들 하나님이 자신의 창조를 구원하시기 위해서 육신을 입어 사람이 되시므로 구주가 되셨다.

이 진리에 대하여 교부들이 같은 가르침을 베풀었다.

### 3.3.2.1. 제 2 클레멘트의 가르침

제 2 클레멘트 (2 Clement)는 어떤 클레멘트의 두 번째 설교 (c. 95-140)로 알려져 있다. 이 편지의 가르침에 따르면 아들 하나님이 우리가 상실되었을 때에 상실된 것을 구원하고 우리가 없어지게 되었을 때 많은 자들을 구원하셨다고 강조하였다 (2 Clement, 1:4; 2:7).

이로써 그리스도가 창조주로서 자기의 창조물을 구원하기 위해서 성육신하여 구주가 되셨음을 강조하고 있다.

### 3.3.2.2. 바나바스 서신의 가르침

바나바스 (Barnabas, 100AD)는 십자가의 고난으로 죽으신 예수 그리스도가 하나님의 아들이신데 (Barnabas, 12), 사람 창조 때에 우리의 형상으로 만들자고 의논하신 그 아들이라고 하여 (Barnabas, 5. 6. 15) 육체로 나타나시고 고난 받으신 아들이 세상의 주님이라고 하였다 (Barnabas, 5).

하나님의 아들이신 주 자신이 우리를 위해 육체로 나타나시어 고난 받으심으로 우리를 구원하셨다고 제시하였다 (Barnabas, 14). 또 우리가 범죄하여 상실되었을 때 우리를 부르러 오신 이는 주님이라고 단정하였다.

곧 하나님의 아들이 사람을 자기의 형상으로 창조하셨다. 그런데 그 조물이 범죄하여 상실하게 되었으므로 육신을 입고 구원하셨다는 것을 반복적으로 강조하므로, 창조주 하나님이 자기의 창조를 구원하기 위해서 성육신하셨다는 진리를 바나바스 서신은 밝힌다.

### 3.3.2.3. 이그나치오스의 가르침

이그나치오스 (Ignatios, 30-107 AD)는 예수 그리스도를 하나님으로 일치시키고 또 성육신하신 하나님이라고 고백하였다 (Epistula, 18; Epistula Ignatii ad Magnesianos, 6). 만민의 조성자가 태 안에 있었고 출생하셔서 고난 받으셨다는 것을 강조하였다 (Epistula ad Trallianos, 10).

그는 더 나아가 하나님은 아들을 통해서 천지만물을 창조하셨다고 강조한다 (Epistula ad Philadelphianos, 9). 이것은 아들 하나님이 사람을 직접 창조하셨음을 강조한 것이다.

이그나치오스는 사람을 창조하신 하나님이 사람을 구원하기 위해서 사람이 되셔서 고난 받고 부활하셨다고 밝힘으로 창조주가 구속주가 되신 것을 강조하고 있다.

### 3.3.2.4. 유스티노스의 가르침

유스티노스 (Ioustinos, Justine, 110-165 AD)의 기본신학은 아래와 같다. 하나님이 아들로 말미암아 만물을 창조하시고 조정하시고 통치하신다 (2 Apologia, 5; 6).

그런데 아들 하나님이 인류의 돌이킴과 회복을 위해서 아버지의 뜻을 따라 사람이 되시고 동정녀에게서 태어나셨다 (1 Apologia, 23).

로고스 하나님은 우주의 아버지와 창조주이신데 그가 우리의 구원을 위해 살과 피가 되셨다 (1 Apologia, 64). 창조주 하나님은 사람을 구원하기 위해 성육신하사 고난당하시고 부활하사 죽음을 정복하셨다 (1 Apologia, 63; 2 Apologia, 13).

이렇게 유스티노스는 아들 하나님이 사람의 창조주이신데 그의 창조물을 구원하기 위해 성육신하여 고난 받아 사람을 죽음에서 구원하셨다는 것을 강조한다.

### 3.3.2.5. 타치아노스의 가르침

타치아노스 (Tatianos, 110-172)는 로고스 하나님의 사역을 간략하게 제시한다.

로고스 하나님이 만물을 창조하시고 사람도 불멸의 형상으로 창조하셨다 (Tatianos, Oratio, 7). 그런데 창조주가 사람을 자유의지를 가진 존재로 창조하셨지만 우리가 자유의지로 죄를 범해 망하게 되었다 (Tatianos, Oratio, 11).

이렇게 자유의지를 잘못 행사하여 죽게 된 사람을 구원하기 위해서 로고스 하나님이 인간 형태로 나타나셨다고 주장한다.

### 3.3.2.6. 에레나이오스의 가르침

에레나이오스 (Eirenaios, 120-202)는 로고스 하나님이 만물의 창조 주이심을 강조한다 (Adversus Haereticos, I, 9, 2; I, 22, 1; II, 2, 4. 5; II, 30, 9; III, 4, 2; et passim). 또한 사람을 로고스의 수공품이라고 제시하여 로고스 하나님이 직접 사람을 창조하셨음을 강조한다.

그런데 이 수공품이 타락하여 자기에게서 떨어져나가므로 수공품의 형질을 자신에게 부착하여 그를 구원하고 그의 신 형상을 회복하셨다 (AH, III, 18, 1. 2; IV, 33, 4. 11)고 말한다.

에레나이오스의 가르침의 중심도 사람을 창조하신 로고스 하나님이 자기의 창작물인 사람을 불쌍히 여겨서 성육신하여 사람을 구원하셨다고 하는 것을 제시한다.

### 3.3.2.7. 텔툴리아누스의 가르침

텔툴리아누스 (Tertullianus, 145-220 AD)는 하나님의 아들은 아버지에게서 나오셨으며 (Adv. Praxeas, 8) 이 아들이 사람을 만드실 때 자기의 형상으로 만드셨다고 말한다. 곧 사람이 하나님의 형상으로 지어진 것을 아들의 형상으로 지어진 것으로 말한다 (Adv. Praxeas, 12). 아들은 인류와 늘 함께 있었다. 그가 인류를 구원하기 위해서 성육신하여 육을 입고 고난 받으셨다고 제시하였다 (Adv. Praxeas, 16).

### 3.3.2.8. 힙폴리토스의 가르침

힙폴리토스 (Hippolytos, 170-236 AD)에 의하면 하나님에게서 나온 로고스가 아들이신데 하나님이 그로 말미암아 만물을 창조하셨다 (contra Noetum, 10. 11). 그리고 로고스 하나님이 사람을 구원하기 위해서 육신을 입으시고 믿는 자들에게 죽지 않음 (不死)을 주시려고 고난 받으셨다 (contra Noetum, 17). 성육신으로 옛사람을 갱신하고 불사를 주셨다는 것을 강조하여 동방교회의 신학을 대변한다 (de theophania, 6).

### 3.3.2.9. 알렉산드리아의 클레멘트의 가르침

알렉산드리아의 클레멘트 (Clement of Alexandria, 153-217/220)는 하나님이 창조주이신데 만물을 아들로 말미암아 창조하셨다 (Stromata, V, 6; VI, 17)고 제시한다. 만유의 아버지이신 창조주가 사람을 자기의 형상으로 지으시되, 자기의 손 곧 아들로 지으셨다 (Protreptikos, 10; Paedagogus, I, 3). 곧 말씀이 사람을 지었다고 강조한다 (Paedagogus, I, 2).

아들 하나님이 우리를 조성하사 생명을 주시고 사랑하셨는데 (Protreptikos, 1. 9), 우리의 실수를 불쌍히 여기셔서 성육신하여 인류를 구원하셨다는 것을 강조하였다 (Paedagogus, I, 6).

### 3.3.2.10. 메또디오스의 가르침

메또디오스 (Methodios, 260-312)는 오리게네스를 반대한 정통교부로서 아들이 아버지의 실체에서 나셔서 참 하나님이시고 만물을 창조하신 창조주라고 가르친다 (Oratio, 13; Oration on the Psalms, 5). 그가 성육신하여 구주가 되셨다. 창조주로서 구주가 되셨다 (Oration on the Psalms, 5). 아들이 성육신하신 목적은 사람을 죄와 사망에서 구원하고 사람을 망하게 한 사탄을 멸하기 위함이라고 말했다 (Oratio, 7; Fragmente, 1). 그리하여 사람들에게 불멸(不滅)을 주시려고 오셨다는 것을 메또디오스는 거듭 강조하였다 (Fragmente, 3).

### 3.3.2.11. 아다나시오스의 정통적 가르침

아다나시오스 (Athanasios, 296/8-373)는 정통신앙의 가장 큰 대변자였다. 그의 가르침의 개략은 다음과 같다.

아들이 아버지의 실체에서 출생하여 아버지와 동일 실체이시므로 참 하나님이시다 (Oratio contra Arianos, I, 9; 14; 15; 16; 19; 28; 29; 35; Expositio Fidei, 3; 4; contra Gentes, 46; de Decretis, 23; 24; 29; 31; et passim). 아들은 참 하나님에게서 나온 참 하나님이시요 완전자에게서 나온 완전자이다 (Expositio Fidei, 1; 3; de Dectretis, 11). 아버지는 모든 일을 아들로 이루신다. 왜냐하면 아들이 아버지의 신성의 형식이기 때문이다. 아버지는 아들로 말미암아 창조와 구속을 이루신다. 따라서 아들이 만물을 창조한 창조주이시다 (Expositio Fidei, 4).

그런데 로고스 하나님 곧 아들이 성육신하셨다 (contra Arianos, II, 47; 56; 59; 60; 65; 69; III, 31; 33; IV, 6; 7; 36; et passim). 하나님의 형상으로 지음 받은 사람이 범죄하여 죽음과 썩음에 이르러 (de Incarnatione Verbi, 3) 사라지게 되었다 (de Incarnatione Verbi, 4). 그러

므로 하나님이 성육신하여 멸망하게 된 사람을 구원하기로 하셨다. 로고스 하나님이 죽음의 값을 치러 썩음 (腐敗)을 무효화하기로 하셨다 (de Incarnatione Verbi, 7. 8. 9. 10).

사람을 다시 하나님께로 돌이키는 일은 창조주만이 하실 수 있다. 심판을 무효화하실 이도 참 하나님이신 아들 곧 로고스만이 하실 수 있다 (contra Arianos, II, 70; Epistula ad Adelphium, 4).

아다나시오스는 참 하나님 아들이 창조한 사람이 범죄하여 죽어 없어지게 되었으므로 그를 구원하여 불멸에 이르게 하기 위해서 성육신하셨음을 강조한다.

### 3.3.3. 성육신의 방식 (modus incarnationis)

#### 3.3.3.1. 로고스 하나님이 인간본성을 취하여 신인이 되심

로고스 하나님이 인간본성을 취하사 성육신하신 로고스 (Logos incarnatus) 곧 신인 (God-man)이 되셨다.

#### 3.3.3.2. 한 개인이 아니라 한 인간본성을 취하심

한 개인 곧 한 인간 인격을 취하신 것이 아니라 인간본성 곧 영혼과 육체를 취하셔서 사람이 되셨다. 즉 무인격적인 인성을 취하시어 사람이 되셨으므로 무인격적 인성의 취택 (anhypostatia)이라고 한다. 따라서 그리스도의 인성은 무인격적 인성이다.

그러나 인성은 신적 인격에 연합되어 인격적 연합 (enhypostatia)을 하였다 (unio personalis). 즉 인성이 하나님의 인격에 연합되었다. 레온치오스 (Leontios, c. 485-543)가 가르친 대로 신적 위격이 인간본성을 자기 자신 안에 수납하셨다 (Adversus Nestorianos et Eutychianos).

### 3.3.3.3. 신인의 인격은 신적 인격 (persona divina)이다

인격은 자기의식과 자기결정의 주체이다. 하나님의 본성 곧 신성이 성육신하신 것이 아니고, 하나님의 신적 인격 곧 제 2 위격이 인성을 취하사 사람이 되셨다. 그러므로 신인의 인격은 신적 인격이다.

하나님의 인격이 인성을 취하시어 사람이 되셨을 때 신성도 성육신에 동참하였다고 말할 수 있다. 그러나 성육신하신 이는 하나님의 인격이고 신성이 성육신한 것이 아니다. 하나님의 신성이 성육신에 무관하다고 할 수 없지만 성육신에 직접적으로 개입하셨다고 하면 신성의 변화를 함의한다고 할 것이다.

### 3.3.3.4. 그리스도의 인성은 그의 인격에 의존해서 존재한다 (subsistere)

무인격적 취택이기 때문에 인성은 그의 인격에 의존해서 존재한다. 이것이 그리스도의 인성이 우리의 인성과 다른 점이다. 우리의 인성은 인격을 가짐으로 독립적 존재이다.

### 3.3.3.5. 죄로 오염되지 않은 온전한 인성을 취함

신적 인격이 인성을 취하심으로 성육신하실 때 온전한 인성을 취하셨다. 선천적, 유전적 질병과 불구의 형태를 완전히 벗어났다. 죄로 오염되지 않은 온전한 인성을 취하셨다.

## 제4절 출생의 길

### 3.4.1. 성령의 역사로 잉태; 동정녀 탄생

그리스도, 하나님의 아들은 성령의 역사로 잉태되시어 동정녀 탄생을 하셨다 (qui conceptus est de Spiritu Sancto, natus ex Maria virgine, Symbolum Apostolicum).

성령의 역사는 세 부분으로 이루어진다.

### 3.4.1.1. 성령은 한 인성 (人性)을 형성 (formatio)하셨다

남자의 개입 없이 성령이 마리아의 피에서 하나의 인성을 그리스도의 인성으로 수태 (受胎) 시부터 조성하셨다.

### 3.4.1.2. 그 인성을 깨끗하게 (sanctificatio) 하셨다

죄의 오염 (pollutio peccati)과 부패 (corruptio)가 전혀 전달되지 않게 성령은 마리아를 지키고 그의 육을 깨끗하게 하셨다. 그리하여 죄가 전혀 없는 인간 예수가 탄생되게 하셨다.

죄과의 전달도 전혀 없게 하셨다. 예수 그리스도는 죄가 전혀 없으므로 완전한 의인이요 죄의 오염이 완전히 배제되어 완전히 거룩한 사람으로 출생하셨다.

### 3.4.1.3. 성령은 조성한 인성을 로고스의 위격에 연합시키셨다

성령은 형성한 인성을 로고스의 위격 (persona Verbi)에 연합시키셨다. 출생 때 연합시킨 것이 아니라, 처음부터 완전한 인성의 형성 시까지 역사하셔서 완전히 연합되게 하셨다. 신적 인격에 연합됨이 설명할 수 없는 신비이다.

이처럼 성령으로 잉태되었다는 것은 성령의 역사로 그리스도의 인성이 형성된 것을 말한다.

하나님이 사람이 되어 오실 때 여인의 몸을 통해서 오셨지만 사람의 방식으로가 아니고 성령으로 잉태되셨다. 이것을 이삭의 출생으로 예표하셨다. 이삭은 인간의 가능성이 다 끝났을 때 성령의 능력으로 수태되어 출생하므로 그리스도의 출생의 예표가 되었다 (창 18:12, 14; 21:1-3; 갈 4:29).

예수 그리스도는 이삭의 예표대로 (창 18:10-14) 인간의 능력과 방식으로 수태된 것이 아니고 전적으로 성령의 능력으로 수태되어 출생하셨다. 전적으로 성령으로 잉태되었지만 여인에게서 나오므로 인류의 일원이 되었다. 남자의 개입 없이 성령의 능력으로만 잉태되어 여인에게서 태어나므로 모든 인류와 같은 피와 살을 가지시게 되어 인류와 형제가 되었다 (히 2:11-17).

### 3.4.2. 동정녀에게서 출생 (natus ex Maria virgine)

#### 3.4.2.1. 마리아의 피에서 인성을 형성

동정녀에게서 출생하였다는 것은 성령이 남자의 자리를 대신한 것이 아니고, 그리스도가 마리아의 실체 곧 피에서 모든 인성을 취하셨다는 것을 말한다.

하나님은 이 크고 경이로운 일을 선지자를 통해 예언하셨다. "보라 처녀가 잉태하여 아들을 낳을 것이요 그 이름을 임마누엘이라 하리라"(사 7:14).

하나님이 사람이 되어 오실 때 한 여인의 몸에서 출생하기로 하셨다. 그것은 그녀의 피에서 한 몸을 지으심을 말한다. 그리고 그녀에게서 출생하심으로 사람이 되어 오셨다. 이렇게 한 여인의 몸에서 완전한 인간의 육체를 취하심으로 우리의 구세주가 되실 수 있었다.

이 일이 선지자에 의해서 예언되었다. "이새의 줄기에서 한 싹이 나며 그 뿌리에서 한 가지가 나서 결실할 것이요"(사 11:1). 예언대로 동정녀 탄생이 이루어졌다. 마리아에게서 출생하여 다윗의 씨로 오셨다.

그리스도의 출생은 하나님의 새로운 창조사역이다.

#### 3.4.2.2. 그리스도의 영혼은 수태 시 새롭게 창조되었다

하나님이 그리스도의 영혼을 창조하셔서 그의 인격에 연합시키셨다.

### 3.4.3. 동정녀 탄생을 부정하는 주장들

#### 3.4.3.1. 브룬너의 주장

E. 브룬너 (Emil Brunner, 1889-1966)는 그리스도의 동정녀 탄생을 부정한다.

가. 그리스도의 동정녀 탄생 기사가 마태복음과 누가복음에만 있고 다른 복음서와 바울의 서신에는 언급이 없으므로 근본주의적으로 믿을 것이 아니라고 한다.

또 동정녀 탄생 기사는 영원한 하나님의 아들의 인간 됨에 관한 것이 아니고 예수 그리스도의 인격의 발생에 관계한다고 한다 (Brunner, Dogmatik, II, 417-8).

더욱이 마태와 누가는 영원한 하나님의 아들에 관해서 알지도 못한다고 주장한다. 그러므로 영원한 아들의 동정녀의 탄생은 성경의 자산이 아니라는 것이다 (Brunner, Dogmatik, II, 422-430).

그러나 성경진술이 횟수가 적거나 일회적이거나 간에 그것은 하나님의 말씀이므로 확실한 진리를 전달한다. 마태복음과 누가복음에만 기록되어 있어도 확실하고 충분하다.

바울이 동정녀 탄생과 영원한 아들의 성육신을 몰라서 침묵한 것이 아니다. 바울에게 있어서 그리스도는 영원한 하나님이시다 (행 20:28; 롬 9:5; 빌 2:6; 딛 2:13). 그러므로 그의 성육신의 방식이 동정녀 탄생임을 명백히 알고 있었다 (갈 4:4).

위의 주장은 브룬너와 같은 견해를 가진 신학자들의 무지에서 비롯된 억설이다.

나. 브룬너는 그리스도가 남자 없이 여자만을 통해 출생하였으면, 인성으로서 부족하다고 주장한다. 그러므로 동정녀 출생이 아니라고 말한다 (Brunner, Dogmatik, II, 419).

이것도 전혀 그리스도의 영원한 아들이심 (Filius aeternus)을 믿지 않고, 인간 예수만 알려고 하기 때문에 나온 억설 (臆說)이다. 하나님이 그의 권능으로 새 창조사역을 하심으로 남자 개입 없이 예수가 출생되게 하셨다.

### 3.4.3.2. 슐라이어마허의 부정

F. 슐라이어마허 (Friedrich Schleiermacher, 1768-1834)는 동정녀 탄생은 그리스도의 인격에 필수적으로 속한 것이 아니라고 주장한다. 단지 한 인간 예수의 출생에 관한 기사일 뿐이라는 것이다. 동정녀 탄생을 믿는 것은 불필요하고 그리스도교 교리의 구성요소도 아니라고 주장한다 (Der Christliche Glaube, §§ 96-97).

### 3.4.4. 자연적 방식으로 출생 (nativitas naturalis)

### 3.4.4.1. 출생의 방식은 자연적이다

예수 그리스도는 모든 인간들의 출생과 동일한 과정으로 출생하였다. 그러므로 한 아이가 출생하였다 (마 1:25; 눅 2:6-7, 12, 17; 사 9:6). 완전히 정상적인 한 아이로 출생하였다. 하나님이 사람이 되어 오시는 일에 영웅이나 제왕이나 호걸의 모습으로 오시지 않고 보통 사람으로 오셨다.

하나님이 사람이 되어 오시는 것은 도저히 이해하기 어려운 일이다. 그뿐만 아니라 하나의 보통 사람으로 오시므로 이 일도 선지자로 미리 예언하셔서 오해와 혼동이 없도록 하셨다.

"그는 주 앞에서 자라나기를 연한 순 같고 마른 땅에서 나온 뿌리 같아서 고운 모양도 없고 풍채도 없은즉 우리의 보기에 흠모할 만한 아름다운 것이 없도다"(사 53:2; 뿌리는 원문대로임).

이 예언을 성취하기 위해서 하나의 보통 사람의 모습으로 오셨다.

### 3.4.4.2. 주 예수는 정상적인 인간의 성장을 하였다

그는 몸과 함께 재능도 정상적인 성장을 하였다.

루터교회 신학에 의하면 속성 전달(communicatio idiomatum)로 신성의 속성인 전지(omniscientia), 전능(omnipotentia)과 편재(omnipraesentia)가 그리스도의 인성에 주어졌다는 것이다(Heinrich Schmid, Die Dogmatik der evangelisch-lutherischen Kirche, 1979, 211).

성경에 의하면 그런 일은 성육신에서 전혀 일어나지 않았다. 인성은 인성으로서 정상적인 발육을 하였다. 따라서 인성 발육의 모든 과정을 다 거쳤다.

### 3.4.5. 유일한 의인, 완전히 거룩한 사람으로 출생

성령의 역사에 의해 의인으로 출생한 오직 하나의 인간이고, 완전히 거룩한 사람으로 출생하였다.

### 3.4.5.1. 성령의 역사로 죄책과 오염이 전달되지 아니하였다

주 예수는 완전한 의인으로 출생하였다. 죄책 (culpa)과 오염 (pollutio)이 전달되지 않았기 때문이다. 따라서 그의 인성은 중생의 역사를 필요로 하지 아니하였다. 시작부터 무죄하고 거룩하였다 (막 1:24; 눅 4:34).

### 3.4.5.2. 완전 거룩자로 출생하여 죄성과의 투쟁이 없음

그리스도는 완전히 거룩한 사람으로 출생하여 죄성 (罪性)과의 투쟁을 알지 못하였다. 그의 인성이 성령의 역사로 완전히 깨끗하게 되었기 때문에 처음부터 죄의 오염과 죄과 (罪過)가 개입되지 못하였다.

### 3.4.5.3. 새 인류의 조상이므로 죄과의 전가가 없음

주 예수는 새 인류의 조상으로 조성되셨으므로 죄과의 전가가 전혀 해당되지 않았다. 모든 인류는 아담의 죄과의 전가 아래 있었지만 주 예수는 새 인류의 조상으로 조성되셨으므로 첫 아담의 죄과의 전가가 전혀 해당되지 않는다.

### 3.4.5.4. 하나님의 인격에 죄과의 전달은 불가하다

주 예수의 인격은 하나님으로서 인격인데 이 신적 인격에 인간의 죄과가 전가된다는 것은 성립할 수 없다.

### 3.4.6. 바울은 하늘의 인격으로 출생함이라고 표현

바울은 그리스도가 성령으로 출생함을 하늘의 인격으로 출생함이라고 표현하였다 (고전 15:47-48).

### 3.4.7. 두 본성에 한 인격

하나님 곧 그리스도가 그의 인격에 인성을 연합시키셨다. 그래서 두 본성이다. 이 두 본성 곧 신성과 인성이 그리스도의 한 인격에 연합되었으며 각 본성은 자기의 특성을 유지한다. 두 본성이 혼합없이 (inconfuse), 변화없이 (immutabiliter), 분열없이 (indivise), 분리없이 (inseparabiliter) 그리스도의 인격에서 연합되었다. 이 두 본성은 영구히 연합된 대로 존재하며 각각 특성을 유지한다 (Symbolum Chalcedonense, 451).

### 3.4.8. 신인으로 출생

이렇게 하나님의 아들이 신인 (神人, Deus-homo)으로 출생하셨다.

## 제5절 하나님의 성육신의 예언

하나님은 자신이 사람의 죗값을 지불하심으로 세상을 구원하실 것을 미리 말씀하셨다. 하나님이 사람의 죗값을 지불하실 때 하나님으로서 하는 것이 아니라 사람이 되셔서 하기로 작정하셨다.

이 큰 일을 이루시기 위해서 하나님이 자기의 성육신의 신비를 미리 알리셨다. 이 비밀을 알리시는 것은 하나님이 직접 말씀하기도 하셨지만 대부분 선지자들을 통하여 알리셨다.

### 3.5.1. 첫 범죄자의 심판에서 하나님이 구주가 되실 것을 알리심

하나님이 아담과 하와를 심판하실 때 유혹자도 심판하셨다. "내가 너로 여자와 원수가 되게 하고……여자의 후손은 네 머리를 상하게 할 것이요 너는 그의 발꿈치를 상하게 할 것이니라 하시고"(창 3:15).

이 심판 선언을 들었을 때 아담은 이 약속을 하나님 자신이 이루실 것으로 이해하였다. 자기들을 망하게 한 유혹자를 망하게 하실 이는 하나님뿐임을 깨달은 것이다. 한 걸음 더 나아가 하나님이 여인의 후손으로 곧 사람이 되어 오셔서 세상을 구원하실 것으로 아담은 이해하였다.

이 예언은 하나님이 동정녀 마리아에게서 나심으로 성취되었다 (마 1:18-25; 눅 1:26-38; 2:5-7).

### 3.5.2. 이삭의 출생으로 그리스도 오심을 약속

아들을 낳을 가능성이 다 끝난 후에 하나님은 아브라함에게 아들을 주시겠다고 약속하셨다 (창 18:1-15, 18). 이 약속에서 아브라함은 하나님 자신이 세상 구세주가 되실 것임을 깨달았다. 곧 아브라함은 이삭의 출생을 통해서 하나님이 세상 구세주로 오셔서 세상 죄과를 해결하신다는 진리를 깨달았다.

아브라함은 하나님의 아들이 그리스도로 오실 것을 깨달았다. 그리스도 자신이 이 진리를 확증하셨다. "너희 조상 아브라함은 나의 때 볼 것을 즐거워하다가 보고 기뻐하였느니라" (요 8:56).

하나님이 이삭의 후손으로 세상 구세주로 오심은 그리스도가 아브라함과 다윗의 후손으로 오심으로 성취되었다 (마 1:1).

### 3.5.3. 하나님이 선지자로 오실 것이 약속되었음

모세가 마지막 고별사에서 구세주가 오실 것을 예언하였다. "네 하나님 여호와께서 너의 중 네 형제 중에서 나와 같은 선지자 하나를 너를 위하여 일으키시리니 너희는 그를 들을지니라" (신 18:15). 요한복음이 그리스도를 그 선지자로 호칭함으로 이 예언을 확증하였다 (요 1:21).

### 3.5.4. 하나님이 동정녀 탄생으로 오실 것을 예언

"보라 처녀가 잉태하여 아들을 낳을 것이요 그 이름을 임마누엘이라 하리라" (사 7:14). 이 예언은 그리스도가 동정녀 마리아에게서 나심으로 성취되었다 (마 1:18-25; 눅 1:31-44; 2:5-7).

### 3.5.5. 하나님이 한 아이로 나심을 예언

"이는 한 아기가 우리에게 났고 한 아들을 우리에게 주신 바 되었는데 그 어깨에는 정사를 메었고 그 이름은 기묘자라 모사라 전능하신 하나님이라 영존하시는 아버지라 평강의 왕이라 할 것임이라" (사 9:6).

전능하신 하나님, 영존하시는 아버지라는 이 예언은 "말씀이 곧 하나님이시라" (요 1:1)는 요한의 선언과 "저는 만물 위에 계셔 세세에 찬양을 받으실 하나님이시니라" (롬 9:5)와 "이는 만물이 주에게서 나오고 주로 말미암고 주에게로 돌아감이라" (롬 11:36)는 바울의 선언에서 확증되었다.

### 3.5.6. 하나님이 이새의 후손으로 오심을 예언

"이새의 줄기에서 한 싹이 나며 그 뿌리에서 한 가지가 나서 결실할 것이요 여호와의 신 곧 지혜와 총명의 신이요 모략과 재능의 신이요 지식과 여호와를 경외하는 신이 그 위에 강림하시리니……" (사 11:1-5). "그날에 이새의 뿌리에서 한 싹이 나서 만민의 기호로 설 것이요 열방이 그에게로 돌아오리니" (사 11:10).

이 예언은 그리스도가 다윗의 씨로 나심으로 확증되었다 (마 1:1; 눅 3:23-31).

### 3.5.7. 하나님이 육신으로 나타나실 것을 예언

"그날에 사람이 자기를 지으신 자를 쳐다보겠으며 그 눈이 이스라엘의 거룩하신 자를 바라보겠고" (사 17:7). 이 예언은 성육신하신 이가 이사야가 바라본 그 여호와라는 증거로 완전하게 성취되었다 (요 12:38-41).

### 3.5.8. 여호와가 광야에 오실 이로 예언

"외치는 자의 소리여 가로되 너희는 광야에서 여호와의 길을 예비하라 사막에서 우리 하나님의 대로를 평탄케 하라"(사 40:3). "보라 주 여호와께서 장차 강한 자로 임하실 것이요 친히 그 팔로 다스리실 것이라"(사 40:10).

이 예언은 세례 요한이 그리스도를 '성령으로 세례 주는 이'로 증거함으로 성취되었다(요 1:33).

### 3.5.9. 하나님이 성육신하여 상함 받을 것을 예언

"이왕에는 그 얼굴이 타인보다 상하였고 그 모양이 인생보다 상하였으므로 무리가 그를 보고 놀랐거니와 후에는 그가 열방을 놀랠 것이며 열왕은 그를 인하여 입을 봉하리니"(사 52:14-15).

그 얼굴이 타인보다 더 상하였다는 예언은 그리스도가 가시관을 쓰고 상처를 크게 입고(마 27:29-30; 막 15:17-19) 채찍에 맞음으로 성취되었다(요 19:1; 마 27:26; 벧전 2:24).

### 3.5.10. 하나님이 완전한 사람으로 오실 것을 예언

"그는 주 앞에서 자라나기를 연한 순 같고 마른 땅에서 나온 뿌리 같아서 고운 모양도 없고 풍채도 없은즉 우리의 보기에 흠모할 만한 아름다운 것이 없도다"(사 53:2).

이 예언은 그리스도가 나사렛 동네에 사심으로 성취되었다(마 2:23).

### 3.5.11. 하나님이 성육신하여 한 사람으로 나시므로 새 인류의 조상이 되심이 예언됨

"보라 나와 및 여호와께서 내게 주신 자녀들이" (사 8:18). 자녀들을 가진 자는 아버지이다. 그리스도는 성육신하여 한 사람이 될 뿐 아니라 그의 구속사역으로 많은 자녀들을 얻었다 (히 2:13). 이사야의 이 예언을 히브리서 저자는 그리스도에게 적용하여 새 인류의 조상이 되셨음을 확증하였다.

이렇게 구속사역으로 많은 자녀들을 얻어 새 인류로 삼고 그는 새 인류의 머리가 되시므로 새 인류의 조상이 되셨다.

### 3.5.12. 사람이 되신 하나님이 멸시와 간고를 겪으심을 예언

"그는 멸시를 받아서 사람에게 싫어 버린 바 되었으며 간고를 많이 겪었으며 질고를 아는 자라" (사 53:3).

이 예언은 그리스도가 침 뱉음 받고 주먹으로 맞으며 손바닥으로 때림을 당하고 온 백성으로부터 멸시를 받으심으로 글자대로 확증되었다. 더구나 십자가에 못 박힘이 가장 큰 멸시와 간고를 겪음이다 (마 26:67; 27:39-44; 막 14:65; 15:19-20; 눅 22:63-65; 23:35-37).

### 3.5.13. 성육신하신 구주가 성령으로 역사하실 것을 예언

"주 여호와의 신이 내게 임하셨으니 이는 여호와께서 내게 기름을 부으사 가난한 자에게 아름다운 소식을 전하게 하려 하심이라

나를 보내사 마음이 상한 자를 고치며 포로 된 자에게 자유를, 갇힌 자에게 놓임을 전파하며"(사 61:1).

이 예언은 그리스도가 성령으로 세례 받으시고 복음을 전파하심으로 완전하게 성취되었다 (마 3:16-17; 막 1:9-11; 눅 3:21-22; 요 1:31-33).

### 3.5.14. 여호와가 다윗의 후손으로 오실 것을 예언

"나 여호와가 말하노라 보라 때가 이르리니 내가 다윗에게 한 의로운 가지를 일으킬 것이라 그가 왕이 되어 지혜롭게 행사하며 세상에서 공평과 정의를 행할 것이며 그의 날에 유다는 구원을 얻겠고 이스라엘은 평안히 거할 것이며 그 이름은 여호와 우리의 의라 일컬음을 받으리라"(렘 23:5-6; 33:15-17).

이 예언은 그리스도가 다윗의 씨로 나심에서 완전하게 성취되었고 (마 1:1-16; 눅 3:23-38), 유다가 구원 얻음은 그리스도의 구속사역을 믿는 유대인들이 많이 일어남에서 성취되었다 (행 2:38-41; 3:20-4:4).

### 3.5.15. 여호와가 인자로서 하늘에서 내려오심을 예언

"인자 같은 이가 하늘 구름을 타고 와서 옛적부터 항상 계신 자에게 나아와 그 앞에 인도되매 그에게 권세와 영광과 나라를 주고 모든 백성과 나라들과 각 방언하는 자로 그를 섬기게 하였으니 그 권세는 영원한 권세라 옮기지 아니할 것이요 그 나라는 폐하지 아니할 것이니라"(단 7:13-14).

이 예언은 그리스도가 성육신하여 영원히 다윗의 위에서 이스라엘을 다스림으로 성취되었다 (눅 1:31-33; 계 2:27; 3:7; 5:5; 11:15; 22:16). 또 부활 후 그리스도가 성령을 보내시어 온 세상을 다스림에서도 성취되었다 (행 2:33; 롬 9:5; 11:36; 갈 1:4-5; 딤전 1:17; 계 1:18; 5:13; 11:15).

### 3.5.16. 나귀 타심을 예언

"시온의 딸아 크게 기뻐할지어다 예루살렘의 딸아 즐거이 부를지어다 보라 네 왕이 네게 임하나니 그는 공의로우며 구원을 베풀며 겸손하여서 나귀를 타나니 나귀의 작은 것 곧 나귀새끼니라……그가 이방 사람에게 화평을 전할 것이요 그의 정권은 바다에서 바다까지 이르고 유브라데 강에서 땅 끝까지 이르리라" (슥 9:9-10).

그리스도가 나귀를 타심의 예언은 그가 예루살렘에 입성할 때 나귀를 타심으로 글자대로 성취되었다 (마 21:1-5; 막 11:1-9; 눅 19:28-38).

### 3.5.17. 성육신하신 하나님이 은 삼십에 팔릴 것을 예언

"그들이 곧 은 삼십을 달아서 내 고가를 삼은지라 여호와께서 내게 이르시되 그들이 나를 헤아린 바 그 준가를 토기장이에게 던지라 하시기로 내가 곧 그 은 삼십을 여호와의 전에서 토기장이에게 던지고" (슥 11:12-13).

이 예언은 가룟 유다가 그리스도를 은 30에 팔고 그 값으로 토기장이의 밭을 산 데서 글자대로 응하였다 (마 26:14-16, 23-25, 48-49; 27:3-10; 눅 22:3-6, 47-48; 행 1:16-20).

### 3.5.18. 그리스도가 십자가에 못 박힘을 예언

"그들이 그 찌른 바 그를 바라보고 그를 위하여 애통하기를 독자를 위하여 애통하듯 하며 그를 위하여 통곡하기를 장자를 위하여 통곡하듯 하리로다"(슥 12:10).

이 예언은 로마병사가 그리스도를 창으로 찔러 죽음을 확인함에서 성취되었다 (요 19:33-34). 백성들의 애통함과 통곡함의 예언은 그리스도가 십자가를 지고 골고다로 가실 때 백성들과 여자들이 가슴을 치며 울고 따라간 것에서 글자대로 성취되었다 (눅 23:27-31).

### 3.5.19. 그리스도의 제자들이 흩어짐을 예언

"칼아 깨어서 내 목자, 내 짝 된 자를 치라 목자를 치면 양이 흩어지려니와"(슥 13:7).

이 예언은 그리스도가 제자들에게 "너희들이 다 흩어지리라"고 한 말씀과 실제로 다 흩어짐에서 성취되었다 (마 26:31, 56; 막 14:50; 요 18:8).

### 3.5.20. 하나님이 성육신하여 언약의 사자로 나타나심을 예언

"보라 내가 내 사자를 보내리니 그가 내 앞에서 길을 예비할 것이요 또 너희의 구하는 바 주가 홀연히 그 전에 임하리니 곧 너희의 사모하는 바 언약의 사자가 임할 것이라 그의 임하는 날을 누가 능히 당하며 그의 나타나는 때에 누가 능히 서리요"(말 3:1-2).

이 예언은 세례 요한이 나타나 그리스도를 하나님의 아들과 하나님의 어린양으로 증거함으로 글자대로 성취되었다 (마 3:1-12; 눅 3:3-6; 요 1:16-27).

또 그리스도가 제자들과 언약을 맺으심으로 언약의 사자로서의 직임이 완전히 성취되었다 (마 26:26-29; 막 14:22-25; 눅 22:19-20; 히 8:7-13).

### 3.5.21. 그리스도의 전령 세례 요한이 엘리야로 옴을 예언

"보라 여호와의 크고 두려운 날이 이르기 전에 선지 엘리야를 너희에게 보내리니 그가 아비의 마음을 자녀에게로 돌이키게 하고 자녀들의 마음을 그들의 아비에게로 돌이키게 하리라" (말 4:5-6).

이 예언대로 세례 요한이 그리스도를 증거함으로 엘리야로서의 소임을 담당했다. 또 그리스도 자신도 세례 요한을 엘리야로 증거하셨다 (마 11:12-14; 막 9:11-13).

제4장

# 그리스도의 인격

(Persona Christi)

하나님은 성육신하사 신인 (神人)이 되어 인류에게 오셨다. 그리고 인류와 함께 계신다. 승천 후에도 그리스도는 그의 인성으로 지금도 인류와 함께 하시므로 우리와 함께 하시는 하나님 (God with us, עִמָּנוּאֵל, 사 7:14) 곧 임마누엘 (Immanuel)이시다. 그는 독특한 신인 인격으로 계신다.

## 제1절 신인 (Deus-homo)의 인격

### 4.1.1. 그리스도는 신성과 인성으로 이루어진 유일한 신인인격

인간이 신으로 올라간 인신 (人神)이 아니고 하나님이 사람이 되신 신인 (神人)인격이다.

한 인격 (persona)이 두 본성을 가졌다. 신성과 인성을 가졌어도 인격은 하나님으로서의 인격이지만 성육신으로 신인인격이시다.

그리스도의 한 인격이 두 본성을 가짐은 고대교회 때부터 문제시 되어 두 본성을 혼합이나 융합시켜 제 3의 본성으로 세우려고 하였고 또 인성의 일부에 신성을 대치시킴으로 인격의 통일성을 이루려고 하였다. 그 후에는 신성을 제거함으로 인간인격으로 만들었다. 그러나 그리스도는 언제나 신인인격으로서 한 인격이다.

### 4.1.1.1. 칼케돈 신경

칼케돈 신경 (Symbolum Chalcedonense, 451)은 하나님이 성육신하셨지만 인격은 신적 인격이고 신적 인격 (persona divina)이 인성을 취하였으므로 두 본성에 한 인격으로 확정 고백하였다.

한 동일한 그리스도 아들 주님 독생자가 두 본성에서 혼합없이, 변화없이, 분열없이, 분리없이 계심으로 이해해야 한다 (Unum eundemque Christum Filium Dominum unigenitum, in duabus naturis inconfuse, immutabiliter, indivise, inseparabiliter agnoscendum).

한 인격으로 계시므로 두 인격으로 나뉘거나 분열되지 않고 한 아들, 독생하신 하나님, 말씀, 주 예수 그리스도이시다 (et in unam personam atque subsitentiam concurrente, non in duas personas partitum aut divisum, sed unum eundemque Filium et unigenitum Deum Verbum Dominum Iesum Christum., Denzinger, Enchiridion Symbolorum, Editio 21-23, 71).

### 4.1.1.2. 이단적 견해들은 칼케돈 신경과 배치된다

#### 4.1.1.2.1. 아폴리나리스의 한 본성 주장

아폴리나리스 (Apollinaris of Laodikea, 310-390)는 인간의 구성요소를 지성 (νοῦς), 영혼, 육체로 구분하고 로고스가 지성의 자리를 차지한다고 하여 인격의 통일성을 세우려고 하였다.

만일 육체와 영혼은 있어도 지성이 없으면 우리의 완전한 인성이 못 되고 모자란 인성이 된다. 부족한 인성으로는 우리의 구세주가 될 수 없다. 왜냐하면 나지안주스의 그레고리오스 (Gregorios of Nazianzus)의 가르침대로 취해지지 않은 것은 구원되지 못하기 때문이다. 그러므로 이 가르침은 콘스탄티노폴리스 공회의 (381)에서 최종 정죄되었다.

### 4.1.1.2.2. 유티커스의 한 본성 한 인격 주장

유티커스 (Eutyches, 378-454)는 한 본성 한 인격을 주장하였다.

알렉산드리아의 퀴릴로스 (씨릴, Kyrillos, Cyrill)는 육이 된 한 본성을 가르쳤다. 유티커스는 이 가르침을 따라 그리스도가 성육신하였으므로 신성과 인성은 완전히 하나가 되어 제 3의 본성이 되었다고 주장하였다. 성육신하였으면 신성이 인성 내로 들어와야 한다. 그리하여 두 본성은 완전히 융합하여 하나의 본성이 되었다고 주장함으로 한 인격을 구하려고 하였다.

그러나 칼케돈 공회의는 두 본성에 한 인격을 확립하므로 유티커스를 정죄하였다. 두 본성이 혼합없이, 변화없이, 분열없이, 분리없이 한 인격에 계시되 영구히 두 본성으로 계심을 확정하였다.

### 4.1.1.2.3. 네스토리오스의 두 본성 두 인격 주장

안디옥파의 네스토리오스 (Nestorios of Antiochos)는 두 본성을 그대로 보존하였으나 하나님으로서의 인격과 인간인격의 결합으로 말하여 두 인격을 주장하였다.

이것은 성경의 근본진리를 변경시켜 두 머리를 가진 괴물적인 존재로 만드는 것이었다. 그러므로 에베소 공회의 (431)에서 정죄되었다. 그리고 칼케돈 공회의 (451)는 그리스도 성육신자는 두 본성이지만 한 인격임을 확정하였다.

### 4.1.1.3. 자기 비움 (케노시스, κενωσις)의 이론 (빌 2:6-7에 근거)

케노시스 이론은 빌 2:7에 연합하여, 그리스도의 자기 비움 (허기, 虛己)을 주장하는데 두 단계로 전개한다.

### 4.1.1.3.1. 초기 케노시스 이론

초기 케노시스 이론은 정통파 루터교회의 속성 전달 (communicatio idiomatum)에 근거하여 전개하였다.

그리스도의 땅 위의 삶은 자기 비움의 상태인데, 자기 비움의 주체는 인간이 되신 아들 곧 신인이다. 성육신하신 아들은 그의 땅 위의 삶 동안 하나님과의 연합으로 인해 인성에 전달된 속성들의 사용을 포기하셨다 (M. Chemnitz와 Giessen의 신학자들).

이에 비해 브렌츠 (Brenz)와 튀빙겐 학파는 전달된 속성의 계속적인 사용을 포기한 것으로 주장하였다.

그러나 속성 전달을 고집하지 않고 위격적 전달을 따랐으면 이런 일은 생기지 않았을 것이다.

### 4.1.1.3.2. 19세기 케노시스주의자들의 신적 존재의 비움 주장

19세기에 이르러 케노시스주의자들 (Kenotiker) 곧 살토리우스 (Sartorius), 리프너 (Liebner), 호프만 (Hoffmann), 토마시우스 (G. Thomasius), 프랑크 (F. H. R. Frank), 게쓰 (W. Gess)는 정통주의 루터교회 신학을 버리고 케노시스의 주체를 성육신하신 아들이 아니고 성육신하실 아들 (Filius incarnandus)로 보았다.

그리고 케노시스를 영원한 아들의 신적 존재에 관련시켰다. 신적 존재의 자기 제약으로 주장하였다 (Thomasius).

토마시우스에 의하면 아들은 성육신에서 신성의 일부 곧 전능, 편재, 전지 등을 포기하셨다. 그러나 신성의 다른 특성 곧 능력, 진리, 거룩, 사랑은 유지한다.

프랑크는 케노시스를 하나님의 아들의 아들의식의 무력화로 규정하였다. 아들이 자기의식을 인간의식으로 바꾸었다고 한다.

이에서 나아가 게쓰는 로고스가 하나님의 불변 존재를 포기하여 영원한 자기의식을 포기하였다고 주장하였다.

### 4.1.1.3.3. 케노시스 이론은 성육신 부정

19세기 케노시스 이론대로라면 그리스도는 하나님으로서 성육신하신 것이 아니고 처음부터 완전한 한 인간일 뿐이다. 그렇다면 성육신이 소산된다.

케노시스주의자들은 예수의 신인인격의 통일성과 그의 의식의 통일 곧 순수한 인간존재를 구하기 바라서 케노시스 이론을 만들었지만 결국에는 성육신을 부정하였다.

이렇게 루터교회의 케노시스 교리가 근세신학에서 하나님의 성육신을 전적으로 부정하여 인간 예수만 남게 만들었다.

### 4.1.1.3.4. 그리스도는 통일 인격임

두 본성에 한 인격은 설명하기 어려워도 그리스도 자신은 통일 인격으로 계신다. 어떻게 두 본성이 그리스도 안에서 한 인격을 이루었는지는 설명할 수 없는 불가사의이지만 그리스도는 한 신인인격으로 계신다.

### 4.1.1.4. 근세신학은 인간인격만 주장

근세신학은 그리스도의 두 본성 교리를 배척하여 인간인격만을 취하게 되었다.

그들에 의하면 신약은 예수가 두 본성으로 구성되었다고 전혀 말하지 않고, 그의 인간본성이 인간인격 없이 존재한다고 추리할 수도 없다고 한다. 또 예수가 자신을 신인 곧 참 하나님과 참 사람 (Vere Deus Vere homo)으로 인정했다고 발견할 흔적이 없다고 주장한다.

비더만 (Alois Biedermann)에 의하면 예수의 인격의 신성이 확정되면 취택된 인성은 단지 인간적 현현형식일 뿐이라는 것이다. 반면 인성이 신인에게 있어서 외양 (Schein)이 아니고 실재라면 그의 인격은 인간인격이라는 것이다. 신인이 신적 인격이면 실제로 인간이 아니시고 인간인격이면 참으로 하나님이 아니시다 (Alois Emanuel Biedermann, 1819-1885, Christliche Dogmatik, Ⅱ, 596, 597, 600).

이렇게 근세신학은 하나님의 성육신과 두 본성 교리를 배척하므로 인간 예수만 남게 되었다. 하나님의 인격의 성육신을 신화로 치부 (置簿)하므로 인간 예수밖에 없다.

### 4.1.1.5. 두 본성 교리 배척은 성육신 부정

이처럼 두 본성의 교리의 배척은 성육신을 부인하게 된다. 신성만 주장하면 가현설 (假現說)이 되어 성육신을 부인하게 되고, 인성만을 주장하면 성육신이 부인되어 인간 예수만 남는다.

그러나 설명할 수 없으나 그리스도 자신은 신인으로서 통일 인격으로 계신다.

### 4.1.2. 그리스도의 신격이 신인의 인격이고 인적 본성은 종속적

로고스, 제 2 위격 곧 그리스도의 신격이 신인의 인격이시고 인적 본성 (natura humana)은 종속적으로 존재한다.

그리스도의 인간본성이 독립적이지 못하여 인격을 구성하지 못한다. 그의 인격은 하나님으로서 인격이다. 이것이 우리 인성의 존재방식과 다른 점이다. 우리의 인성은 곧 우리의 인격이 되고 바로 인격이라고 할 수 있다. 우리의 인성은 독립적이어서 곧 우리의 인격이다.

### 4.1.3. 두 본성은 각각 그 본성대로 역사

그리스도가 신격으로는 하나님으로 역사하고 인성은 그 본성대로 역사한다. 두 본성은 다 그 본성대로 역사한다.

그리스도는 신격으로는 삼위 하나님의 사역 곧 세상 통치를 수행하셨다. 인성은 그 본성의 법칙대로 역사하여 배고픔, 피곤, 수면, 성장 등을 다 동일하게 경험하였다.

두 본성은 각 본성의 원리대로 역사한다.

### 4.1.4. 그리스도의 인격은 인성과 함께, 안에도 또 밖에도 계심

개혁신학에 의하면 그리스도의 인격은 인성과 함께 또 그 안에 계시지만 그 밖에도 계시다 (extra-Calvinisticum). 왜냐하면 유한은 무한을 다 포용할 수 없기 때문이다. 이 가르침은 아다나시오스가 처음 시작하였다.

로고스는 성육신하여 육체 안에 계셨어도 하나님으로서 우주의 통치와 섭리를 변함없이 계속하셨다. 성육신하여 사람이 되었으므로 몸 안에만 있고 우주에서 떠나 있었던 것이 아니다 (de Incarnatione Verbi, 17).

또 닛사의 그레고리오스도 같은 가르침을 주창하였다. 무한하신 하나님이 육체의 한계 안에 담길 수 없다고 하였다 (Oratio Catechisis, 10). 칼빈은 두 교부들의 가르침을 자기의 신학으로 받아들였다.

그러나 루터교회의 신학자들은 로고스가 육체 안에만 계신다고 주장한다. 영혼이 결코 육체 밖에 있지 않듯이, 로고스 (Logos)도 항상 육체 안에만 계시고 육체 밖에 있는 것으로 결코 생각할 수 없다고 하였다 (Heinrich Schmid, Die Dogmatik der evangelisch-lutherischen Kirche, 207).

### 4.1.5. 속성 전달 (communicatio idiomatum)은 위격적 전달

#### 4.1.5.1. 각 본성의 속성들이 위격에 전달된다

인성은 인성의 속성들을 신성에게 직접 전달하고, 신성은 신성의 속성을 인성에게 직접 전달하는 일은 결코 일어나지 않는다.

각 본성의 속성들이 그리스도의 위격에 전달된다.

#### 4.1.5.2. 루터신학에 의하면 전지와 편재와 전능이 인성에 전달

루터교회의 신학에 의하면 성육신으로 신성의 속성들 중 전지 (omniscientia)와 편재 (omnipraesentia)와 전능 (omnipotentia)이 인성에 전달되었다.

그들의 논의는 다음과 같다. 신적 로고스가 인간본성을 자기에게로 받아들일 때 인격적인 연합 (unio personalis)을 하였으므로 신적 본성의 위격이 인간본성의 위격이 되었다. 따라서 인간본성에게 신적 본성의 속성들과 신적 본성의 전체적인 영광과 엄위가 인간본성에게 전달되었다.

인격과 본성이 분리되지 않으므로 신적 본성이 인적 본성과 연합할 때 신적 속성들이 인간본성에 직접 전달되었다고 한다 (Heinrich Schmid, die Dogmatik, 210-211).

세상에 계실 때에는 그리스도는 이 전달된 신적 속성들을 가끔 쓰고 주로 덮어 가렸지만, 부활 후에는 전달된 신성에 의해 인성이 신성이 된다. 그리하여 부활 후에는 인성이 편재하게 되고 전지하게 된다. 이 인성의 편재에 근거하여 성만찬 시 인성의 공재설 (共在說) 이 나왔다.

### 4.1.5.2.1. 신적 속성이 인성에 직접 전달되면 성육신이 부정됨

만일 신적 본성의 속성이 인적 본성에 직접 전달되고, 인성이 신성으로 되면 마침내 성육신이 부정된다.

### 4.1.5.2.2. 신적 속성이 직접 전달되면 정상적 성장 불가

신적 속성이 인성에 전달되었으면, 인성의 정상적인 성장이 불가능하고 또 재능의 발달과정도 비정상적이어서 희한한 돌출사태가 발생해야 하는데 그런 일은 발생하지 않았다. 속성 전달이 없었기 때문에 정상적인 성장을 할 수 있었다.

### 4.1.5.2.3. 속성교류는 위격적 전달임

두 본성의 속성들의 교류는 두 본성 간에 직접 이루어진 것이 아니고 위격적 전달을 하였다. 위격에 신성의 속성들이 귀속되기 때문에 신적 속성의 일도 인간 예수의 일로 말할 수 있고 또 인간속성의 일도 하나님의 일로 귀속될 수 있었다. 그리하여 예수가 하나님이라고 말할 수 있고 그리스도가 다윗의 아들이라고 말할 수 있다.

따라서 "내가 목마르다"는 선언은 신적 인격이 말한 것으로 보아야 한다. 위격에 전달되므로 합당하게 그렇게 말할 수 있는 것은 인격의 통일성 때문이다.

### 4.1.6. 모든 인격적 결정은 신격의 일

무인격적 인성의 취택 (anhypostatia)이므로 모든 인격적 결정은 신격의 일이다. 두 본성이 한 인격 안에서 통일되므로 합당하게 그렇게 말할 수 있다. 두 본성이 한 인격으로의 통일은 성육신 자체와 같은 신비이다.

## 제2절 그리스도의 무죄성

### 4.2.1. 그리스도는 완전히 거룩한 사람으로 출생하였다

죄책과 오염이 그리스도에게 전가되지 않았으므로 거듭남 (중생, 重生)을 필요로 하지 않았으며, 거룩하게 됨 (성화)의 과정을 거칠 필요가 없었다. 아담의 타락 이후 주 예수만이 거듭남이 전혀 요구되지 않았고 또 성화의 노력을 할 필요가 없었다.

주 예수는 완전자로 출발하였다. 그는 하나님의 거룩한 자였다 (막 1:24; 눅 4:34). 그러므로 시험과 유혹에 죄 있는 반응을 하지 않았고, 투쟁을 거쳐 성화로 나아가지 않았다.

그는 처음부터 윤리에 있어서 인간으로서 완전하였다. 우리는 그의 공생애 중 거룩으로의 진보를 알지 못한다.

그는 시험과 유혹에도 죄는 결코 구성하지 않았다. 시험이 없었기 때문에 무죄한 것이 아니라 시험에도 죄 있는 대응이 전혀 나타나지 않았다. 그는 거룩자로서 죄와 분리되었다 (히 4:15).

### 4.2.2. 성령으로 잉태되었으므로 무죄하다

그리스도는 남자의 개입 없이 성령의 능력 (efficacia)으로 형성되었다. 남자의 개입으로 이루어졌으면 죄를 전가 받아 죄책을 지니므로 유죄하다.

성령이 마리아의 피로 그의 인성을 형성하실 때 그의 인성이 완전히 깨끗하게 되었다. 그러므로 완전히 무죄하다.

### 4.2.3. 그리스도는 첫 언약의 대상이 아니므로 죄과의 전가가 안 됨

예수 그리스도는 새 인류의 조상으로 세워졌다. 그러므로 그리스도는 아담을 머리로 하여 체결된 첫 언약 곧 아담 언약의 대상이 아니다. 따라서 첫 조상과의 언약과 언약을 범한 죄과가 그에게 전가되지 않는다.

바울은 그리스도가 하늘의 인격을 지니셨다고 말했다. 곧 둘째 사람은 하늘에서 나셨고 또한 하늘에 속한 자의 형상을 입으셨다고 말하였다 (고전 15:47-49).

### 4.2.4. 온전한 우리의 인성이어도 무죄하다

그리스도가 유죄하면 우리의 구원자가 되지 못한다. 범죄한 자는 자기를 속량할 수 없기 때문이다.

### 4.2.5. 범죄의 가능성이 성령의 역사로 배제된다

예수 그리스도는 완전한 의인이요, 완전히 거룩한 사람이므로 죄에 대한 반응이 우리와는 전혀 다르고 또 죄로 넘어갈 수 없다. 더구나 성령의 도움과 역사로 인해 죄로 타락하는 것이 불가능하다. 많은 시험과 유혹이 그의 공생애 시작부터 겟세마네 동산에까지 계속되었어도, 죄 된 결정과 죄를 구성할 반응은 전혀 없었다.

### 4.2.6. 인성의 의지가 죄로 나아가고 죄 된 것을 욕망할 수 없다

그리스도의 인격적 통제를 벗어나서 인성의 의지가 죄로 나아가고 죄 된 것을 욕망할 수 없다. 그는 언제든지 하나님의 뜻만 행하였으므로 인성의 의지가 하나님의 뜻과 작정과 배치된 것을 원하고 행할 수 없었다.

### 4.2.7. 재세례파의 부당한 주장

재세례파는 그리스도의 인성의 무죄를 확보하기 위해 다음과 같이 주장하였다. 그리스도가 하늘의 인성을 가져와서 마리아의 몸을 도관 (導管, pipe)으로 삼아 자기의 인격에 결합하였다고 한다.
그러나 천적 (天的) 인성은 있지도 않을 뿐 아니라 설혹 그런 인성이 있다 해도 우리의 본성이 아니다. 또 우리 인성과 유사하다 해도 그것은 우리의 본성이 아니기 때문에 우리의 구주가 될 수 없다.
이렇게 개혁자들 특히 칼빈이 재세례파의 가르침을 배척하였다.

## 4.2.8. 로마교회의 무흠수태 주장

　로마교회는 그리스도의 무죄성을 확보하기 위하여 마리아의 무흠수태 (immacula conceptio)를 가르친다 (Vaticanum, 1870).
　이 주장에 의하면 마리아가 원죄의 유전에서 전적으로 벗어나 있다. 마리아의 무죄를 보장하려면 마리아의 모든 조상들의 무죄가 보장되어야 하는데 이것은 성경의 가르침인 죄의 보편성의 원리에 저촉되어 불가하다.
　마리아 자체가 무죄한 것이 아니라, 마리아의 인성을 성화하여 그리스도에게 죄의 오염과 죄과의 전가가 전혀 이루어지지 않게 하신 성령의 성화 역사 때문에 그리스도가 무죄하다.

제5장

# 구원중보자

(Mediator salutis)

## 제1절 구원중보자

하나님은 중보자를 통해서 일하신다. 창조사역을 하실 때 로고스, 아들, 제 2 위격을 창조주로 세워 일하게 하셨다. 삼위 하나님의 사역방식 곧 아버지는 성령 안에서 아들을 통하여 일하시기 때문이다 (Pater agit per Filium in Spiritu Sancto).

로고스가 창조를 이루시므로 그가 창조중보자이시다 (요 1:1-3; 히 1:2; 골 1:16-17; 롬 11:36). 창조중보자이신 로고스가 그의 창조로 말미암아 만물의 상속자가 되셨다 (히 1:2; 골 1:17).

하나님은 만물의 상속자인 로고스 곧 아들 하나님을 구속중보자로 세우셨다. 이 중보자는 다만 하나님으로서 구원중보자가 되는 것이 아니고 피조물이 되심으로 중보자가 되어 자기의 창조를 구원하셨다.

### 5.1.1. 아들 하나님이 구속중보자로 세워짐

아들 하나님, 로고스는 구원협약 (pactum salutis)에 의하여 삼위 간에 구속중보자 (Mediator redemptionis)로 합의되었다. 그리하여 아버지의 구원 작정을 이루기로 하셨다. 이 구원사역을 이루기 위해 성육신하신 하나님 (Deus incarnatus)이 제자들과 언약을 체결하사 구원을 확실하게 보장하고 확증한 구원을 위해 죽어 피 흘리기로 하셨다.

### 5.1.2. 주 예수는 성령세례 받아 구원중보자로 임명됨

주 예수는 성령세례 받음으로 구원중보자 곧 그리스도, 하나님 나라의 왕으로 임명되었다 (마 3:16; 막 1:10-11; 눅 3:21-22).

요단강변에서 이루어진 세례식에서 선포된 '내 사랑하는 아들'은 왕을 뜻한다. 구약에서 왕은 하나님의 아들로 지목되었다 (삼하 7:14; 대상 28:6). 그리하여 성령으로 기름부음 받은 자가 되어 메시아 (단 9:25-26) 곧 그리스도가 되셨다 (요 1:41; 4:25).

이것은 선지자에 의해서 예언되었다. "주 여호와의 신이 내게 임하셨으니 이는 여호와께서 내게 기름을 부으사 가난한 자에게 아름다운 소식을 전하게 하려 하심이라" (사 61:1).

이 예언대로 주 예수는 성령으로 세례 받아 메시아, 그리스도로 세워짐이 이루어졌다.

메시아는 죽음을 통과하고 하늘에 오르심으로 왕으로서의 등극을 이룬다 (막 16:19; 행 2:33; 7:55-56; 롬 8:34; 엡 1:20; 골 3:1; 히 1:3; 8:1; 10:12; 12:2; 벧전 3:22; 계 3:21). 그리스도는 그의 죽음으로 백성들을 회복하여 왕이 되신다 (계 1:5-6). 인류를 속량하여 하나님의 백성을 삼음으로 왕이 되신다 (계 1:5-6; 딛 2:14; 갈 3:13; 벧전 1:18-21; 계 5:9-10; 14:3-4).

### 5.1.3. 세례 받음으로 인류의 죄를 전가 받음

구속주로서 인류의 죄를 속량하셔야 하므로 인류의 죄과를 전가 받아야 했다 (고후 5:21).

이 죄과의 전가가 법적으로 세례 받을 때 이루어졌다 (마 3:15-16). 그는 의인이고 무죄자이므로 죄를 회개할 필요가 없었지만 세례 받으므로 자기를 죄인들과 일치시켜 세상 죄과를 전가 받았다 (마 3:13-16). 그러므로 '세상 죄를 지고 가는 하나님의 어린양'으로 선포 되었다 (요 1:29, 36). 주 예수가 세례 받음이 죄과를 전가 받는 계기였다 (고후 5:21; 히 9:26; 롬 6:10).

그가 세례를 받으므로 죄과를 전가 받았다. 죄의 전가는 하나님 아버지로부터 이루어졌다. 전가 받은 죄과 때문에 저주받은 자로 죽게 되었다 (신 21:23; 갈 3:13; 행 5:30; 10:39).

### 5.1.4. 삼중 직임을 지닌 그리스도로 세워짐

예수는 왕, 제사장, 선지자의 삼중 직임을 지닌 그리스도로 세워졌다. 더욱 정확하게는 제사장적 왕으로 세워졌다.

메시아 곧 구속주는 왕으로 출생하였다 (마 2:2-6; 눅 1:33; 사 9:6-7; 32:1; 계 12:5). 그러므로 그는 왕으로 임직되어야 했다. 임직이 성령세례 받음이요, 더 정확하게는 "이는 내 사랑하는 아들이요 내 기뻐하는 자라" (마 3:17; 막 1:11; 눅 3:21-22)는 선언이다.

이렇게 임명된 왕은 영구히 다스리신다 (고전 15:25; 계 2:27; 11:15; 19:15-16). 그의 나라가 무궁한 나라이기 때문이다 (눅 1:33). 그러나 이 왕권은 피 흘려 백성을 속량하므로 이루어진다 (계 1:5; 5:9-10).

그리스도는 그의 죽으심으로 사람들을 죄와 죽음에서 사서 자기의 나라를 삼음으로 다스림을 시작하셨다 (히 10:12). 구속된 백성이 바로 그리스도의 나라이다 (마 1:21; 계 1:5-6; 5:9-10). 그러므로 그리스도의 왕권은 제사장적 왕이다. 그리스도의 사역은 다 구원중보자로서의 사역이다.

따라서 그리스도의 나라는 세상 나라를 다 포용한다 (계 11:15; 19:15-16; 미 4:1; 사 2:2-4).

## 제2절 중보자의 인격 (Persona Mediatoris)

바빙크와 그의 신학전통에서는 중보자의 인격이 그리스도의 명칭들로 지시되었다 (Herman Bavinck, Gereformeerde Dogmatiek, Ⅲ, 214-304; Louis Berkhof, Systematic Theology, 312-320). 그러나 중보자의 인격으로 말해야 한다.

그리스도는 하나님의 성육신이고 중보자로 세워졌으므로 여러 이름들을 갖는다. 이 이름들은 중보자의 직임 (officium)에 따라 나타내는 그의 인격을 뜻한다. 왜냐하면 이름은 실재를 뜻하기 때문이다.

### 5.2.1. 예수 (Ἰησοῦς)

예수는 세상을 구원하기 위해서 오셨기 때문에 구원자로서 지목된 이름이다 (마 1:21).

### 5.2.1.1. 예수는 구원주의 이름

예수는 백성을 죄에서 구원하기 위해서 오셨으므로 주어진 이름이다 (마 1:21; 눅 2:11; 행 4:12; 5:31; 13:23, 38). 구주로서 예수는 메시아와 같은 뜻이다. 예수가 바로 그리스도이다. 예수는 인간적 호칭으로 불렸지만 그가 구원자이기 때문에 바로 메시아이다.

### 5.2.1.2. 예수가 주로 호칭됨

예수가 메시아이기 때문에 예수를 주라고 칭하게 되었다 (고전 12:3; 행 1:21; 2:36; 7:59-60; 8:16; 16:31; 19:17; 고후 1:1-2; 4:5; 히 13:20). 그러므로 교회의 최초의 신앙고백은 주 예수 (κύριος Ἰησοῦς)이다 (롬 1:4, 7; 4:24; 5:1, 11, 21; 6:23; 7:25; 8:39; 10:9; 13:14; 15:6, 30; 고전 1:2-3, 7-9; 12:3; 행 1:21; 2:36; 벧후 1:2; etc).

### 5.2.1.3. 예수는 구약에서 예표 (type, Typos)를 갖는다

하나님은 예수 그리스도로 세상을 구원하기로 작정하시고 세상 구원 역사를 진행하셨다. 그리고 구약의 인물, 사건, 제도를 활용하여 당시 구원을 이루시면서 참 구원자인 예수를 사전 표상하게 하셨다.

#### 5.2.1.3.1. 여호수아는 두 방면에서 예수를 예표한다

구약이 희랍어로 번역될 때 여호수아는 후기 표기인 예수아를 Ἰησοῦς로 번역하므로 여호수아 자리에 예수가 일을 이룬 것이 되었다.

눈의 아들 여호수아 곧 예수는 백성을 가나안으로 인도하여 이스라엘의 구원을 성취하였다. 모세는 백성을 애굽에서 구출하여 가나안 입구까지는 인도했지만 가나안으로 들이지는 못하였다. 여호수아가 이스라엘을 가나안에 정착시켰다.

노예로 살고 유랑민으로 살던 사람들에게는 나라를 이루어 사는 것이 가장 큰 소망이다. 이스라엘은 백성으로는 있었으나 400여 년 동안 노예생활을 하고, 40년간 광야 유랑생활을 하여 나라가 없었다. 여호수아는 이스라엘을 가나안 복지로 인도하여 안식하게 하였다. 나일강변에서 시작된 구원의 과정이 가나안 복지에 이르므로 안식에 이르렀다.

예수 그리스도가 백성에게 참 구원을 선사하였다. 그 이전 선지자들은 예언하고 약속했지만 실제로 구원을 가져오지 못하였다.

여호수아는 백성을 가나안에 입성시키고 안착시켰으므로 예수 그리스도를 예표한다.

### 5.2.1.3.2. 토지분배는 그리스도의 구원배분 예표

여호수아는 이스라엘을 가나안에 입성시켰을 뿐만 아니라 토지를 분배하였다. 여호수아는 토지를 배분하여 백성들로 완전한 삶을 살게 보장하였다. 이런 면에서 여호수아는 구원과 영원한 삶을 보장하는 주 예수를 예표한다.

그런데 여호수아는 땅을 다 정복하지 못하였고 따라서 완전한 분배를 하지 못하였다. 이런 면에서도 여호수아는 예수의 구원을 예표한다. 완전한 정복은 다윗의 손에 의해서 이루어졌고 분배도 이루어졌다.

완전한 구원의 배분은 그리스도에 의해 이루어진다. 왜냐하면 영원한 생명은 예수 그리스도가 배분하시기 때문이다.

### 5.2.1.3.3. 대제사장 여호수아는 그리스도의 속죄 예표

여호사닥의 아들 대제사장 여호수아 (슥 3:1 이하)는 제사장으로서 속죄를 통해 구원을 이룩한 주 예수를 예표한다.

대제사장 여호수아는 그렇게 큰일을 한 사람은 못 되어도 성경역사에 보관되어 예수 그리스도의 예표가 되었다. 포로 귀환 후 성전을 건축하여 여호와의 종교를 재건하였다. 여호와 종교가 희미하고 혼합되어 있을 때 성전제사를 회복하고 백성의 죄를 짊어진 대제사장이 되어 하나님 섬김을 이룩하였다.

스룹바벨과 여호수아가 함께 성전을 지었는데, 성전건축은 단지 여호와 종교의 회복뿐 아니라 그리스도 오심의 예비이다. 그리스도를 맞이하기 위한 준비 작업으로서 성전을 건축하므로 우리의 죄를 대속하고 우리를 하나님께로 회복시킴을 예표한다.

## 5.2.2. 그리스도 (Ο Χριστος, מָשִׁיחַ)

### 5.2.2.1. 그리스도는 기름부음 받은 자로서 메시아의 번역어이다

### 5.2.2.2. 그리스도는 이스라엘의 왕으로 임명됨

그리스도는 성령으로 기름부음 받아 메시아 곧 이스라엘의 왕으로 임명되었다 (행 17:7; 마 3:16-17; 막 1:9-11; 눅 3:21-22). 복음서에 기록된 "이는 내 사랑하는 아들이요 내 기뻐하는 자"라는 선언은 이스라엘의 왕으로서의 임직식이다 (시 2:6-7; 사 42:1-4).

그러므로 예수는 그리스도로 고백될 때 하나님의 아들로 고백되었다 (마 16:16). 이 왕은 이스라엘의 왕이지만 이방에 공의를 베푸는 의의 왕이다 (사 42:1-4; 61:1-3). 그러므로 세상의 구주를 뜻한다. 따라서 그리스도는 이스라엘의 왕의 호칭이 되었다.

### 5.2.2.3. 그리스도는 성령의 기름부음 받은 왕이므로 이스라엘의 구주이다

메시아 곧 그리스도는 성령으로 기름 부은 왕이므로 이스라엘의 구주이다 (시 45:6-7; 사 9:1-7; 11:1-10; 53:1-12; 단 2:28-45; 9:24-27).

### 5.2.2.4. 그리스도는 제사장적 왕이다

그리스도는 왕으로서 이스라엘의 구속주요 세상의 구세주이므로 제사장적 왕이다 (히 1:6-13; 7:1-25; 신 32:43).

히브리서는 그리스도를 살렘 왕 멜기세덱의 반열에 선 왕으로 말함으로 왕이고 대제사장임을 말한다 (히 7:1-28). 그리스도는 왕적 제사장이다.

메시아에게 왕과 제사장이 합쳐지는 것이 후기 유대교 랍비들의 근본 가르침이다. 주 예수는 그리스도로서 왕 곧 하나님의 아들이요 (마 26:63-64; 막 14:61-62; 눅 22:67-70) 제사장이다 (고전 1:23; 5:7; 15:3).

즉 왕 제사장이다. 사도 요한이 그리스도를 제사장으로서 왕임을 선포하여 바르게 증거한다 (계 1:5-6).

제사장 왕으로서 그리스도는 구세주이다. 이 의미에 있어서 그리스도는 예수와 일치한다 (요 1:41; 눅 2:11).

### 5.2.2.5. 이스라엘은 정치적 메시아를 기대하였다

예수 당시 이스라엘은 정치적인 메시아를 기대하였다 (행 1:6-7). 포로 이후 모든 세대는 정치적 메시아를 기다릴 수밖에 없었다. 압제받는 백성들은 하나님이 직접 다스리실 때 메시아를 세워 압제자들에게서 구원하실 것임을 믿었다.

주 예수가 메시아로 믿어질 때 백성들이 환호한 것은 자기들을 압제에서 구출해 줄 구주로 믿었기 때문이다 (마 21:5-11; 막 11:6-10; 눅 19:37-40). 그들은 주 예수의 예루살렘 입성으로 하나님의 나라 곧 로마의 압제에서 해방된 다윗왕국이 곧 수립될 것을 기대하였다.

### 5.2.2.6. 메시아는 다윗 자손으로 충분하다고 여김

이스라엘의 구원자는 다윗의 자손이면 충분했고 메시아는 하나님일 필요가 없었다. 그런데 예수는 자기를 하나님의 아들 곧 하나님이라고 선언하므로 유대인들은 이해할 수 없었다.

유대교의 가르침에 의하면 메시아는 사죄의 권세가 없었다. 사죄는 하나님께만 속한 권세였다. 그런데 예수는 하나님의 아들로서 죄를 사한다고 할 때 도저히 이해할 수 없었다. 더구나 예수가 인자로서 사죄의 권세를 갖는다고 할 때 그것은 참람이었다 (마 9:2-6; 막 2:5-11; 눅 5:20-24).

그러나 예수는 육체 안에 계신 하나님이시므로 사죄의 권세를 갖고 그 권세를 행사하셨다.

이스라엘이 기다린 메시아는 정치적인 왕으로 국가의 독립과 해방을 가져오면 되었다. 그로써 찬송 받을 만하였다.

그러나 예수 메시아는 고난의 종으로 와서 죄를 해결하는 제사장이었다. 예수는 정치적인 메시아로 오지 않고 고난의 종으로 왔으므로 배척되고 또 처형되었다. 예수의 하나님의 아들이란 자기주장이 백성들의 메시아 관념과 일치하지 않았기 때문이다.

### 5.2.2.7. 구약의 기름부음 받은 자들은 성령 부음 받은 그리스도를 예표하였다

구약의 기름부음 받은 제사장, 왕, 선지자들은 성령으로 기름부음 받은 그리스도를 예표한다.

가. 이스라엘의 왕 사울과 다윗과 솔로몬이 기름부음을 받아 왕이 된 것은 하나님 나라의 왕인 그리스도의 왕권을 예표한다.

나. 제사장은 이스라엘에서 제일 먼저 기름부음 받아 제사장직에 이르렀다. 아론이 처음으로 제사장으로서 기름부음 받은 후 그의 후손들은 예외 없이 기름부음 받아 제사장직을 수행하였다.

이 제사장들은 성령으로 기름부음 받을 참 대제사장 그리스도를 예표한다.

다. 선지자들은 소명으로 선지자직을 수행하였지만 전문 선지자들은 기름부음 받았다.

엘리사가 기름부음 받아 선지자가 된 대표적인 경우이다. 대부분의 전문 선지자들도 기름부음 받아 선지자로서 활동하였다.

라. 제사장, 왕과 선지자는 모두 참 기름부음 받을 자 곧 성령으로 기름부음 받을 자인 그리스도를 예표한다.

곧 그리스도의 직분과 사역을 사전 표상한다. 예표란 사건, 인물, 제도들이 그 당대에 직임을 다 수행하여 하나님의 구원경륜을 성취하면서 자신을 넘어 그리스도와 그의 사역을 지시하는 것을 말한다.

이 세 직분자들은 감람유로 기름부음 받아 직분을 수행하면서 성령으로 기름부음 받은 그리스도를 사전 표상하였다.

### 5.2.2.8. 그리스도는 성령 부음 받아 하나님 나라의 왕으로 임명

그리스도는 성령으로 기름부음 받아 하나님 나라의 왕으로 임명되었다 (막 1:10-11; 마 3:16-17; 눅 3:21-22).

성령세례에 의해 메시아로 임직되고 왕으로 선언되어 하나님 나라를 설립해야 했다. 그러므로 메시아를 통해 나타난 하나님의 통치는 죄과 제거와 용서로 인류의 구원을 이루었다.

하나님 나라의 왕 메시아 곧 그리스도는 다윗과 솔로몬에 의해서 예표되었다. 다윗은 아브라함에게 약속된 땅의 약속을 성취하였다. 여호수아가 이루지 못한 가나안 땅을 다 정복하여 (삼하 7:1, 8-11) 백성들에게 분배하고 하나님의 통치권을 바로 세웠다.

이스라엘의 왕은 여호와이시고 왕은 그의 위임 통치를 하는 대리통치자였다. 사울은 자기 왕조를 세우기 위하여 하나님의 왕권을 자기에게 분리하여 여호와의 왕 되심을 배척하므로 멸망하였다.

다윗은 하나님의 왕권을 세우기 위해 일생 진력하였다. 그러므로 하나님이 다윗에게 영원한 왕조를 허락하사 그리스도의 왕권에 연결시키셨다 (삼하 7:11-17). 다윗이 그리스도의 예표가 되었을 뿐만 아니라 그 조상이 되었다 (마 1:18-21; 22:42; 눅 2:11; 막 12:35; 요 7:42).

혈통으로만은 영구한 나라가 지속될 수 없으므로 다윗의 왕권을 메시아의 영원한 나라에 연결시켰다. 그리하여 그리스도의 왕권이 다윗의 이름으로 행사된다 (계 5:5; 22:16).

솔로몬은 평화의 왕이었는데 참 평화의 왕 그리스도를 예표하였다.

### 5.2.2.9. 그리스도는 대제사장으로 세워짐

그리스도는 기름부음 받아 대제사장이 되었다 (히 9:11-15; 10:12).

가. 그리스도는 대제사장으로서 완전한 속죄제사를 드렸다.

나. 자기 몸을 제물로 삼아 완전한 속죄제사를 이룬 제사장이다 (히 9:26-28; 10:10-14).

구약 제사에서는 제사장은 제물일 수가 없는데 그리스도의 제사에서는 제사장과 제물이 일치된다. 그리하여 완전한 속죄제사를 드렸다 (히 10:5-6, 12-14, 18). 이렇게 대제사장으로 구원자가 되었다.

후기 유대교 사상에 의하면 메시아와 제사장이 합쳐진다. 따라서 제사장인 왕이 출현할 것을 기대하였다. 이 기대가 그리스도에게서 성취되었다.

막카비 가문이 이스라엘을 시리아 헬라제국의 압제에서 해방하여 왕이 되면서 대제사장직을 자신에게 합병하므로, 정통 제사장

가문 곧 사두개파들의 강한 반발을 받아 그 나라가 멸망할 수밖에 없었다. 이런 시대적 상황에서 오히려 왕과 제사장직이 메시아에게 합쳐질 것임을 예견하였다.

### 5.2.2.10. 종교 신학은 종교 설립자들이 다 그리스도라고 주장

오늘날 종교 신학에서는 예수만이 그리스도가 아니고 모든 종교 설립자들도 구주로서 그리스도라는 것이다. 그러므로 타 종교들에도 구원이 있다고 주장한다.

칼 라아너는 성육신은 예수 그리스도에게만 유일한 사건이 아니고 모든 사람들에게 신인연합이 다 가능한데 예수에게서 구현됐다고 주장한다.

그러나 이것은 그리스도교를 근본에서 허무는 일이다. 곧 하나님의 성육신 자체를 허무는 일이다.

## 5.2.3. 인자 (人子)

### 5.2.3.1. 인자는 예수 자신의 호칭이다

예수는 자기를 지목하기 위해 인자라는 불가해한 삼인칭을 사용하셨다 (마 8:20; 9:6; 10:23; 11:19; 12:8, 32, 40; 13:37, 41; 16:13, 27-28; 17:9, 12, 22; 19:28; 20:18, 28; 24:27, 30, 44; 25:31; 26:2, 24, 45, 64 등과 마가, 누가의 평행절들).

행 7:56에서 스데반이 한번 예수를 인자라고 지목한 것 외에는 예수의 전유적 호칭이었다.

### 5.2.3.2. 인자는 성육신의 신비 지시

주 예수는 자기의 성육신의 신비를 지시하기 위하여 인자를 사용하였다. 예수 자신이 이 칭호를 사용하여 하나님으로서 성육신하신 사실 곧 하나님이 사람이 되었다는 것을 지시하였다. 인자는 출생을 통하여 사람이 되셨음을 지시한다. 이렇게 인자란 호칭을 자기에 대하여 적용하여 하나님이 인간으로서 신분변화가 이루어졌음을 지시한다.

즉 인자란 예수 자신이 하나님의 성육신임을 간접적으로 표현하는 자기호칭이다 (요 3:13; 5:19-27; 6:45-58, 62).

### 5.2.3.3. 인자는 신분전이를 지시

인자란 호칭은 본래 하나님이 성육신하여 사람으로 신분전이 (轉移)하였음을 밝히기 위한 것인데 그 증거들을 예수 자신이 제시한다.

인자가 안식일의 주인이라고 하여 (마 12:8; 막 2:28; 눅 6:5) 자기가 창조 시에 안식일을 제정한 창조주임을 밝힌다.

또 하늘에서 내려온 자 곧 인자 외에는 하늘에 올라간 자가 없다고 함으로 (요 3:13) 자기가 하나님인데 성육신하여 하늘에서 내려왔음을 강조한다.

"너희가 인자의 이전 있던 곳으로 올라가는 것을 볼 것 같으면 어찌 하려느냐" (요 6:62)라고 말함으로 인자는 하나님으로서 성육신하여 사람들에게로 오신 분임을 제시한다.

또 "인자가 자기 영광으로 모든 천사와 함께 올 때에" (마 25:31)라고 말하여 인자는 천사를 창조하고 부리는 하나님이심을 암시한다.

### 5.2.3.4. 인자는 제 2 아담임을 함의

인자란 호칭은 하나님이 성육신하여 제 2 아담이 되심을 함의한다 (롬 5:14; 히 2:13-14; 고전 15:45). 이로써 새 인류의 조상이 됨을 뜻한다 (히 2:13-14; Chul Won Suh, The Creation-Mediatorship of Jesus Christ, 309).

### 5.2.3.5. 인자란 호칭으로 인류의 심판주 됨을 강조

그리스도는 자기가 종말에 심판하기 위하여 다시 오실 경우에 인자를 많이 호칭하였다 (마 19:28; 24:27, 30, 37, 39, 44; 25:31과 마가와 누가의 평행절들). 인자란 호칭으로 심판주로서 재림하여 심판을 행할 것을 강조하였다.

### 5.2.3.6. 인자의 유래

가. 시 8:4를 70인경 (LXX)은 메시아적으로 해석 번역하였다.

이렇게 번역한 70인경 시 8:4에서 히브리서 저자는 인용하여 그리스도에게 적용하였다 (히 2:6-9).

본래 시 8편은 메시아적 의미가 없어서 그리스도를 지칭함이 표현되지 않았지만 70인경이 메시아적으로 번역하였다. 이것을 그리스도에게 적용하여 수난받고 승귀하신 그리스도를 예언한 것이 되었다.

나. 에스겔서는 (겔 1:26; 2:1, 3, 6, 8; 3:1, 3-4, 10, 17, 25; 4:1 등) 전체로 인자가 중심에 선다.

겔 1:26에는 보좌에 앉은 사람의 형상이 나타난다. 하늘에 계신 인자가 예비되었다. 이 인자에게 심판이 위임되었다.

보좌에 감추어져 있는 인자에 대하여는 인자가 보좌에 감추어져 있다는 주장과 토라 곧 율법이 만세 전부터 감추어져 있었다는 두 사상이 있었다. 그러나 토라는 결코 인자로 여길 수 없다.

다. 단 7:13-14에 인자가 구속주로 내려오실 것이 예시되었다.

### 5.2.4. 하나님의 아들 (Filius Dei, ὁ υἱὸς τοῦ θεοῦ)

#### 5.2.4.1. 아들은 하나님과의 친숙한 관계 지시

주 예수는 본래 하나님의 아들로서 자신이 하나님과 갖는 가장 친숙한 관계를 표현하기 위하여 하나님의 아들이라는 호칭을 썼다. 하나님과의 가장 친숙한 관계인 아들로서 하나님을 아빠 아버지 (Αββα ὁ πατήρ)라고 불렀다 (막 14:36).

모든 종교사와 이스라엘의 종교사에서 하나님을 아빠라고 부른 이는 예수 그리스도뿐이다.

#### 5.2.4.2. 아들로 초자연적 출생 지시

예수는 성령의 역사에 의해 특별한 출생을 표시하기 위하여 하나님의 아들로 지목되었다. 예수 그리스도만이 성령에 의해 조성되고 출생되었다. 이 특별한 출생 때문에 하나님의 아들로 지목된다. 초자연적 출생으로서 하나님에 의해 직접 출생되었기 때문이다. 이것은 인성의 특별조성 때문에 하나님의 아들로 말하지만 결국 삼위일체의 제 2 위격으로서 그런 특별한 출생을 하신 것을 말한다.

다른 인간존재와 전혀 다른 기원을 나타내기 위해 하나님의 아들로 지목되었다 (눅 1:31-33).

### 5.2.4.3. 아들은 삼위일체의 제 2 위격 지시

아들은 삼위일체 하나님의 제 2 위격을 표시하기 위해 쓰였다 (마 26:63-64; 막 14:61-62). 특히 요 17장 대제사장의 도고에서 (요 17:1-5, 24) 그리스도 자신이 아버지와 함께 영원히 계시던 아들임을 분명히 하셨다. 그리스도는 하나님의 성육신으로서 하나님과 함께 계신 영원한 아들이다 (요 1:1-2, 14, 18). 이 하나님의 제 2 위격이 아들로 표기되었다.

그리스도교는 삼위일체로 성립되고 그리스도가 하나님의 영원한 아들로서 제 2 위격으로 계심에 성립한다.

### 5.2.4.4. 에비온파는 예수가 영원한 아들임을 부인

고대교회의 첫 이단인 에비온파는 예수 그리스도가 하나님의 영원한 아들이 아니라 한낱 보통 사람인데 세례 받을 때 은혜를 입어 큰 기적을 행하였고 부활하므로 하나님의 아들로 입양되었다고 주장하여 하나님의 영원한 아들이심을 부인하였다.

### 5.2.4.5. 근세신학도 영원한 아들임을 부인

근세신학도 예수 그리스도가 하나님의 영원한 아들이심을 부인한다.

가. 종교개혁 때 세르베투스 (Servetus)는 그리스도가 하나님의 영원한 아들 되심을 부인하므로 삼위일체 하나님을 배척하였다.

나. 슐라이어마허 (Friedrich Schleiermacher, 1768-1834)는 그리스도의 무한한 신의식 때문에 그가 하나님의 아들로 불린다고 하였다.

다. 릿츌 (Albrecht Ritschl, 1822-1889)도 그리스도의 영원한 아들 됨을 거부하고 그의 완전한 윤리 때문에 아들로 호칭된다고 하였다.

라. 20세기의 칼 발트 (Karl Barth, 1886-1968)는 그리스도의 영원한 아들 되심을 인정하지 않는다. 오히려 인간 예수 그리스도가 하나님의 영원한 경륜 속에 하나의 작정으로 있었다고 말한다 (Kirchliche Dogmatik, IV/1, 70).

그리고 변증법적으로 하나님의 성육신을 말한다. 인자는 사람일 뿐인데 하나님의 아들과 일치되었다 (KD, II/2, 193). 곧 사람 예수 그리스도가 하나님의 아들로 인정되어야 한다는 것을 뜻한다. 또 예수 그리스도는 은혜로만 하나님의 아들이라고 단언한다 (KD, II/2, 129).

마. E. 브룬너와 동료 변증신학자들과 그 후계자들도 예수의 영원한 아들의 신분을 거부한다 (Emil Brunner, Dogmatik, II, 400-404).

### 5.2.5. 주 (ὁ κύριος)

#### 5.2.5.1. 교회의 첫 신앙고백은 주 예수

교회의 최초의 신앙고백은 주 예수 (ὁ κύριος Ἰησοῦς)이다 (요 20:18, 20, 28; 21:7, 15-16; 행 1:6, 21, 24; 2:36, 47; 4:33; 5:14; 7:59; 롬 1:4 etc).

#### 5.2.5.2. 주 예수는 신적 대권자를 뜻함

예수를 주라고 고백할 때 신적 대권자 (大權者), 통치자임을 뜻한다. 부활 후부터 주 예수라는 고백과 호칭이 주저 없이 이루어졌다. 그리하여 예수가 주라는 호칭은 신적 통치자, 천지의 대권을 가진 주재를 뜻한다.

로마제국 당시에는 황제를 주라고 불렀는데 그리스도인들은 주는 오직 한 분 주 예수만 계신다고 주장하여 황제를 주라 부르기를 거부하였다.

#### 5.2.5.3. 주 예수는 주로서 여호와와 동일자

주 예수는 주 (κύριος, 퀴리오스)로서 구약의 여호와 (야웨, Yahweh)와 동등, 동일자임을 지시한다. 왜냐하면 70인경 (LXX)이 YHWH를 κύριος로 번역하였기 때문이다. 그리고 이런 뜻으로 번역된 κύριος를 초대교회가 그리스도에게 그대로 적용했기 때문이다.

포로귀환 이후 구약교회는 YHWH를 그 이름대로 여호와 (야웨)

로 부르지 못하고 아도나이 (Adonai, אֲדֹנָי)로 고쳐 읽었다. 구약교회의 전통을 따라 희랍어 성경번역자들이 야웨를 κύριος로 번역하였는데, 신약교회가 주 칭호를 예수에게 적용하므로 바로 주 예수가 구약의 여호와와 동등자이고 동일자이심을 지시하였다.

### 5.2.5.4. 예수는 ἐγώ εἰμι를 사용하여 자기를 여호와로 지시

예수는 자기가 구약의 여호와임을 지시하기 위하여 YHWH, יִהְיֶה의 희랍어역인 ἐγώ εἰμι를 사용하였다 (요 8:24, 28). '나는 존재하는 자'라는 구약의 여호와 호칭을 자기에게 그대로 사용하여 예수는 자신을 구약의 여호와로 신분확인하셨다.

### 5.2.5.5. 예수는 부활로 천지의 대권을 받음

주 예수는 부활함으로 주로 고백되고 천지의 대권을 받았다 (마 28:18; 행 2:36; 롬 14:9; 고전 15:25-27; 엡 1:10, 21-22; 빌 2:9-11; 골 2:10; 히 1:2, 10; 2:8; 벧전 3:22; 계 17:14). 주 예수는 교회의 주가 되셨다 (골 1:18-20). 창조 시에는 창조의 중보자로서 창조의 주이셨는데 (골 1:16-17), 십자가에 죽으심으로 교회의 주가 되셨다.

주 예수는 모든 권세 곧 신적 권세를 가지신 주님이시므로 교회가 안전하다 (마 16:18). 주님이 교회를 위해서 천지만물을 다스리기 때문이다. 그러므로 교회가 지옥의 문들 (=권세)에 의해서 무너지지 않고 안전하다. 교회는 온갖 핍박에도 살아남을 수 있고 전 세계적으로 배도가 극심할 때에도 교회로 남아있게 된다. 그리하여 주님 다시 오실 때에도 그를 맞을 교회가 지상에 남아있게 된다.

### 5.2.6. 하나님 (Deus, θεος)

#### 5.2.6.1. 예수는 부활로 하나님으로 고백되었다 (요 20:28)

"나의 주 나의 하나님"(Ὁ κύριος μου καὶ ὁ θεός μου)은 도마만의 고백이 아니고 모든 제자단의 고백이었다.

#### 5.2.6.2. 요한복음은 성육신자가 하나님이심에서 출발

요한복음은 성육신하신 이가 하나님 (요 1:1, καὶ θεὸς ἦν ὁ λόγος)이심에서 출발한다. 하나님이시되 아버지와 구분되는 말씀으로서 하나님이심을 말한다 (요 1:1).
하나님이 성육신하셨다 (요 1:14). 이 하나님은 독생하신 하나님 (μονογενὴς θεὸς ὁ ὢν εἰς τὸν κόλπον τοῦ πατρὸς ἐκεῖνος ἐξηγήσατο) 이라고 하였다 (요 1:18). 주 예수는 성육신 전에 영원하신 하나님이셨는데, 성육신하사 사람들 가운데 거하셨다 (요 1:14).

#### 5.2.6.3. 성육신하신 로고스가 여호와 하나님이심

요한은 성육신하신 말씀 하나님이 구약의 여호와 하나님이심을 분명히 한다. 요 12:38-41에서 사 6장의 여호와의 환상과 그의 말씀을 주 예수에게 적용하여 이 진리를 분명히 한다. 그러므로 로고스는 태초부터 계신 하나님이시고 이사야가 본 구약의 여호와와 동일자이시다.

### 5.2.6.4. 예수 그리스도가 참 하나님

요한은 또 성육신하신 하나님이 참 하나님이심을 분명히 한다 (요일 5:20, ἐν τῷ υἱῷ αὐτοῦ Ἰησοῦ Χριστῷ. οὗτός ἐστιν ὁ ἀληθινὸς θεὸς καὶ ζωὴ αἰώνιος). 곧 성육신하신 하나님이 하나님의 본체이심을 말한다.

### 5.2.6.5. 바울도 그리스도를 하나님으로 지목

바울은 그리스도를 하나님으로 지목하고 피 흘리시어 교회를 사셨다고 함으로 그리스도가 하나님이심을 분명히 한다 (행 20:28, τὴν ἐκκλησίαν τοῦ θεοῦ, ἣν περιεποιήσατο διὰ τοῦ ἰδίου αἵματος.). 성육신하사 피 흘려 교회를 세우신 이가 참 하나님이시다.

### 5.2.6.6. 그리스도는 만물 위에 찬송 받으실 하나님

바울은 또 그리스도를 만물 위에 영원히 찬송 받으실 하나님으로 고백한다 (롬 9:5, ὁ ὢν ἐπὶ πάντων θεὸς εὐλογητὸς εἰς τοὺς αἰῶνας. ἀμήν).

여기 σαρκα· 다음의 · (마침점)은 , (콤마)로 대치되어야 바른 구두점이다. E. 슈타우퍼 (Ethelbert Stauffer)의 분석이 바르고 정확하다 (Die Theologie des Neuen Testaments, 94, 97, 220).

### 5.2.6.7. 예수 그리스도는 크신 하나님 구주

또 바울은 예수 그리스도를 우리의 크신 하나님 구주라고 고백한다 (τοῦ μεγάλου θεοῦ καὶ σωτῆρος ἡμῶν Χριστοῦ Ἰησοῦ, 딛 2:13).

### 5.2.6.8. 바울은 예수 그리스도에 창조주 공식을 적용

함의적으로 그리스도를 하나님으로 지칭한 신약의 본문들이 많다. 특히 창조주를 지목한 공식이 그리스도에게 그대로 적용되었다. 이는 만물이 주에게서 나오고, 주로 말미암고, 주에게로 돌아감이다 (롬 11:36). '에서 나오고, 말미암고, 에게로 돌아감'은 하나님께만 적용되는 창조주의 공식인데, 그리스도에게 그대로 적용되었다.

또 창조주의 요약공식이 그리스도에게 그대로 적용되었다. "그러나 우리에게는 한 하나님 곧 아버지가 계시니 만물이 그에게서 났고 우리도 그를 위하며 또 한 주 예수 그리스도께서 계시니 만물이 그로 말미암고 우리도 그로 말미암았느니라" (고전 8:6). '그로 말미암고'는 창조주 공식의 요약형식의 하나이다.

### 5.2.6.9. 니카야 신경: 예수 그리스도는 하나님에게서 나온 하나님

니카야 신경 (Nicaenum, 325)은 예수 그리스도를 하나님에게서 나온 하나님 (Deum ex Deo), 빛에서 나온 빛 (lumen ex lumine), 참 하나님에게서 나온 참 하나님 (Deum verum de Deo vero)이라고 고백한다 (Denzinger, Enchiridion Symbolorum, 30).

이 신경은 신약성경에 근거하여 그리스도가 하나님이시고, 참 하나님이심을 확실하게 고백한다. 왜냐하면 예수는 하나님의 성육신이시고 성육신 후에도 참 하나님이시기 때문이다.

### 5.2.6.10. 자유주의 신학은 예수 그리스도의 하나님이심 부정

자유주의 신학은 양성 교리를 배척하여 그리스도의 인성이 참 본성이면 그의 인격은 인간인격이고 하나님일 수 없다고 주장한다.

## 5.2.7. 마지막 아담

### 5.2.7.1. 예수 그리스도가 마지막 아담

마지막 아담은 호칭되거나 고백된 이름이 아니고 바울이 그리스도에게 붙인 이름이다 (롬 5:14; 고전 15:45). 그리스도는 마지막 아담으로서 살려주는 영이 되어 새 인류를 살려내는 자로 지목되었다 (고전 15:45).

### 5.2.7.2. 제 2 아담은 새 인류의 조상임

제 2 아담은 새 인류의 조상 됨을 표시하기 위해서 사용되었다. 히브리서는 시 22:22, 사 8:18을 인용하여 (히 2:12-13) 그리스도에게 적용하여 새 인류의 조상 됨을 표시한다. "나와 및 하나님께서 내게 주신 자녀라" (히 2:13). 자녀를 가진 자는 아버지이다 (히 2:14). 그런데 그 자녀들은 신령한 자녀들이다.

### 5.2.7.3. 마지막 아담은 살려주는 영

신령한 백성을 만드시기 위해 예수를 마지막 아담 곧 살려주는 영이 되게 하셨다 (고전 15:45).

가. 하나님은 첫 아담의 범죄로 새 인류를 만들기 위해 예수 그리스도를 제 2 아담이 되게 하셨다.

복음서는 예수가 제 2 아담으로서 첫 아담에 상응하는 것을 명시하였다 (막 1:13; 14:26; 눅 22:39-43; 마 4:1-5). 첫 아담이 동산에 살면서 짐승과 함께 지내고 시험받음을 그리스도에게 그대로 적용하였다.

나. 신령한 백성을 가지시기 위해 제 2 아담을 영으로 출생하게 하사 (마 1:18; 눅 1:35) 영의 사람이 되게 하셨다 (고전 15:45).

다. 하나님은 그리스도로 새 인류를 조성하셨다.

그의 피로 새 인류를 조성하되, 새 인류는 그 조상처럼 영으로 거듭나게 하셨다 (중생) (요 3:5-6; 딛 3:5-7; 벧전 1:2-3).

라. 새 인류는 다 영으로 난 자들이다.

믿는 모든 자들은 그리스도의 피로 씻어지고 성령으로 다시 났다.

### 5.2.8. 주의 종

### 5.2.8.1. 주의 종은 제자들이 지목한 이름

주의 종의 칭호는 베드로와 제자들이 예수 그리스도를 지목한 칭호이다 (행 3:13; 4:27, 30). 고난 받아 구원을 이룬 것을 마음에 두고 주의 종으로 지목하였다.

### 5.2.8.2. 주의 종은 이사야의 예언

주의 종은 이사야가 예수 그리스도를 지목하여 예언한 칭호이다 (사 42:1; 52:13; 53:11).

### 5.2.8.3. 주의 종이란 호칭은 피조물을 입었기 때문

주의 종은 종의 형상 곧 피조물을 입었기 때문에 붙여진 이름이다 (빌 2:7). 피조물은 다 하나님을 섬기는 종이기 때문이다.

### 5.2.8.4. 주의 종 호칭은 종으로서 고난 받아 구원을 이룸으로

예수 그리스도는 피조물의 형상을 입어 종으로서 하나님의 구원을 이루셨기 때문에 주의 종으로 예언되었다.

예수 그리스도가 하나님의 구원을 이룬 것은 종으로서 일하신 것이다. 예수는 종으로서 매 맞고 찢기고 형벌을 받아 대신 죽으셨다. 구원의 주는 하나님 자신인데 종으로서 이 일을 이루셨기 때문에 주의 종으로 지목되었다.

주님이 종이 되어 구원을 이루셨으므로 주 (主)이신 종이다.

## 제3절 예수의 그리스도 주장과 수행

예수 그리스도는 성육신하사 사람이 되신 하나님의 이름이다. 삼위일체의 제 2 위격이신 이가 우리의 구원을 위해 구원중보자가 되시기로 작정하시고 성육신하여 사람이 되시므로 예수 그리스도란 이름을 얻었다 (Symbolum Nicaeno-Constantinopolitanum). 주 예수가 요단강에서 세례 받아 구주 곧 그리스도로 세워지고, 성령세례 받아 하나님 나라의 왕으로 세워졌다.

그러므로 그는 자기의 구속사역으로 백성을 회복하여 하나님의 백성으로 삼아야 했다. 자기의 구원사역으로 새로운 구원시대를 열어 하나님 나라를 세워야 할 직임을 가지셨다. 예수가 그리스도로 옴으로 하나님의 나라가 시작되었고 그의 구속사역으로 하나님의 나라를 설립하셔야 했다.

따라서 그는 메시아로서 전권의식을 가지고 백성들에게 하나님의 나라를 선포하셨다.

### 5.3.1. 예수의 자기 증거

예수는 이스라엘이 기다린 메시아가 자신임을 이사야의 메시아 예언 (사 61:1-2)을 읽어 밝히셨다. 이사야의 메시아 예언이 자기에게 성취되었다고 함으로 자기의 메시아 직임을 선포하셨다 (눅 4:16-21; 사 61:1-2).

또 자기가 지금 행하고 가르치고 있는 것이 구약의 선지자들과 왕들이 예언하고 말한 메시아로서의 직임이 자기에게서 수행되고 있음을 분명히 하셨다. 즉 자기가 하고 있는 것을 보는 눈과 가르치는 것을 듣는 귀가 복이 있다고 하여 구약백성들과 선지자들이 그렇게도 보고 듣기 바랐던 메시아임을 분명히 하셨다 (마 13:16-17).

메시아는 통상 생각하듯이 다윗의 후손만이 아니라 그의 주님이라고 말하므로 (마 22:42-45) 다윗의 후손으로만 온 존재가 아니라 하나님의 성육신임을 분명히 한다. 그러므로 그의 사역 마지막에 자기를 하나님의 아들로 밝히신다 (마 26:62-65). 예수는 자신을 하나님의 아들로 표기하셨다.

그리고 아들이기 때문에 자기만이 아버지를 계시하여 알게 할 수 있다고 가르치셨다 (마 11:27). 하나님을 계시하고 알게 하는 것은 하나님의 성육신인 아들만이 할 수 있다는 주장이다.

주 예수는 자기가 하나님의 성육신으로 이스라엘의 메시아임을 알고 의식하였기 때문에 구약 여호와에게 적용되었던 주님 (Adonai, κύριος) 호칭을 자기에게 그대로 적용하여 자기를 주님이라고 하였다.

곧 예수 그리스도는 구약 여호와의 호칭인 주님, 아도나이를 자기에게 아무런 주저 없이 적용하셨다 (마 7:21; 21:3; 눅 6:46). 따라서 "주가 쓰시겠다 하라" (마 21:3; Ὁ κύριος αὐτῶν χρείαν ἔχει)고 하셨고 사역 초기부터 "나를 주여, 주여 하는 자들이 다 천국에 들어가는 것이 아니라"고 하여 주님 호칭을 정당하게 자기에게 적용하셨다 (마 7:21; Οὐ πᾶς ὁ λέγων μοι, Κύριε κύριε, εἰσελεύσεται εἰς τὴν βασιλείαν τῶν οὐρανῶν). 또 예수는 자기가 그냥 다윗의 후손인 메시아가 아니라 다윗의 주님이라고 주장하셨다 (막 12:35-37; 마 22:42-45).

주 예수는 자기가 성육신한 하나님이심을 증거하기 위해 '성전보다 더 큰 이'라고 자신을 지목하셨다 (마 12:6). 성전은 하나님이 계신

곳이다. 그러므로 성전을 욕하는 것은 바로 하나님을 욕하고 훼방하는 것이다. 그런데 성전보다 자신이 더 크다고 하여 바로 그 성전에 거하시는 하나님이심을 간접화법으로 증거하셨다.

예수 그리스도는 자기가 하나님의 아들이고 하나님의 성육신임을 밝히기 위해 '나와 아버지는 하나'라고 증거하셨다 (요 10:30).

이에서 나아가 예수는 자기를 지칭할 때 구약의 야웨 (YHWH, יְהוָה)의 희랍어형인 ἐγώ εἰμι를 사용함으로 자신이 구약의 여호와임을 간접적으로 지시하셨다 (요 8:24, 28).

따라서 예수 그리스도는 구약의 여호와 하나님의 성육신이 자신임을 지시하기 위하여 인자란 호칭을 자기에게 전유적으로 적용하셨다 (막 2:10, 28; 10:33, 45; 13:26, 29; 14:21, 62; 공관복음의 평행절들).

주 예수는 자기의 신분을 마지막 십자가 처형 시 공개적으로 증거하셨다. 예수는 자기를 하나님의 아들로서 그리스도라고 말하여 죽음에 이르렀다 (막 14:61-62). 주 예수는 십자가 처형 직전에 자기를 하나님의 아들로 지목하셨으므로 정죄되어 십자가 처형에 이르렀다.

이 말씀은 예수 자신의 말 (verba ipsissima)이다. 양식사 학파와 후기불트만 학파의 주장대로 예수 자신이 이 말을 한 것이 아니고 초대교회가 그의 입에 붙였으면, 그의 정죄와 처형을 결코 설명하지 못한다.

그리스도란 이름은 하나님 나라의 선택된 왕을 뜻한다. 높이 찬송 받을 자의 아들은 하나님의 아들로서 이런 자는 바로 하나님이심을 말한다.

바로 이 선언 때문에 예수가 정죄되었다.

### 5.3.2. 예수 그리스도의 전권 주장

예수 그리스도는 하나님의 성육신으로서 메시아이기 때문에 자기의 메시아 주장을 산상수훈의 전권 주장을 통하여 숨김없이 나타내셨다.

산상수훈은 모세의 시내산에서의 가르침에 대비해서 이루어졌다. "옛사람에게 말한 바를 너희가 들었으나 나는 너희에게 이르노니"(마 5:18-44)를 반복하므로 자기의 권위가 모세의 권위를 능가함을 강조하고 있다.

선지자들은 자기들이 전하는 말씀이 여호와의 말씀이고 그가 주신 말씀이라고 하여 하나님의 말씀을 대변하고 있다고 제시하였다.

그런데 예수 그리스도는 직접 "내가 너희에게 이르노니"라고 말하여 자기의 권위가 선지자들과 모세의 권위와는 전혀 다름을 유감없이 나타내셨다.

"내가 너희에게 이르노니"에서 예수 그리스도는 본래 하나님의 말씀의 뜻이 무엇이었는지 그 근본을 밝힘으로 자기의 권위가 모세의 권위보다 월등함을 지시하셨다.

예수 그리스도는 옛 율법의 주장을 폐기하지 않고 자신을 율법의 완성자로 밝히셨다. 그는 자신을 새 율법의 선포자로 아니고 옛 하나님의 말씀의 참뜻을 밝히는 하나님의 보내신 자로 나타내셨다.

옛 율법이 아니라 예수 그리스도의 새 말씀들을 지켜야 하나님 나라에 속하고 그의 백성으로 사는 것임을 강조하셨다. 즉 예수는 하나님의 말씀의 근본 뜻을 밝히는 마지막 선지자로서 자신을 나타내고 강조하셨다.

그가 하나님의 아들 곧 하나님의 성육신이기 때문에 이런 주장을 할 수 있었고 단지 세례 받아 특별한 직임을 받았기 때문에 그런 주장을 할 수 있었던 것이 아니었다.

예수 그리스도는 사죄를 선언하였다. 자기가 하나님의 성육신이기 때문에 병자에게 사죄를 선언하였다 (마 9:2-6). 따라서 백성들이 참람하다고 하여 사람이 하나님만이 갖는 권세를 참칭한다고 비평하였다. 이 사죄 선언으로 예수는 자기가 하나님이심을 증거하였다.

유대교 신학에는 메시아는 사죄의 권세가 없다. 메시아는 다윗의 후손이면 충분하여 나라를 회복하면 그 직임을 다 수행한 것이다. 그러므로 메시아가 사죄의 권세를 가질 수 없다. 하나님만이 사죄의 권세를 갖는다고 여겼기 때문이다. 그런데 예수 그리스도가 사죄 선언을 하므로 백성들이 놀랐다.

또 수고하고 무거운 짐 진 자들을 편히 쉬게 한다고 하므로 죄와 율법의 멍에서 해방을 가져다주는 메시아임을 강조하였다 (마 11:28-30).

이스라엘이 바란 메시아는 정치적인 해방은 가져올 수 있었어도 죄와 율법의 질곡에서 해방은 할 수가 없었다. 그런데 예수는 자기가 하나님의 성육신이기 때문에 죄와 율법의 멍에에서 해방을 선언하였다. 그리스도는 율법수여자로서 율법에서 해방을 선언하였다. 율법의 멍에를 푸는 것은 율법수여자만이 할 수 있기 때문이다.

예수 그리스도는 자신이 안식일의 주인이라고 선언하였다. 안식일은 하나님을 섬기기 위해서 있으므로 하나님이 안식일의 주인인데 예수는 자기가 안식일의 주인이라고 하므로 (마 12:8; 눅 6:5; 막 2:28) 자기가 창조주이고 안식일을 제정한 자임을 제시하고 주장한 것이다. 이에서 나아가 예수는 자기가 안식일에 경배 받으실 분임을 제시하고 주장한 것이다.

예수 그리스도는 그의 공생애 시작에 새 백성의 기초를 세움으로 메시아 사역을 시작하였다. 따라서 새 백성이 지키고 따라 살아야 할 법도를 가르침으로 시작하였다. 산상수훈에서 새 백성들이 지켜야 할 법도들을 선포하였다.

하나님의 뜻을 실행하려고 하는 자들은 다 예수에게 연합해야 하고 또 따라야 할 것임을 밝혔다. 그러므로 이 선포 후에 제자단이 구성되는 것은 필수적이었다.

주 예수는 메시아로서 새 백성을 세워야 했다. 그러기 위해 그는 제자들을 세워 기존 이스라엘을 대치하려고 하였다. 그러므로 산상수훈을 새 백성의 생활방식과 법칙으로 가르친 후에 예수는 열두 제자들을 부르심으로 (마 10:2-7) 가르침의 귀결로 나아갔다. 하나님의 새 백성을 세우기 위해 열두 제자들을 뽑았으므로 그들에게 하나님의 새 백성의 인도자들로서 열두 지파와 연관해서 이름 지어졌다. 열두 제자들을 부르심은 하나님의 기존 옛 백성 내에서 새 이스라엘 곧 새 백성의 기초를 놓음이다.

새 공동체는 이스라엘 밖에 설립된 것이 아니고 오히려 이스라엘의 조직체를 긍정하여 옛 백성 내에 세워졌다. 제자단은 독립적인 조직이 아니라 예수가 하나님의 보내신 자로서 세우실 새 백성의 출발점이었다. 이 제자단에 근거하여 하나님의 새 백성이 조성되고 확장되어 이스라엘을 대치한다.

주 예수는 메시아로서 죽어 백성들을 구원해야 할 자임을 분명히 하기 위해서 성전 경내에서 "성전을 헐라 그러면 삼일에 새로운 성전을 세우겠다"라고 하므로 (요 2:19) 자기 몸이 하나님의 성전이요 삼일에 부활할 것임을 명시한 것이다.

또 새 성전은 자기의 구속의 죽음으로 생산될 새 백성들 곧 교회임을 분명히 하였다. 그러므로 이스라엘이 더 이상 하나님의 백성이 되지 못할 것을 말하였다 (마 21:33-44).

하나님의 백성 곧 메시아 왕국은 정치적인 나라가 아니고 자기의 죽음으로 속량된 백성들로 구성되는 것임을 확실하게 하였다. 그리하여 자기가 정치적인 메시아가 아니고 고난의 종으로 와서 죄를 해결하여 새로운 하나님의 나라를 이룰 것임을 밝힌 것이다.

또 "너희가 이 성전을 헐라 내가 사흘 동안에 일으키리라" (요 2:19)는 말씀은 자기 몸이 성전 자체인 것과 눈을 솔로몬 성전에서 자기 자신에게로 옮겨야 할 것을 말한다. 왜냐하면 예루살렘 성전이 일시적인 하나님의 임재를 갖는 반면 자기 몸에 완전임재가 이루어졌기 때문이다.

예수 그리스도는 자신이 하나님의 성육신으로서 생명의 주 (행 3:15)임을 밝히기 위해 자기를 믿으면 죽지 않고 영생에 이른다고 주장하였다 (요 3:16, 18; 6:47-51; 11:25-26).

영생은 율법준수에 있지 않고 성육신한 인자를 믿음으로 얻는다고 하여 생명이 전적으로 자기에게 있음을 주장하였다 (요 5:24-29, 39-40; 6:35-40). 그것은 바로 자기가 하나님의 성육신으로 인자가 되었기 때문이다 (요 5:25-27).

그러나 실제로 생명의 주이신 예수 그리스도가 죽어 사람들의 죄를 속량하므로 영생이 이루어진다고 말하므로 백성들은 이것을 이해할 수가 없었다. 그의 죽음이 십자가의 죽음일 것을 인자가 들려야 할 것으로 말하였다 (요 3:14-15).

예수는 자기를 인자로 호칭하였다. 인자 (단 7:13)라는 자기 호칭은 자기가 하나님으로서 성육신하여 사람됨의 신비를 강조하기 위해서 사용하였다.

그러면서도 인자를 믿으면 죽지 않는다고 주장하고서 죽기 위해 십자가에 달려야 한다고 하므로 백성들이 도저히 이해할 수 없었다 (요 3:14-15; 12:32-34). 즉 본래 죽을 수 없는 자가 세상을 구원하기 위해 성육신하여 사람이 되었으므로 죽음으로 세상을 구원하신다는 것을 강조한 것이다.

다윗의 후손인 메시아로서는 사람들에게 성령을 줄 수 없다. 사람들에게 성령을 주실 수 있는 이는 하나님뿐이시다. 그러나 예수 자신은 자기가 하나님의 성육신이기 때문에 성령을 주는 자임을 주장하고 밝혔다 (요 4:13; 7:37-39).

예수 그리스도가 성령으로 세례 주는 자임을 제일 먼저 알고 증거한 이는 세례 요한이다 (요 1:32-34). 성령으로 세례 주는 이는 다윗의 후손으로서 메시아가 아니라 하나님의 아들이기 때문임을 요한은 잘 알았다 (요 1:34). 요한의 증거대로 예수는 자기가 성령으로 세례 주는 자임을 반복적으로 나타내었다 (요 4:13-14; 7:37-39). 또 성령을 보내실 것을 반복적으로 약속하였으며 (눅 24:49; 요 14:16-17; 15:26; 16:7, 13; 행 1:4), 부활 후에는 성령을 받으라고 하였다 (요 20:22).

또 예수 그리스도는 자신이 이스라엘의 구주임을 밝히기 위해 "내가 네 자녀를 모으려 한 일이 몇 번이냐 그러나 너희가 원치 아니 하였도다"라고 탄식하였다 (마 23:37-39). 이 탄식은 바리새인들과 서기관들을 크게 책망하고서 이루어졌다 (마 23:2-36).

즉 이것은 그들이 가르치는 율법준수에 구원이 있는 것이 아니라 이스라엘의 구주를 믿음으로만 구원받는다는 것을 선포하는 것이었다. 그러나 그가 이스라엘의 구주로서 가져온 참 구원을 이스라엘이 거부했다는 주장이다.

예수는 자신이 단순히 이스라엘의 메시아가 아니라 하나님의 성육신으로서 메시아임을 주장하고 밝히기 위해 자기를 하나님의 아들로 부르고 제시하였다.

그러므로 그리스도는 하나님이 자기의 친아버지이므로 그를 아빠라고 불렀다 (막 14:36). 즉 하나님은 그에게 내 아버지이시다. 반면 제자들에게는 우리 아버지라고 불러 기도하도록 가르쳤다 (마 5:45, 48; 6:6, 9, etc). 아버지는 예수와 제자들이 공통으로 부를 수 있지만 부를 수 있는 자격들 간에는 엄격한 한계를 설정하였다.

아들과 아버지의 독특한 관계를 표현하기 위해 예수 그리스도는 하나님을 아빠라고 불렀다 (막 14:36). 예수는 이 독특한 관계를 자기에게만 국한하였다. 그의 전권주장에서 그는 하나님과 유일한 관계에 선다고 설명하였는데 이 관계는 아들로만 표현된다. 즉 자기를 하나님 편에 세웠다. 하나님과 독생하신 아들 간에 독특하고 또 기술하기 어려운 일치가 성립한다. 곧 예수는 자기를 유일신에 포함시켰다.

독생하신 아들 (ὁ μονογενής)은 이미 예수의 하나님 관 (신관, 神觀)에 포함되어 있다. 곧 아들이 하나님 편에 속하고 하나님이시다.

신 6:4의 유일신 신앙고백이 그의 말씀과 태도에 잘 유지되고 실현되었다. 주 예수는 유일하신 하나님에 대한 순종을 요구하였을 뿐 아니라 그 자신이 친히 성취하셨다. 그러나 예수는 자신을 하나님의 아들 곧 하나님의 성육신으로 말하여 유일신 신앙에 자기를 포함시켰다. 이로써 유일신 신앙고백에 새 내용을 허락하였다.

예수는 유일신 신앙을 강조하면서도 자기를 유일신 신앙에 포함시켜 자신을 경배의 대상으로 삼았다.

### 5.3.3. 메시아 사역

예수 그리스도는 자기가 온 목적을 분명히 밝혔다. 인자는 섬김을 받으려 함이 아니라 섬기려 하고 많은 사람들을 위하여 자기 목숨을 대속물 (代贖物, $\delta o\tilde{u}\nu\alpha\iota\ \tau\grave{\eta}\nu\ \psi\upsilon\chi\grave{\eta}\nu\ \alpha\grave{u}\tau o\tilde{u}\ \lambda\acute{u}\tau\rho o\nu\ \acute{\alpha}\nu\tau\grave{\iota}\ \pi o\lambda\lambda\tilde{\omega}\nu$)로 주려고 함이라고 명시하였다. 자신이 정치적인 메시아가 아니라, 죄와 죽음의 문제를 해결하는 고난의 종으로 왔음을 밝혔다 (막 10:45; 요 10:11-15).

주 예수는 죽음에 이르는 것이 외적 환경에 의해서 이루어진 것이 아니고 자기 스스로 하는 일임을 분명히 하였다 (요 10:17-18). 곧 지도자들과 제사장들의 음모와 시기에 의해서 죽는 것이 아니라, 스스로 죽음으로 나아가고 죽어 사람들을 구원하는 것이 자기의 직임임을 명백히 하였다.

십자가 처형을 위해 체포될 때에도 예수 그리스도는 열두 영 더 되는 천사를 자기 임의로 동원할 수 있지만 하지 않는다고 하였다 (마 26:53-54). 이 선언으로 자신이 스스로 죽음에 이른다는 것을 밝힌 것이다.

이처럼 예수 그리스도는 스스로 십자가에 못 박혀 죽어 세상을 구원하는 일을 하므로 그의 메시아 직임을 다 하였다 (마 27:27-56).

메시아로 죽어 세상을 구원하는 일이 다 이루었음을 그 입으로 밝혔다. 다 이루었다고 하였다 (요 19:30). 다 이루었다는 것은 세상 구원의 역사를 다 이루었다는 선포이다.

그리고 예수 그리스도는 부활하므로 자기의 죽음이 하나님이 이루신 속죄제사였음을 밝혔다 (마 28:1-20). 죽음으로 끝난 비극적인 인물이 아니라 세상을 구원하는 구주로서 죽고 부활하여 구원을 성취하였다.

예수는 그리스도로서 자기의 속죄사역을 통해서만 구원에 이른다는 것을 가르치셨다. 따라서 열심히 선행을 하고 율법을 지키는 자들 곧 바리새인들과 율법을 집행하는 사두개파를 공격하여 외식하는 자들이라고 책망하고 (마 23:13, 15, 23, 25-29; 막 7:1-13), 세리와 창기들은 영접하였다 (마 9:10; 11:19; 막 2:15-16; 눅 5:29-30; 7:34; 15:1; 18:10-14). 이것은 이스라엘이 서 있는 기초를 완전히 헐은 것으로 보였다.

또 주 예수는 율법을 지킴으로 의 곧 구원에 이르는 것이 아니라 자기 곧 예수 그리스도를 믿는 자들이 영생에 이른다고 선포하였다 (요 3:14-18; 5:24, 40; 11:25-26). 그러면 율법을 지킴으로 구원에 이르는 것이 전혀 아니고 의 곧 구원에 이름은 은혜이어서 하나님의 아들 곧 그리스도를 믿는 믿음으로라고 주장하였다. 이것은 율법의 성취를 통해 구원 얻음을 전적으로 부인한 것이다.

이로써 예수는 이스라엘의 존립기초를 완전히 허는 것으로 판정되어 살려둘 수 없는 자로 정죄되어 죽음에 이르게 정해졌다. 이처럼 구원중보자인 예수 그리스도는 자기의 가르침에 의해 죽음에 이를 수밖에 없었다.

이에서 나아가 자기의 구속사역으로 구원에 이름을 강조하기 위하여 예수는 자기 자신이 바로 생명의 떡이어서 자기의 피와 살을 먹음으로 죽지 않고 영생에 이른다고 강조하였다. 이로써 유대인들의 혐오를 샀다 (요 6:35-40, 47-51, 53-58).

또 예수는 양들이 생명을 얻도록 하기 위하여 자기의 목숨을 버릴 것임을 강조하였다 (요 10:10-18, 28-29; 12:23-27). 즉 자기의 육체의 죽음으로 구속이 이루어짐을 강조한 것이다.

주 예수는 메시아로서 백성들에게 해방을 주기 위해 각종 질병을 고쳤고 (마 8:14-17), 광야에서 백성들을 먹이셨다 (마 14:17-21; 15:34-38; 막 6:37-44; 8:2-9; 눅 9:13-17; 요 6:5-15). 이로써 자기를 모세와 같은 일을 한 자 곧 이스라엘의 구출자로 증명하였다.

## 제6장

# 그리스도의 낮아지심

(卑下, humiliatio Christi)

Incarnatio Dei et Illius Opus Salutis
Incarnatio Dei et Illius Opus Salutis
Incarnatio Dei et Illius Opus Salutis

그리스도는 하나님이시고 창조주이시며 통치자이시고 입법자이시다. 그런데 그가 성육신하사 사람이 되시고 종의 형상을 입으셨다 (빌 2:6-8). 주의 종이 되어 (행 4:27) 고난의 삶을 사시되 치욕과 고통을 당하여 보통 사람이 감당할 수 없는 일생을 마쳤다. 그는 인류사의 최대 치욕인 십자가의 죽음으로 땅 위의 삶을 마감하셨다. 그 후 부활의 영광에 이르지만, 하나님의 성육신과 삶과 고난과 죽음이 말로 할 수 없는 낮아지심이고 굴욕이다. 하나님이 사람이 되시되 유례없는 고난과 치욕을 당하심을 낮아지심 (비하)이라 칭한다.

그리스도의 낮아지심 곧 그의 자기낮춤은 하나님의 영광과 권세를 감추시고 나타내지 않으심으로 하나님으로 인정되고 경배 받지 못한 것을 뜻하였다. 이것이 자기낮춤 (비움)이다. 그리스도의 낮아지심은 이처럼 하나님으로서의 존재와 활동방식과 영광과 권세가 감추어지고 나타나지 아니하므로 하나님으로서 인정되고 경배 받지 못할 뿐 아니라 사람으로서도 멸시를 받은 것이다 (사 53:3). 그러므로 다시없는 수치요 굴욕이다.

이 굴욕의 상태에서 그리스도는 구원사역을 이루었다. 우리의 질고를 짊어지고 우리의 슬픔을 대신 당하였고 우리의 허물을 인해 그 몸이 찔리었고 우리의 죄악을 인해 그 몸이 상하였다. 그가 우리의 죄악을 담당하였다 (사 53:10). 그리고 그의 영혼 곧 그의 몸을 우리의 화목제물로 바쳤다 (사 53:10). 그는 우리의 죄를 지고 죽고 우리의 죄용서를 위하여 기도 (도고)하였다 (사 53:11-12). 그의 삶의 시작부터 죄를 지고 고난당하며 마침내 희생제사가 되었다. 이렇게 이사야의 예언대로 그리스도는 모든 고난을 다 당하셨다.

이처럼 자기낮춤의 상태에서 그리스도는 속죄사역을 이루었다. 구원은 그리스도의 낮아지심과 고난으로 이루어졌다. 그리스도의 몸을 제물로 드림으로 하나님과 화해하여 구원에 이르렀다 (롬 3:25; 5:8-10; 요일 4:10). 그리스도가 그의 제사로 죗값을 지불하였기 때문이다. 그가 우리의 죄 때문에 죽음에 넘겨짐으로 우리는 의에 이르렀다. 곧 우리의 죄가 용서되었다 (롬 4:25). 하나님은 그의 육신에 죄를 정죄하므로 곧 우리의 죄과를 그리스도에게 넘김으로 우리를 죄에서 해방하셨다 (롬 8:2-3).

그리스도의 낮아지심은 속죄와 화해를 위해 이루어졌다.

## 제1절 성육신 (incarnatio Dei): 낮아지심의 시작 (initium humiliationis)

### 6.1.1. 성육신 자체가 낮아지심임

#### 6.1.1.1. 종의 형상을 입음

성육신 자체가 낮아지심 (self-humbling)이다. 성육신은 창조주 하나님이 자신이 지으신 피조물을 입으심이다. 따라서 성육신 자체가 낮아지심이다.

19세기 매개신학은 인류가 신 되기 (神化) 위하여 하나님이 사람이 되심이 필연적이라고 주장하였다. 따라서 성육신 자체는 하나님의 낮아지심이 아니라고 여기게 되었다.

루터교회 신학도 성육신 자체는 낮아지심이 아니라고 본다. 하나님이 피조물을 입음이 비하가 아니라 성육신으로 전달된 신성의 속성들 중 전지와 전능과 편재를 사용하지 않음이 낮아지심이라고 본다. 즉 비하는 성육신하신 하나님에게는 해당하지 않고 취택된 인성에만 타당한 것으로 여겼다.

창조주가 피조물을 입으심으로 종의 형상이 되셨다. 종의 존재방식이 되었다. 피조물은 다 하나님의 종인데, 피조물을 입으므로 창조주가 종이 되셨다. 그러므로 그는 하나님의 종으로 지목되었다 (행 4:27, 30). 주님이 종이 되었다.

하나님이 피조물을 입고 신적 품성들을 제약하심이 바로 낮아지심이다. 이것이 자기를 비움이다. 곧 종이 되었기 때문이다 (빌 2:6-7). 이것은 하나님의 자아겸비로서 사랑 아니면 할 수 없는 일이다. 그러므로 하나님은 사랑이시다 (요일 4:8). 하나님의 사랑만이 성육신의 낮아지심을 이루어냈다.

성육신을 통하여 영원자가 시간 내로 들어오시고 시간에 제약되셨다. 시간이 피조물의 존재방식인데 영원자가 피조물의 존재방식을 입으므로 피조물의 존재방식으로 나타나셨다. 성육신은 영원자가 자기의 존재방식에 시간의 방식을 덧붙임이다.

성육신을 통하여 무한자가 유한자의 방식을 취택하셨다. 그의 표현방식은 언제든지 유한자의 방식으로 나타났다. 그러므로 그가 나타나실 때 모든 행동은 사람의 존재방식으로 나타났다. 그의 의식은 하나님으로서 자기의식이었어도 사람의 의식으로 표현되었다. 피조물을 입었기 때문이다.

하나님과 인성의 연합이 어떤 방식으로 이루어졌는지는 설명할 수가 없다. 육체와 영혼의 결합의 방식에 가장 가깝다고 할 수 있다. 영혼은 기능을 나타낼 때 언제든지 육체의 기관들을 통해서 표현된다. 그러나 육체와 달리 영혼은 실체를 확인하기가 힘들다. 영혼은 육체를 통해서 기능을 발휘하기 때문이다.

신적 인격 곧 하나님은 무한자이신데 성육신의 방식으로 들어가셨다. 하나님이 어떻게 그런 방식 내로 들어가실 수 있는지도 풀 수 없는 신비이다. 인간의 이성으로는 설명할 수 없고, 하나님의 자아겸비에 호소하는 길밖에 없다. 그러므로 하나님의 성육신은 풀 수 없는 신비로 남는다. 성육신은 파악할 수 없는 신비여서 경탄으로 남는다. 이 경탄을 하나님이 이루셔서 성육신의 상태를 계속한다.

### 6.1.1.2. 법에 종속

하나님은 창조주로서 법을 제정하여 모든 피조물의 존재방식이 되게 하셨다. 이 법들에 입법자 자신이 매이면 이것은 말로 할 수 없는 겸비이고 또 낮아지심이다. 왜냐하면 하나님이 피조물의 존재방식인 법에 매이기 때문이다.

법에 종속한다는 것은 법의 방식으로 존재하고 행동함을 말한다. 본래 자기의 존재방식이 아닌데 다른 존재의 법에 매이는 것은 감당하기 어려운 일이다. 모든 존재는 자기의 존재의 법대로 살게 되어 있다. 그런데 존재자가 법을 바꾸는 것은 존재방식을 바꾸는 것이어서 존재 자체를 바꾸는 것과 같다.

그런데 피조물 수준에서 이런 일이 일어난 것이 아니고 창조주에게서 일어났다. 창조주가 피조물의 법에 매이게 되었다. 그것은 피조물의 존재방식으로 살고 존재하게 되는 것이어서 도저히 설명할 수 없는 불가사의이다.

성육신은 신적 존재방식을 바꾸는 것이 아니고 피조 존재의 방식으로 들어온 것이다. 이것은 존재 자체와 표현방식을 구분시켜 준다. 이 구분이 설명할 수 없는 신비이다.

같은 피조물 중에서 신분을 바꾸는 것도 큰 굴욕이고 비하이다. 그러나 이 경우에는 연습과 시간에 의해 신분전이를 할 수 있다. 전제군주는 입법자이고 법의 준수자가 아니다. 따라서 군주는 법의 제약에서 벗어난다(Princeps e legibus solutus est). 그러나 전제군주도 자기가 제정한 법에 매여 사는 일을 연습하여 잘 할 수 있다. 그때는 그 입법자는 법에 전적으로 매이는 평민과 같은 신분전이를 경험할 것이다. 존재수준은 다 피조물의 차원이어서 전이는 존재방식의 변화를 필연적으로 수반하지 않는다.

창조주가 피조물을 입을 때는 피조물에 필연적으로 형성된 법에 매이게 됨을 뜻한다. 피조물의 법에 종속함은 존재방식의 변화를 뜻한다. 존재 자체는 변화되지 않았어도 표현방식은 변화되어 인간 본성을 통해서 이루어졌다. 어찌 그럴 수 있는지 논리적 설명이 미치지 못한다. 그것은 하나님의 자아겸비로 표현할 수밖에 없다.

### 6.1.2. 낮아지심의 주체

#### 6.1.2.1. 루터교회: 하나님의 성육신은 낮아지심이 아님

루터교회는 하나님이 피조물의 형상을 입은 것은 낮아지심이 아니라고 주장한다. 오히려 성육신으로 신성의 속성들이 인성에 전달되었는데, 인성이 전달된 신적 속성들을 쓰지 않고 감춘 것을 비하라고 주장한다 (Heinrich Schmid, Die Dogmatik der evangelisch-lutherischen Kirche, 244-245).

#### 6.1.2.2. 낮아지심의 주체는 하나님의 인격

개혁신학에 의하면 하나님 곧 신적 위격이 인성을 자기의 인격에 연합시키므로 낮아지심의 주체는 하나님의 인격이다. 성육신하신 하나님 곧 그리스도가 피조물의 형상을 입어 종의 형상이 되었으니 (빌 2:6-7) 이것이 낮아지심이다.

하나님의 인격이 종의 형상을 입어 피조물이 되었으므로 하나님의 종이 되었다. 피조물은 다 하나님의 종이기 때문이다. 그러므로 성육신 자체가 하나님의 낮아지심이다. 이것이 성경적인 진리이다.

#### 6.1.2.3. 신성의 비수난성 (impassibilitas divinitatis)의 문제

하나님의 낮아지심이 고난과 죽음에까지 이르므로 성육신 자체가 낮아지심이다. 그러나 이것에 대한 반대는 신성의 비수난성

(impassibilitas)과 비감지성 (ineffabilitas)의 문제이다. 하나님의 본성은 고난에 매이지 않는다는 주장이다. 신성이 인성의 고난에 동참하지 않는다는 것이다.

하나님의 본성이 고난에 종속하면 하나님이 변화에 매이는 것이므로 신성의 비수난성, 비감지성에 의해 성육신이 낮아지심일 수 없다는 것이다. 그러나 하나님이 피조물을 입으신 것은 다 낮아지심이다.

하나님의 본성적 수난은 아닐지라도 위격적 감수 (endurantia passionis hypothetica) 혹은 감지 (comprehensio passionis) 곧 하나님의 인격이 인성의 일을 자기의 일로 받으심이라고 해야 타당하다. 인격의 동일성 때문에 인성의 일을 자기 인격의 일로 여기실 뿐 아니라 인성의 사역을 자기 자신의 역사로 받으시는 것이다. 그리하여 하나님의 인격이 인성의 고난을 자기의 일로 감지함이다.

## 제2절 고난의 삶: 낮아지심의 두 번째 단계; 의의 성취

고난의 삶이 그리스도의 낮아지심의 두 번째 단계이다. 그리스도의 낮아지심은 성육신 자체와 고난의 삶과 십자가의 죽음과 지옥강하로 이루어진다. 이 비하 상태에서 한 그의 사역이 인류의 구원을 이루었다. 고난의 삶은 출생부터 죽음까지 계속되었다. 출생도 보통 인간이 당할 수 없는 상태로 굴욕적인 출생이었다.

또 그의 모든 삶은 죄악과 영적 세력들의 공격과 백성들의 배척과 지도자들의 미워함과 시기에 의해 무고하게 고통을 당하되 연속적으로 당하였다.

그러나 고난의 삶은 고난으로 이어진 것에만 의의가 있는 것이 아니다. 그의 고난의 삶은 의의 성취에 이르게 되었다. 곧 그의 의의 성취는 십자가의 죽음으로 이루어졌다. 그리스도가 십자가에 죽으심으로 피 흘려 죗값을 갚으셔서 모든 죄를 용서하시는 것이 의의 성취이다. 그리스도가 율법을 준수하여 율법을 성취함으로 의를 얻는 것이 아니다.

그리스도의 율법성취는 율법의 성취요구 곧 율법을 범함으로 죗값을 갚으라는 요구를 그의 죽음으로 갚았다. 그리스도께서 그의 죽음으로 죗값을 갚으므로 죄의 용서를 가져왔다. 곧 그가 의를 이루셨다.

그리스도가 그의 삶에서 율법의 요구를 충족시킨 것은 율법을 다 지켜 의를 가져오는 그런 능동적 순종이 아니다. 전통적 신학이 제시하는 능동적 순종과 피동적 순종은 전적으로 그릇된 사변적 산물이다. 능동적 순종은 율법을 지킬 의무가 없는 그리스도가 스스로 지켰으므로 능동적 순종이고 하나님의 작정을 따라 죽으셨으므로 십자가의 죽음은 피동적 순종이라고 구분하였다. 이런 것은 성경에 맞지 않고 그리스도의 구속사역에 전혀 맞지 않다.

그리스도는 율법을 다 지키므로 의를 얻어 그것을 우리에게 전가하신 것이 아니다. 율법의 요구 곧 범죄하므로 그 죗값을 갚으라는 요구를 따라 피 흘림으로 죗값을 갚아 죄용서를 가져오셨다. 이 죗값을 갚아 죄용서를 이루신 것이 의이다. 이 의 곧 죄용서를 우리에게 전가하신 것이다. 율법의 성취는 죗값을 갚으므로 율법을 성취해야 한다는 요구가 더 이상 없도록 한 것이다. 그 면에서 율법을 완성한 것이다.

### 6.2.1. 인간의 모든 죄악 아래 사심

인성이 만날 수 있는 모든 환경을 다 겪었다. 피곤, 배고픔, 외로움, 수치와 핍박 또 백성들의 배척을 감당해야 했다. 그리하여 그는 슬픔의 사람 (homo doloris)이었다.

### 6.2.1.1. 외로움을 당함

가. 사람들 가운데서 홀로 선 외로운 사람이었다.
초기 사역기간을 빼고는 백성들과 지도자들의 박해가 심해서 이방지역으로 피신해야 했다 (막 5:1-20; 마 8:28-34; 눅 8:26-39).

나. 겟세마네 동산에서 죽음을 앞에 놓고 기도할 때 제자들도 전혀 돕지 못하였다. 예수 그리스도는 무거운 시험과 짐을 홀로 감당하였다 (마 26:36-46; 막 14:32-42).

하나님 아버지도 그를 죽음으로 작정하셨으므로 그의 기도를 응답하지 않으셨다. 그의 눈에 죽음이 큰 대적으로 앞에 섰고, 지옥의 불을 보았다고 해야 맞다. 가장 어려운 때에 아무도 그를 돕지 않고 내어 버려두므로 혼자 당해야 했다. 제자들에게 함께 기도하여 자기를 돕기를 반복해서 청했지만 제자들도 전혀 어찌할 수가 없었다 (마 26:36-46; 막 14:32-42). 그는 지상에서 홀로 서서 세상의 죄과를 지는 결단을 해야 했다. 그것은 전 영혼과 온 육체로 싸우는 사투였다. 그는 홀로 선 사람 (homo solitarius)이었다.

이런 면에서 아브라함이 그리스도의 예표이다. 아브라함은 자기 친족과 토지를 떠나 가나안에 왔고, 마침내 단 하나의 혈육과도 떨어져 이방인의 땅에서 혼자였다.

또 이삭을 제사하는 결정과 제사 자리에서도 오직 홀로 결정하고 아들을 제사하는 외로운 사람이었다. 그는 가나안 땅에 홀로 선 사람이었다.

마찬가지로 예수 그리스도는 겟세마네에서 하나님도 낯을 돌려 오직 홀로 선 사람이었고 십자가를 지는 결정도 홀로 하여 죽음에 이르렀다.

다. 가야바의 법정과 빌라도의 법정에서 오직 홀로 서서 자기 증거를 해야 했다 (딤전 6:13).

이 두 곳에서 행한 증거가 그리스도의 자기 증거이다. 예수 그리스도는 자기가 하나님의 아들로 메시아임을 증거하였고, 자기의 나라와 자기가 진리임을 증거하였다 (요 18:33-37).

모든 고소자들 앞에서 아무도 예수를 편들어 주는 자가 없었다. 다 그를 범법자로 고소하고 정죄하며 하나님의 아들이라고 한다고 해서 희롱과 모욕이 극에 달했는데, 아무도 그를 변호하거나 편들어 주지 않았다. 이 수치를 홀로 감당해야 했다. 만인이 자기를 정죄하는데 아무 변호자도 없으면 자기의식을 바로 가지고 자기 세움 (정립)을 바로 할 수 있겠는가? 자기동일성을 유지할 수 있었을 것인가? 홀로 선 그리스도는 하나님과 분리되므로 유래된 외로움을 다 감당해야 했다.

라. 외로움의 극치는 십자가상에서 당한 버림받음이다 (마 27:46; 막 15:34; 시 22:1).

제자들이 다 자기들의 선생을 버리고 도망갔고, 그를 따르던 무리들이 다 흩어졌다. 모든 백성들이 그를 정죄하고 조롱과 모욕을 빌라도의 법정에서와 숨을 거둘 때까지 계속하였다.

백성의 지도자들은 그를 정죄하고 인민재판을 통하여 사형판결을 확정하고 빌라도와 결탁하여 그를 십자가에 못 박고 자기들의 승리를 외치며 비웃었다 (마 27:41-43). 평온한 이스라엘의 삶을 훼방하고 정상적인 종교생활을 어지럽히고 이단을 끌어들인 것으로 판정하여 그를 죽이고 승리를 외쳤다.

모든 백성이 다 예수를 비웃고 놀리고 업신여기며 저주하므로 같이 못 박힌 강도들도 백성들 편에 서고 자기들은 놀림 받지 않았으므로 자기들을 의인의 자리에 세웠다 (마 27:44; 막 15:32; 눅 23:39). 따라서 참 행악자는 예수 하나뿐이고 용서받지 못할 죄인은 예수뿐이었다.

홀로 십자가상에서 뼈가 부서지고 깨어지며 살이 찢어지고 떨어져 나가며 피가 쏟아져 심장이 터지는 것 같고 목이 말라 숨이 막히는 중에 제자들과 친구들의 배신과 배반, 백성과 지도자들의 비웃음과 저주를 홀로 당해야 했다. 아무도 편들어 주지 않는데 혼자서 모든 것을 감당해야 했다. 이 극심한 육체적 고통과 정신적 질고가 그의 심장을 터지게 하였다.

더 견디기 힘든 것은 죄인으로 죽는 예수의 얼굴로부터 하나님이 돌이키신 것이다. 하나님의 위로의 음성이나 힘을 돋우는 역사가 완전히 거두어졌다. 신음과 고통에 하나님은 아무런 응답을 하지 않으셨다. 하나님이 그를 버리셨다. 세상 죄를 진 예수를 하나님은 죄인으로 죽게 하셨다. 죄 때문에 그를 죽음에 넘기셨다 (롬 4:25). 따라서 세상 죄를 다 지고 홀로 당해야 했다 (요일 2:2).

죄의 짐 아래 혼자 고통당할 때도 하나님은 그를 홀로 내버려두심으로, 그의 얼굴을 예수에게서 가리셨다. 그러므로 시 22:1을 인용하여, "엘리 엘리 라마 사박다니"를 외치며 죽어야 했다 (마 27:46; 막 15:34). 모든 것을 혼자 당하는 고통과 외로움은 인간이 감당할 수 없는 경지여서 상상을 벗어난다.

마. 예수가 이처럼 모든 것을 홀로 감당해야 했던 것은 인류가 하나님과의 관계가 끊어짐에서 오는 외로움을 회복하는 것이다.

예수 그리스도의 외로움 감당으로 하나님과의 관계가 회복되었으므로, 주 예수 이후에는 믿는 자들이 모든 일을 혼자 당해도 외롭지 않게 되었다. 왜냐하면 하나님은 임마누엘 (Immanuel) 곧 우리와 함께 하시는 하나님이시기 때문이다.

### 6.2.1.2. 수치를 당함

인간이 가장 참기 힘든 것은 부끄러움 (수치)이다. 왜냐하면 부끄러움을 당하므로 인간이 자기 가치를 부인 받고 자기 존재근거가 흔들리기 때문이다.

부끄러움은 자기에게 합당한 인정이 거부되고 자기의 행동이 인간의 법도에서 벗어났을 때 사람들에게서 배척 혹은 거부 받는 것에 대한 도덕의식의 반응이다. 그런데 주 예수는 사람들에게 배척 당하는 부끄러움을 계속적으로 경험하였다. 부끄러움은 근본적으로 하나님의 법을 어겨 자기 존재의 자리에 서지 못하므로 오는 인간의 자기 가치판단이다.

예수는 사람들에게 물리쳐 버림을 받으므로 반복적으로 부끄러움을 경험하였다.

가. 나사렛에서 처음 물리침을 당하였다 (눅 4:16-30).

나사렛 사람들은 그 출신을 잘 알고 있는 자가 자기들을 가르친 다고 물리쳤다. 목수의 아들이고 목수였던 자가 랍비로 나서서 가르치기 때문에 자기들 신분에 맞지 않는다고 배척하였다. 낮은 신분의 사람이 너무 기이하게 가르치기 때문에 그의 가르침을 인정할 수 없다고 하였다.

목수이던 자가 자기를 구약이 예언한 메시아라고 하므로 특별히 싫어하고 미워하여 밀쳐냈다 (막 6:1-6). 백성이 그를 배척하여 그의 권능과 메시아직을 믿지 않으므로 예수 그리스도는 권능을 행할 수 없었다. 그래서 몇몇 병 걸린 사람들만을 고쳤다 (막 6:5-6). 물리침은 계속되어 전 민족적인 배척으로 이어졌다.

나. 지도자들 곧 바리새인들, 서기관과 제사장들의 배척으로 이어졌다.

처음에는 예수는 바리새인들과 좋은 관계를 유지하였다. 그러나 그들의 외식과 부도덕을 책망하므로 혐오와 반감을 샀고, 율법에 어긋나는 일들 (마 12:1-8), 안식일에 병 고치는 일 등 (마 12:10-14)으로 말미암아 그를 죽일 계획까지 하고 밀쳐냈다.

예수 그리스도의 가르침은 대담해서 제사장들의 부도덕한 상행위를 나무랐다. 그리고 제사가 아니라 은혜로 구원 얻음을 가르쳤다 (마 21:12-17). 그리하여 이스라엘 민족과 종교의 구조를 뿌리에서 흔들게 되었다.

또 백성들은 기적을 행함에 홀려 다 예수를 따르니 지도자들은 설 자리를 잃게 되었다. 그리하여 그를 없이하여 자기들의 제도와 지위를 현상대로 유지하기로 하였다 (요 11:47-53). 온 지도자들이 예수를 배척하여 그의 가르침이 위험으로 정죄되었다. 따라서 그의 존재까지 완전히 배척하고 없애려고 하였다. 그러므로 쫓기고 핍박받는 이단자의 자리에 이르렀다 (요 11:54-57). 그가 제거되고 그의 가르침이 정죄되는 것은 시간문제였다.

그것은 백성들을 예수에게서 떼어내어 자기들 편에 세우므로 할 수 있었다. 백성은 군중이므로 돈과 권세로 이 일을 할 수 있었다. 이처럼 예수는 자기 가르침과 행적이 거부되고 정죄되는 수모를 반복적으로 경험하였다.

다. 백성들이 다 예수를 배척하였다.

두 번이나 많은 백성을 기적적으로 배불리 먹인 사건 (마 14:13-21; 15:32-38; 막 6:34-44; 8:1-10; 눅 9:10-17; 요 6:5-15)과 많은 병자들을 고치고 또 죽은 자를 세 번이나 살린 큰 기적들을 (눅 7:11-17; 요 11:38-44) 보고 백성들은 예수가 자기들을 로마의 압제에서 해방시켜 줄 메시아로 믿고 따랐다. 그러나 그의 예루살렘 입성 후 (마 21:1-11; 막 11:1-11; 눅 19:28-40) 그 기대가 다 무너져 내리자 그들은 실망하였고 제사장들과 바리새인들의 충동에 따라 예수를 배척하고 죽여주기를 총독에게 청하였다 (마 27:20-26; 막 15:11-15; 눅 23:18-25; 요 19:6-16).

예수는 그들의 왕으로 칭송받았는데 백성들의 배척에 의해 죽음으로 넘겨졌다. 그가 죽게 된 죄목도 유대인의 왕 그리스도였기 때문이다 (마 27:22-26, 37; 막 15:2-15, 26; 눅 23:2-3, 37-38; 요 19:19). 그들의 구세주가 백성들의 배척에 의해 십자가에 못 박혀 죽게 되었다.

라. 예수는 배척받아 부끄러움을 입었다.

예수 그리스도가 당한 부끄러움은 세상의 어떤 사람이 당할 수 있는 수치보다 더 심하였다. 하나님의 아들 그리스도는 도를 넘는 수치 곧 극심한 인격적인 모욕을 당하였다.

대제사장이 예수 그리스도를 심문하여 "네가 찬송 받을 자의 아들 그리스도냐"고 물을 때 주 예수가 대답하여 "내가 그니라" 하므로 사형에 해당하다고 정죄하고 그에게 침을 뱉으며 그의 얼굴을 가리고 주먹으로 치며 가로되 "선지자 노릇을 하라" 하고 하속들은 손바닥으로 쳤다 (막 14:61-65).

유다의 왕 그리스도라고 했다고 하여 그를 조롱하여 임금이 입는 옷인 자색 옷을 입히고, 황금 면류관 대신 가시관을 엮어 그에게 씌우고 왕에게 하는 예의 표로 "유대인의 왕이여 평안할지어다" 하고, 홀(笏)로 쥐어준 갈대로 그의 머리를 치며 침을 뱉으며 꿇어 절하여 희대의 조롱거리로 삼았다. 희롱을 다한 후에는 자색 옷을 벗기고 도로 죄수의 옷을 입혔다 (막 15:17-20).

조롱하는 많은 무리들이 그의 눈을 빤히 쳐다보면서 온갖 조롱과 모욕을 퍼부어댔다 (마 27:39-43; 막 15:29-32; 눅 23:35-37).

모든 무리들이 그의 눈을 빤히 마주 쳐다보고 고개를 저으며 모욕하였다. "46년 동안에 지은 성전을 헐고 삼일에 짓는다고 장담하던 자가 아니냐? 그런 능력을 가진 자이면 십자가에서 내려오는 것은 아무 일도 아니다. 왜 내려오지 않느냐? 지금 십자가에서 내려오면 우리 모두가 다 믿을 것이라"고 조롱하였다. 이런 모욕과 조롱은 역사상 다시 있지 못할 것이다 (마 27:40-42; 막 15:29-32).

"하나님의 아들이라고 주장하였는데 하나님의 친아들이면 하나님이 친히 오셔서 십자가에서 너를 내려줄 것이 아니냐" (마 27:43).

"남은 구원하였는데 왜 하나님의 아들 이스라엘의 왕이 자기는 구원하여 내려오지 못하느냐? 네가 진짜 하나님의 아들이면 십자가

에서 내려와 보라 그러면 우리도 다 너를 믿을 것이라" (마 27:40-43)
고 조롱하였다.

모욕과 조롱은 계속되었다. 주 예수가 자기를 십자가에 못 박는 모든 자들의 죄를 용서해 주시기를 아버지께 구할 때 (눅 23:34) 대제사장들과 관원들은 비웃고 모욕을 퍼부어댔다. "저가 남을 구원하였으니 만일 하나님의 택하신 자 그리스도이어든 자기도 구원할지어다" 하고 군병들도 희롱하고 신포도주를 주면서 조롱하기를, "네가 만일 유대인의 왕이어든 네가 너를 구원하라"고 하였다. 또 십자가에 달린 행악자들도 조롱하기를 "네가 그리스도가 아니냐. 너와 우리를 구원하라"고 조롱하였다 (눅 23:34-39).

더욱 예수 그리스도의 인격에 모욕을 더한 것은 그의 어머니가 옆에 서있는데 그런 욕설을 퍼부어댄 사실이다. 그의 어머니도 얼마나 처참하게 모멸감과 부끄러움을 느꼈겠는가! (요 19:25-26). 이런 모욕과 조롱으로 그의 인격이 산산조각 났어야 한다.

예수 그리스도가 그냥 사람으로서 그리스도 곧 하나님의 아들이라고 주장하였다면 그것은 희대의 사기이고 정신병자의 독백이므로 이런 수치와 모욕을 받아도 합당하다. 그러나 그는 하나님으로서 성육신하여 사람이 되셔서 이런 주장을 한 것이므로, 이런 모욕과 부끄러움을 퍼부어댄 자들은 용서받을 수 없다. 이런 자들은 유다처럼 나지 않았으면 좋을 뻔한 사람들이다 (마 26:24).

부끄러움은 하나님의 법을 어긴 결과이다. 그런데 주 예수가 대신 부끄러움을 당함으로 하나님의 법을 성취하고 돌이켜서 수치를 없애버렸다. 그러므로 주 예수를 믿는 자들은 범법자로서 부끄러움을 결코 당하지 않을 것이다.

## 6.2.2. 그리스도의 세례 받음

### 6.2.2.1. 세례에서 세상 죄과를 넘겨받음

예수 그리스도는 완전한 의인이지만 요한에 의해 회개의 세례를 받음으로 세상의 죄과를 자기에게로 넘겨받았다 (전가, 轉嫁). 그리스도가 세례 받은 것은 결코 죄인으로서 자기의 죄를 회개한 것이 아니다. 그는 전적으로 무죄하기 때문이다.

그런데 성경의 주장과 정반대로 발트는 예수 그리스도가 세례 받을 때 죄를 회개하였고 아주 솔직하게 다른 사람들에게는 곁눈질도 안 하고 자기의 죄를 회개하였다고 억지주장을 한다 (KD, IV/4, 65).

예수 그리스도는 하나님의 아들이시고 사람으로서도 완전한 의인이요 완전히 거룩한 자이다. 그러므로 그는 회개의 세례를 받을 필요가 전혀 없었다. 그러나 죄인들이 받는 세례를 받으므로 세상 죄를 전가 받았다 (요 1:29-34).

구속중보자로서 그리스도는 공식적으로 죄과를 넘겨받아 구원을 위해 일하도록 작정되었다.

세상 죄의 전가가 세례에서 이루어졌음을 세례 요한이 증거하였다. "보라 세상 죄를 지고 가는 하나님의 어린양이로다" (요 1:29). 예수는 세상 죄를 지고 가는 하나님의 어린양으로 지목되고 선포되었다. 세례 요한의 이 증거는 구약의 모든 증거를 종합한 마지막 증거이다. 세례 요한이 이 선포를 할 때까지는 어떤 사람도 속죄제사의 어린양으로 지목된 일이 없었다.

어린양은 언제든지 유월절에 잡는 속죄제물을 뜻하였다. 그런데 인류역사상 처음으로 한 사람 곧 나사렛 예수가 죄를 위해 제물이 될 어린양으로 지목되었다. 그것도 이스라엘만의 죄가 아니라 온 세상의 죄를 담당할 어린양으로 지목되고 선포되었다 (요 1:29, 36).

그러므로 세례에서 죄과를 넘겨받았다고 해야 합당하다. 그 이전에는 세상 죄를 해결하는 구속주로 지목되었고 또 이 일의 성취를 위해 하나님의 역사경륜이 진행되었다.

예수 그리스도가 하나님의 어린양으로 지목되어 세상 죄과를 다 해결할 구속주임을 이스라엘에게 증거하고 선포하기 위해 세례 요한이 세례를 베풀었다. 요한 자신이 이 진리를 분명히 선포하였다. "내가 와서 물로 세례를 주는 것은 그를 이스라엘에게 나타내려 함이라" (요 1:31). 요한 자신도 예수 그리스도가 세상의 죄과를 지는 어린양이 될 것임은 알지 못하였다. 그러나 백성들에게 세례를 주라는 명령을 받고서야 하나님의 경륜을 바로 깨달았다 (요 1:33).

그러므로 "나도 그를 알지 못하였으나" (요 1:31, 33)로 표현하였다. 그가 나사렛 예수의 직임을 이스라엘의 왕으로만 알았지 (요 1:27), 속죄주 곧 구속주임은 알지 못하였다. 그러나 세례를 주라는 명령을 받고서 알았다.

"나도 그를 알지 못하였으나"라는 진술은 인간적으로 예수를 몰랐다는 것이 아니다. 누가복음에 의하면 예수의 모친 마리아와 세례 요한의 모친 엘리사벳은 친족지간이었다. "보라, 네 친족 엘리사벳도 늙어서 아들을 배었느니라." 그러므로 두 여인은 서로 익히 잘 알았고, 자기들의 몸에 일어난 사건들도 서로 나누어 잘 알고 있었다. 또 이것을 자기들의 아들들에게 말하므로 요한과 예수는 상대방에 대해 잘 알고 있었다 (눅 1:36).

요한은 예수의 신분이 자기와는 전적으로 다름을 잘 알아 그를 이스라엘의 왕으로 선포하였다. "곧 내 뒤에 오시는 그이라. 나는 그의 신들메 풀기도 감당치 못하겠노라"고 선언하였다 (요 1:27). 그리고 예수를 하나님의 아들로 알았다. "내가 보고 그가 하나님의 아들이심을 증거하였노라" (요 1:34)고 선언하였다. 예수를 하나님의 성육신으로 알았기 때문이다.

예수를 하나님의 어린양으로 선포한 것은 요한이 예수를 세례 준 후의 증거로 보아야 타당하다. 왜냐하면 예수가 하나님의 어린양이란 선포에 성령이 주 예수에게 비둘기처럼 임했다는 선포가 뒤따랐기 때문이다. 세례로 죄과를 넘겨받은 후에 한 선포이다. "요한이 또 증거하여 가로되 내가 보매 (τεθεαμαι) 성령이 비둘기같이 하늘에서 내려와서 그의 위에 머물렀더라" (요 1:33). '내가 보매'가 현재 완료형으로 쓰여 세례 줄 때 발생한 사건을 회상하고 있다.

세례 요한의 증거를 종합해 볼 때 예수 그리스도가 구속주로서 세상 죄를 전가 받은 시기가 세례식 때였음을 잘 알 수 있다.

그러나 죄의 전가는 그리스도를 죄인으로 만들지 않는다. 죄의 전가는 죄에 대하여 법적으로 책임을 지는 것이다. 곧 예수 그리스도가 죄를 지시므로 죗값을 지불하여 죄를 무효화하도록 하는 책임을 지신 것을 말한다.

세상 죄를 그리스도에게 전가함은 이사야의 예언의 성취이다. "그가 찔림은 우리의 허물 때문이요 그가 상함은 우리의 죄악 때문이라 그가 징계를 받으므로 우리는 평화를 누리고 그가 채찍에 맞으므로 우리는 나음을 입었도다. 우리는 다 양 같아서 그릇 행하여 각기 제 길로 갔거늘 여호와께서는 우리 모두의 죄악을 그에게 담당시키셨도다"(사 53:5-6).

### 6.2.2.2. 성령세례 받아 하나님 나라의 왕으로 임직

주 예수는 성령세례 받아 메시아로서 하나님 나라의 왕으로 임직되고 선포되었다.

주 예수가 요한에게 세례 받고 물 위로 나올 때 하나님이 그를 성령으로 기름 부으셨다. "하늘이 열리며 성령이 형체로 비둘기같이 그의 위에 강림하시더니"(마 3:16; 막 1:10; 눅 3:21). 하나님이 예수를 성령으로 기름 부으시어 메시아로 세우셨다. 이 사실을 주 예수 자신이 증거하여 확증하였다. 그가 이사야 61장 1, 2절을 읽고서 "주의 성령이 내게 임하셨으니"(눅 4:17-18), "이 글이 오늘날 너희 귀에 응하였느니라"(눅 4:21)고 하여 자기가 요단강에서 성령으로 기름부음 받은 메시아임을 정식으로 인정하고 선언하였다.

하나님 나라의 왕으로서 임직은 영원한 하나님으로서 통치권을 말함이 아니고, 육신을 입은 구속중보자로서 하나님 나라의 왕 곧 그리스도를 말한다.

왕으로서의 선언은 "너는 내 사랑하는 아들이라"(마 3:17; 막 1:11; 눅 3:22)는 하나님의 말씀이다. 하나님의 사랑하는 아들은 하나님 나라의 왕을 뜻하고 또 왕으로 임명함이다. 특히 "내 기뻐하는 자라, 내가 너를 기뻐하노라"(마 3:17; 막 1:11; 눅 3:22)는 말씀은 구속중보자로서 그리스도 선언이다. 하나님 나라 왕은 구속중보자이다.

왕으로서의 통치는 그리스도가 하늘에 오르심으로 시작되었다. 하늘에 오르심이 왕으로서의 등극이기 때문이다. 하나님의 보좌 우편에 앉으심이 바로 다스림이다. 이 통치는 성령파송으로 결과하여 교회를 이루고 다스리게 되었다. 그리스도의 다스림은 다 교회 조성과 유지를 위해 수행되었다.

### 6.2.2.3. 성령 기름부음으로 성령담지자와 파송자가 되었다

가. 성령이 주 예수에게 임하되 (ἔμεινεν ἐπ' αὐτόν), 항속적으로 머물렀다 (요 1:32).

하나님은 주 예수에게 성령을 한량없이 주셨다 (요 3:34; οὐ γὰρ ἐκ μέτρου δίδωσιν τὸ πνεῦμα). 그리하여 예수 그리스도만이 성령을 자기 몸에 담지하였다. 예수 그리스도 이전까지는 성령을 담지한 사람이 없었는데 예수만이 성령을 전유적으로 소유하여 성령담지자가 되었다. 부활 이전까지는 예수만이 성령을 자기에게 지녔다.

예수 그리스도에게 담지되었던 성령이 인류에게 올 수 있기 위해서는 예수의 몸이 깨져서 성령을 내보내야 했다.

나. 예수 그리스도는 성령담지자에서 성령파송자가 되었다.

주 예수는 지상 생애 동안에는 성령담지자였으나, 부활 후에는 성령파송자가 되었다. 이 일을 자신이 제자들에게 약속하였다. "내가 아버지께로서 너희에게 보낼 보혜사 곧 아버지께로서 나오시는 진리의 성령이 오실 때에 그가 나를 증거하실 것이요" (요 15:26). 성령은 아버지에게서 나오지만 예수 그리스도가 파송한다.

그러므로 베드로는 오순절에 이 진리를 분명하게 선언하였다. "하나님이 오른손으로 예수를 높이시매 그가 약속하신 성령을 아버지께 받아서 너희 보고 듣는 이것을 부어주셨느니라" (행 2:33). 주 예수가 아버지로부터 성령을 받아 파송하므로 오순절이 발생하였다.

다. 성령파송자가 성령으로 세례 주는 자이다.

성령담지자가 성령을 보내어 사람들에게 성령으로 세례를 준다. 이 진리를 세례 요한이 하나님의 메시아 계시로서 증거하였다. "나를 보내어 물로 세례를 주라 하신 그이가 나에게 말씀하시되 성령이 내려서 누구 위에든지 머무는 것 (μένον ἐπ' αὐτόν)을 보거든 그가 곧 성령으로 세례 주는 이인 줄 알라"(요 1:33).

성령이 주 예수에게 항속적으로 머무르므로 그가 성령세례자가 되었다 (βαπτίσει ἐν πνεύματι ἁγίῳ). 누가의 기록에 의하면 예수 그리스도는 성령과 불로 세례 주는 자이다 (눅 3:16). 그러나 마가는 불을 생략하고 성령으로 세례 주는 자로 말한다 (막 1:8). 여기 불은 성령의 심판의 권세를 지시하는 것으로 이해해야 한다.

성령으로 세례 주는 일은 예수 그리스도가 승천하여 성령을 보내시므로 이루어졌다. 오순절에 예루살렘 교회에 성령이 강림하므로 (행 2:1-4) 주 예수의 성령으로 세례 주는 일이 이루어졌다. 성령세례는 성령을 부어주심과 같다 (행 2:17-18; 10:45). 또 성령세례는 성령 받음 (행 10:47; 19:2), 성령을 주심 (행 11:17; 15:8), 성령이 임함 (행 1:8)과 같은 것을 뜻한다.

라. 예수 그리스도는 성령 보내심으로 그가 이룩한 구원을 인류에게 적용하사 실제로 백성들을 만들어 다스리신다.

이것이 그리스도의 다스림이고 하나님의 나라이다. 그리스도가 새 인류의 머리로서 성령으로 기름부음 받았으니 그에게 붙은 몸 곧 그의 몸의 지체들도 성령을 받게 되어 있다. 예수 그리스도를 믿음으로 성령을 받아 (갈 3:14) 기름부음 받은 공동체가 된다 (요일

2:27; 3:24; 4:13).

### 6.2.3. 시험을 받음

예수 그리스도는 하나님 나라의 왕으로 임직된 후에 시험받았다. 아담도 창조세계의 왕으로 임직된 후에 시험받았다. 아담은 시험에 실패하여 죄와 죽음을 도입하였다. 제 2 아담인 예수 그리스도는 시험을 이기어 하나님 나라의 왕으로 확정되었고 의와 생명을 가져왔다.

### 6.2.3.1. 예수 그리스도는 공생애 시작에 시험받음

예수 그리스도는 공생애 시작 때 광야에서 시험받았다 (마 4:1-11; 막 1:12-13; 눅 4:1-13).

광야에서 짐승들과 함께 있고 천사들의 섬김 (수종)을 받으면서 사탄에게 시험을 받았다. 이 시험에서 이기느냐, 아니냐가 그가 메시아로서 바로 설 수 있는지 결정되는 계기였다.

마가는 주 예수가 광야에서 짐승과 함께 있고 천사들로부터 섬김 받은 것을 첫 아담의 낙원에서의 생활과 대조하였다 (막 1:12-13). 첫 아담은 낙원에서 짐승들과 함께 살고 그들과 사귀었다 (창 2:19-21). 이로써 광야에서 시험받기 전에 짐승들과 함께 지내고 천사들의 섬김을 받은 주 예수는 아담에 상응하는 제 2 아담임을 분명히 한다. 누가는 마지막 시험을 동산에서 받았음을 명시한다 (눅 22:39-42).

아담이 동산에서 짐승들과 함께 지내다가 유혹자에 의해 시험받았다 (창 3:1-7). 주 예수도 광야에서 짐승들과 함께 지내다가 (막 1:13)

사탄 (막 1:13) 혹은 마귀 (마 4:1-3; 눅 4:2-8)에 의해 시험받았다. 마가는 이 두 시험을 대조하여 주 예수가 첫 아담에 상응하는 제 2 아담임을 분명히 한다. 예수 그리스도는 제 2 아담으로서 시험받아 이기므로 구세주로 확고히 세워졌다. 그리하여 모든 인류를 멸망으로 이끈 아담의 타락을 회복하여 새 인류를 조성하게 되었다.

가. 먹는 시험을 이기다.

에레나이오스가 전개한 대로 (Adversus Haereticos) 첫 아담은 넘치는 중에 먹는 것에 넘어졌지만, 둘째 아담은 궁핍한 중에 곧 굶주림 가운데 첫 아담의 시험을 이기어 아담의 죄를 속상 (贖償)하여 회복한다.

나. 세상 왕이 되는 시험을 이기다.

사탄은 첫 아담을 시험하여 네가 선악과를 먹는 날에는 직통으로 하나님과 같이 된다고 하였다. 아담은 이미 왕으로 세워졌었는데 왕보다 더한 것을 바라서 실패하였다.

대리통치자이기보다 하나님과 같이 되기를 바라서 첫 아담은 시험에 실패하여 범죄하였다. 인류의 원죄는 하나님 밑에서 왕 되는 것을 거부하고 직접 하나님같이 되려는 데서 성립한다.

둘째 아담에게 온 시험도 동일하였다. 둘째 아담인 그리스도는 (고전 15:45; 롬 5:14) 이미 하나님 나라의 왕으로 임명되었다. 그런데 사탄이 "만일 내게 엎드려 경배하면 이 모든 것을 네게 주리라" (마 4:9)고 유혹하여 십자가의 고통 없이 세상의 왕 되는 길로 꾀었다.

만일 이 유혹에 져서 마귀에게 굴복하였으면 그는 하나님 나라의 왕이 아니다. 그리스도가 직통 왕이 되는 시험을 이김으로 세상 백성을 하나님 나라의 백성이 되게 하였다. 그는 메시아 곧 왕으로서 시험을 이김으로 우리의 구주가 되어 백성을 구원할 수 있게 되었다.

세상 구원은 세상적 권세로 되는 것이 아니고 십자가의 길로 이루어진다. 그러므로 예수는 사탄의 시험을 이기므로 합당히 세상 구세주가 되었고, 속죄의 길로 자기의 나라를 세우게 되었다.

다. 뛰어내리라는 시험 (영웅주의)을 이기다.

마귀는 주 예수에게 고난으로 세상을 구원하여 하나님 나라를 이루지 말고 세인의 이목을 끄는 영웅적 방식을 택하라고 시험하였다. 초인적 능력으로 기적을 행하여 나라를 세우는 세상 나라의 방식을 요구하였다. 그것은 하나님이 정하신 구원의 방식이 아니므로 하나님을 시험하는 것이었다 (마 4:7). 그러므로 배척하였다.

주 예수는 시험을 이기므로 고난의 순종을 통하여 세상을 구원하고 하나님 나라의 왕이 될 수 있게 되었다.

### 6.2.3.2. 감람동산에서의 시험: 마지막 시험
(마 26:36-46; 막 14:32-42; 눅 22:39-46)

누가는 주 예수가 들어간 곳이 감람산이라고 하므로 (눅 22:39) 과일이 풍성히 맺히는 에덴동산과 대비시킨다. 동산에서의 첫 아담은 아내에 의해 유혹되어 범죄하였다. 그런데 둘째 아담의 경우는 그의 아내 되는 교회 곧 교회의 대표들이 전혀 개입하지 못하였다. 기도로 도와주기를 청하였어도 그들은 전혀 돕지 못하였다. 그들은 시험에 들지 않게 되도록 촉구 받았다. 첫 아담은 그의 아내의 적극적 개입으로 시험에 들었는데, 둘째 아담의 경우는 그 아내가 시험에 들지 않도록 촉구 받았다.

첫 아담은 자기의 뜻을 세우므로 온 인류를 죄와 사망 아래 가두되 (롬 5:12, 17) 제 2 아담은 하나님의 뜻을 세웠다 (막 14:36). 곧 그리스도는 친히 죽음으로 나아가기로 결정하므로 많은 인류를 살리셨다. 그는 죽기까지 순종하므로 아담의 불순종을 속상(贖償)하여 많은 사람들을 의롭게 만들었다 (롬 5:17-19). 그의 순종으로 말미암아 사람들이 사망에서 돌이켜 생명 곧 영생에 이르렀다 (롬 5:21). 하나님의 뜻을 순종함이 의이기 때문이다.

예수는 제 2 아담 곧 새 인류의 조상으로서 하나님의 뜻을 순종하였으므로, 첫 아담의 불순종으로 말미암아 온 죽음을 폐하여 그의 의로 많은 인류를 살게 하였다. 의가 세워지므로 불순종으로 초래된 불의를 상쇄하고 속량하였다.

### 6.2.4. 율법의 성취

#### 6.2.4.1. 주 예수는 모든 율법의 요구에 자기를 종속시켰다

주 예수는 출생 후 할례 받음으로 언약백성의 표를 받아 율법의 요구를 다 담당하셨다. 그러므로 그의 삶은 다 율법준수의 삶이었다. 모든 구약백성이 바란 율법준수자 곧 율법성취자로서 율법의 요구를 짊어지셨다. 그리하여 율법 아래 있는 자들을 속량하려고 하셨다 (갈 4:4-5).

또 세례 받음으로 주 예수는 율법성취의 요구를 자신에게 지우셨다. 율법수여자 자신이 율법성취의 요구 곧 죗값을 갚으라는 요구를 성취하므로 율법을 다 이루셨다. 그리하여 율법준수의 의무에서 사람들을 해방하셨다. 새 인류의 대표로서 그렇게 하셨다.

### 6.2.4.2. 율법의 요구를 충족하여 율법을 완성하셨다

하나님이 주신 율법은 완전한 지킴을 요구한다. 그러나 범죄한 인류는 아무도 율법을 그 요구대로 지킬 수 없다. 그러므로 율법수여자가 율법의 요구 곧 율법을 범하므로 온 죗값을 갚으라는 요구를 다 이루셨다. 곧 피 흘려 죗값을 갚으므로 율법준수의 요구를 성취하셨다.

통상 의는 하나님의 법을 다 지킴으로 받는다. 의는 하나님 앞에 살 수 있는 생존권을 말한다. 하나님의 법을 지키면 의가 세워진다 (롬 2:13). 백성은 하나님의 법을 지킬 때에만 하나님의 백성으로서 생존이 허락된다. 법을 범하면 죽음뿐이다 (창 2:17).

첫 인류는 먹지 말라는 하나님의 계명을 범하므로 곧 하나님 섬김을 거부하므로 죄인이 되어 생존권을 박탈당하여 죽게 되었다 (창 2:17).

하나님의 법에 의하면 하나님의 백성이 하나님의 법을 지킴 곧 순종하므로 생존권이 허락된다. 사람은 하나님의 계명을 범한 이후 더 이상 율법을 지킬 수 없게 되었다. 그러므로 율법준수로는 결코 생존권인 의를 얻을 수 없게 되었다.

그리스도가 율법의 수여자로서 율법의 요구를 충족시켜 율법의 속박에서 백성들을 해방하셨다. 그리스도가 율법을 완성하신 것은 율법의 요구를 충족하므로 율법을 다 지켜야 한다는 율법의 속박에서 사람들을 해방하기 위해서 하신 것이다 (마 5:17-20; 11:28-30). 이렇게 하여 율법준수의 요구가 더 이상 타당하지 않게 되었다. 이로써 율법준수의 속박에서 백성들을 해방하신 것이다. 곧 그리스도는 율법준수의 의무를 사람들에게서 완전히 벗기셨다.

전통적 신학에서 예수의 율법준수를 능동적 순종 (oboedientia activa), 십자가에서의 죽음을 피동적 순종 (oboedientia passiva)이라고 한 구분과 가르침은 전적으로 잘못되었다.

그리스도가 율법준수로 의를 획득하여 우리에게 전가한 것이 아니고, 피 흘려 죗값을 다 치르시므로 죄용서를 이루신 것이 의다. 이 의를 우리가 받아 영생하게 되었다.

그리스도는 십자가의 죽음에까지 순종하여 (빌 2:8) 속죄를 이루셨다. 하나님의 법이 정한 대로 죗값을 갚기 위해 죽기까지 순종하셨다 (롬 6:23; 창 2:17). 그리스도가 그의 피로 죗값을 다 지불하므로 율법의 요구를 다 이루셨다. 주 예수는 율법성취의 요구를 이루시기 위하여 저주 아래 죽으셔서 (갈 3:13) 우리를 구원하셨다.

예수의 죽음이 대리적 죽음이어서 우리 모두가 죽은 것이 되었다 (고후 5:14-15). 죗값대로 모든 사람들이 다 죽어야 하는데 그리스도가 우리의 대표로 대신 죽으시므로 우리 모두가 죽은 것이 되었고 우리의 죗값을 다 지불하신 것이다. 그리스도의 죽음이 우리의 구원이다 (고전 15:3).

## 제7장

# 새 언약 (foedus novum)의 체결

(마 26:26-28; 막 14:22-24; 눅 22:15-20;
히 7:21-22; 8:6-13; 9:11-15; 12:24)

Incarnatio Dei et Illius Opus Salutis
Incarnatio Dei et Illius Opus Salutis
Incarnatio Dei et Illius Opus Salutis

    예수 그리스도는 그의 삶의 마지막 시간에 제자들과 새 언약을 체결하셨다. 이 언약은 그의 피로 세운 새 언약이다 (마 26:26-28; 막 14:22-24; 눅 22:15-20). 인류에게 확실한 구원을 주기 위해 자기의 피로 체결하여 영원한 언약이 되게 하셨다 (히 8:6-13). 이 언약은 예레미야 선지자로 약속한 새 언약이어서 (렘 31:31-33) 이스라엘의 대표 곧 교회의 대표와 체결하셨다.

    언약체결은 구약에만 있고 신약에는 없었는데 예수 그리스도가 구속중보자로서 새 언약을 체결하여 언약설립자가 되고 또 자기 피로 언약을 세우므로 언약의 보증이 되셨다 (마 26:26-28; 막 14:22-24; 눅 22:15-20). 이 언약은 구약에서 아담과 체결하고 그 후 이스라엘 백성들과 체결한 모든 언약들의 성취이고 완성이다.

    첫 언약은 하나님과 아담 간에 체결하여 그의 모든 후손들이 하나님의 백성 되기로 한 약정이다. 이 약정으로 하나님은 창조경륜을 다 이루기로 하셨다. 창조경륜은 하나님이 자기의 백성을 가지시고 그 백성 가운데 거하시며 찬양과 경배를 받으시는 것이다.

    첫 인류의 언약 파기로 백성들이 창조주만을 하나님으로 섬기는 것이 무너졌다. 그래서 하나님은 자기의 아들을 세상에 보내시어 사람이 되어 십자가에서 피 흘리심으로 죗값을 다 지불하게 하셨다.

죗값을 지불하므로 하나님은 첫 언약을 회복하여 자기의 백성을 확실하게 가지시게 되었다.

그러므로 하나님의 아들 주 예수 그리스도가 새 백성의 대표들과 언약을 체결하시므로 처음 창조경륜을 확실하게 이루신 것이다. 예수 그리스도가 삼위 하나님을 대표하여 새 백성의 대표인 제자들과 새 언약을 체결하셨다. 이 언약이 궁극적인 언약이고 영원한 언약이다.

따라서 새 언약체결 후에는 아무런 새로운 추가 언약체결이 없다. 이 언약체결이 마지막 언약이다. 구약의 언약들은 피로 체결되고 설립되었지만 그것은 다 짐승의 피로 세운 언약들이기 때문에 잠정적이고 임시적인 언약들이었다. 따라서 예수 그리스도의 피로 세워질 언약의 예표로 일하였다.

예수 그리스도가 자기의 제자들과 세운 언약은 새 언약이어서 구약의 언약들과 전적으로 다른 궁극적인 언약이다. 이 언약체결로 하나님이 인류를 구원하시기 위해 그 약속으로 체결했던 모든 언약이 성취하게 되었다.

이제 이후로는 새 언약에 의한 구원의 적용만 있다. 따라서 또 새로운 언약이 체결되는 것이 아니다. 이 언약은 인류 역사의 시작에 하나님이 아담과 맺어 인류를 자기의 백성으로 삼기로 하신 언약의 성취이다.

비록 첫 언약이 파기되었으나 하나님은 미쁘시므로 첫 언약을 지키시어 자기의 뜻을 이루기로 하셨다. 그러므로 구속중보자, 예수 그리스도로 새 인류와 언약을 맺어 반역한 백성들을 다시 자기의 백성으로 삼기로 하셨다.

새 언약은 구속중보자의 피로 세워졌다. 그가 언약의 설립자일 뿐만 아니라 자기의 피로 언약을 체결하여 그 언약을 보증하셨다. 그러므로 사람들이 그의 피를 믿으면 확실하게 구원되므로 하나님의 백성이 되어 하나님을 섬기게 된다. 이로써 사람의 창조목적에 이르게 되었다.

예수 그리스도는 새 언약을 제자들 곧 교회의 대표 혹은 새 인류의 대표들과 세우므로 자기의 죽음이 인류를 위한 가장 확실하고 분명한 구원이 됨을 보증하고 보장하셨다. 자기의 피로 언약을 세웠기 때문에 인류를 위한 구원이 변개(變改)될 수 없어서 자기의 피를 믿는 자들이 완전하고 영원한 구원에 이르게 하셨다.

신약의 언약은 예수 그리스도가 자기의 제자들과 세운 새 언약이다. 그러므로 영원에서 하나님이 성육신하실 아들(Filius incarnandus)과 이중으로 세운 은혜언약은 성립하지 않는다. 새 언약은 전적으로 하나님의 은혜의 선물이므로 은혜언약이라고 말할 수 있으나 영원에서 체결한 은혜언약은 없다.

## 제1절 새 언약 (foedus novum)

### 7.1.1. 은혜언약은 새 언약으로 이해해야 한다

개혁신학이 가르치는 은혜언약은 그리스도가 제자들과 체결하되 그의 피로 세운 언약 곧 새 언약으로 바꾸어야 한다 (마 26:17-28; 막 14:17-24; 눅 22:14-20; 히 7:21-22; 8:6-13; 9:11-15; 12:24). 하나님은 첫 언약을 회복하여 창조경륜을 성취하기를 목표하셨다. 신구약 전체에 행위언약과 은혜언약은 없다.

오직 하나님이 자기의 백성을 회복하여 그 백성 가운데 충만히 거주하시므로 찬양과 경배를 받으시기를 목표하고 일하셨다. 하나님의 모든 사역이 새 언약으로 성취되었다.

따라서 새 언약만 성립하고 영원에서 체결되었다고 하는 은혜언약은 성립하지 않는다.

### 7.1.2. 그리스도가 새 인류의 대표와 언약을 체결하심

그리스도가 언약체결의 당사자가 되사 아버지를 대신하여 제자들 곧 교회의 대표, 새 인류의 대표와 체결하셨다.

그리스도는 아버지의 언약 (言約, 遺書, testamentum)을 체결하심이므로 언약의 중보자이시다 (히 8:6; 9:15; 12:24). 이 경우만 합당하게 언약의 중보자로 서시고 일하셨다.

### 7.1.3. 새 언약은 주 예수가 자기의 피로 세우셨다

아브라함 언약이 피로 세워지고 모세 언약도 피로 설립되었다. 그 후 언약체결의 방식은 반드시 피로써 곧 생명으로 설립되었다.

마찬가지로 새 언약도 그리스도가 자기의 피로 세우셨다. 그리하여 영원한 언약이 되게 하셨다 (히 9:15; 12:24; 마 26:28; 막 14:24; 눅 22:20). 새 언약은 첫 언약의 회복이어서 하나님이 자기의 백성을 가지시게 되었다.

이전에 세운 언약들은 모두 새 언약의 예표이고 짐승의 피도 그리스도의 피의 예표이다. 참 언약, 궁극적인 언약은 그리스도의 피로써 세워진 새 언약이다.

### 7.1.4. 언약설립자가 언약의 보증이 되심

언약설립자가 언약 중보자가 되시므로 그리스도가 언약의 보증이 되신다 (히 7:22).

예수 그리스도가 친히 그의 피로 새 언약을 설립하셨으므로 그 언약을 확실하고 영구한 언약으로 보증하셨다. 이로써 죄가 완전히 속해졌다 (히 9:15; 10:10-18). 새 언약으로 반역한 백성들이 다시 하나님의 백성으로 돌아가게 되었다.

구약의 피 언약이 도저히 이룰 수 없는 일을 새 언약의 피가 이루었다. 즉 완전한 죄용서와 구원을 이루었다. 새 언약의 피에 의해 백성들의 죄가 확실하고 분명하게 용서되므로 하나님의 백성으로 완전하게 회복된 것이다.

또한 구약백성들이 짐승의 피 제사로 죄가 용서된다고 믿었으면, 그리스도의 피가 시간에 역행해서 그 제사에 적용되므로 (히 11:40) 하나님의 백성으로 확실하게 회복되었다.

### 7.1.5. 언약 당사자들은 역사적 실제 인물인 교회의 대표

언약의 인간 당사자들이 전통적 은혜언약에서처럼 추상적 인간이 아니고 역사적 실제 인물들이요 교회의 대표 곧 새 인류의 대표이다.

하나님은 항상 구체적 역사적 인물과 언약을 맺으셨다. 아담, 아브라함, 모세, 다윗 등과 언약을 체결하셨다. 하나님은 성육신하실 그리스도를 대표로 하여 택자들과 영원세계에서 이중 언약 곧 구원협약과 은혜언약을 체결하셨다고 할 수 없다.

그리스도는 제자들과 언약을 체결하셨다. 가상적인 미래 사람들이 아니라 역사적인 인간들과 언약을 체결하셨다. 그러므로 새 언약만이 타당하다.

### 7.1.6. 새 언약은 파기 (破棄)된 첫 언약의 성취이다

첫 언약이 하나님의 백성 되기로 한 약정이었는데 새 언약으로 첫 언약이 완전히 성취되었다. 그리하여 반역한 백성들이 다시 하나님의 백성으로 완전하게 회복된다. 그리스도를 믿는 자들, 그리스도에게 연합된 자들이 하나님의 백성으로 회복되어 (계 21:3) 처음 창조 목적대로 하나님을 섬김에 이른다. 하나님 섬김에서 생명에 이른다.

### 7.1.7. 새 언약에서는 사랑의 계명을 생활의 규범으로 주심

그리스도는 새 언약을 체결하였으므로 새 계명 곧 사랑의 계명을 생활의 규범으로 주셨다 (요 13:34).

언약을 체결하면, 하나님은 언제나 계명을 언약백성의 생활규범으로 주셨다. 첫 언약에서는 선악과계명을 삶의 규범으로 주셨다. 시내산 언약에서는 십계명과 율법을 언약백성의 삶의 규범으로 주셨다.

새 언약에서는 사랑의 계명을 새 계명으로 주셔서 하나님 섬김과 새 언약백성의 삶의 규범이 되게 하셨다 (요 13:34; 15:12). 첫 언약 파기 이후 인류의 생존의 법칙이 미움이었는데 새 언약체결로 사랑이 삶의 법으로 세워졌다.

### 7.1.8. 성령의 임재를 약속하고 성령을 파송하셨다
(요 7:38-39; 14:16-17, 26; 15:26; 16:7, 13-16; 20:22; 눅 24:49; 행 1:8; 2:1-4, 33)

하나님은 언약을 체결하시면 언제나 자기의 임재를 언약백성 가운데 두셨다. 하나님의 임재가 있어야 하나님의 백성이 되기 때문이다.

첫 언약에서 하나님은 첫 인류에게 성령의 내주로 하나님의 임재를 두셨다 (창 6:3). 루터교회 신학은 첫 인류는 삼위일체의 내주 (trinitatis inhabitatio)를 가졌다고 가르친다 (Heinrich Schmid, die Dogmatik, § 24). 칼빈은 첫 인류가 성령의 충만을 가졌다고 가르친다 (comm. Gen. 1:27). 삼위일체의 신비에 의해 성령의 내주는 삼위일체의 내주와 같은 것을 뜻한다. 그러므로 성령의 내주라고 하는 것이 합당하다.

시내산 언약에서 하나님은 성막과 성전에 자기의 임재를 두셨다 (출 25:8; 왕상 8:12-13). 하나님이 이스라엘과 언약을 체결하여 자기의 언약백성으로 삼았으므로 하나님은 성막과 성전에 자기의 임재를 두셨다. 그리하여 이스라엘 가운데 거하시고 그들 위에 거하셨다. 하나님의 임재 때문에 이스라엘은 하나님의 백성 됨의 확실한 표를 받아가졌다.

주 예수는 새 언약을 체결하여 자기를 믿는 자들을 자기의 백성으로 삼으시고 성령의 임재를 약속하셨다 (요 14:16-18, 26; 15:26; 16:7; 행 1:4-8). 그리고 성령을 파송하시어서 모든 믿는 사람들의 안에 거하게 하셨다 (행 2:1-4). 그리스도의 구속사역으로 죄를 완전히 씻음 받은 백성들은 각자 안에 성령의 내주를 모셨다 (고전 12:13; 고후 1:22; 5:5; 갈 3:2-5; 4:4-6; 엡 1:13-14; 2:22; 3:16; 살전 1:6). 그리하여 하나님의 백성으로서 확실하게 살게 되었다 (롬 8:14-16; 갈 4:6).

새 언약에서는 성령의 내주의 방식으로 하나님이 사람들과 함께 하신다.

### 7.1.9. 새 언약은 그리스도의 피로 죄과가 용서되어 성령의 임재로 성취되었다

#### 7.1.9.1. 확실한 구원을 위해 자기 피로 언약을 보증

구원이 확실하고 영원한 언약이 되게 하기 위해서 그리스도는 자기의 피로 언약을 설립하고 보증하셨다.

#### 7.1.9.2. 그리스도의 속죄제사로 의가 세워짐

그리스도의 속죄제사로 죄과가 제거되었으므로 의가 세워졌다 (롬 3:24; 4:24-25; 엡 1:7; 2:8; 골 1:14, 20). 또 그의 피로 죄가 용서되므로 택자들이 하나님의 백성으로 회복되었다 (롬 5:18-19; 6:18). 그러므로 주 예수를 믿는 것은 율법의 모든 성취요구를 완성한 것이다.

믿는 자들은 그리스도의 구속을 믿음으로 성령의 임재로 하나님의 백성이 되었다 (롬 8:9-11, 14-17). 그리스도의 피로 하나님의 백성이 회복된 것은 첫 언약이 다 성취된 것이다.

첫 언약이 완전히 회복되었다. 왜냐하면 그리스도의 피로 모든 백성이 마침내 다 회복될 것이기 때문이다.

### 7.1.9.3. 구원에 이름은 주 예수를 믿는 믿음으로

구원에 이름은 성령에 의한 주 예수를 믿는 믿음으로 이루어진다 (행 16:31; 엡 1:7, 13). 구속주를 믿기만 하면 구원에 이른다. 즉 은혜로 구원에 이른다 (엡 2:8-9). 따라서 인간의 행함은 구원 얻음에서 전적으로 배제된다 (롬 3:28; 엡 2:9).

이 면에 있어서 은혜언약이라고 칭할 수 있다. 주 예수를 믿는 믿음에 계속해서 머무름 (perseverantia in fide finalis)이 요구된다.

### 7.1.9.4. 믿는 자들이 구원을 실제로 소유

구원이 완전히 성취되고 적용되었으므로 믿는 자들이 실제로 구원을 소유하고 확신한다 (롬 5:17-19; 6:6-7; 8:9-11).

성령의 역사로 복음선포 (promulgatio evangelii)에 의해 믿음으로 구원에 확실히 이르러 하나님과 화해하고 하나님의 자녀 됨 (adoptio filii)을 누려 영생에 이른다 (롬 8:14-17). 내주하는 성령이 부활의 보증이 되어 확실한 구원에 이르게 한다 (롬 8:11; 고후 5:5; 엡 1:13-14).

### 7.1.9.5. 새 언약의 실체는 하나님이 백성의 하나님 되심

새 언약의 실체는 하나님이 다시 백성의 하나님 되시는 것이다.

하나님은 선택한 사람들을 성령의 역사로 예수 믿어 죄를 용서받게 하고 그리스도에게 연합시켜 영생과 영광에 이르게 하신다 (살후 2:13-14). 그리스도에게 연합된 자들만이 영생에 이르고 하나님의 백성이 된다 (계 21:3).

이렇게 첫 언약의 설립 목적이 이루어졌다.

### 7.1.9.6. 그리스도의 피로 죄용서 곧 의가 세워짐

영생에 이르는 길로 그리스도의 피에 죄의 용서 곧 의를 세우셨다 (요 6:51-56; 롬 3:24-25, 28; 엡 1:7). 복음의 선포로 사람들을 불러 죄와 죽음에서 해방하여, 하나님의 아들을 믿어 그의 의 곧 죄용서를 받으므로 영생에 이른다.

### 7.1.9.7. 믿는 자는 순전히 은혜로 구원받음

구원을 위하여 하나님이 성육신하사 죽으시므로 죄용서와 영생을 주셨으니 믿음으로만 구원에 이른다. 따라서 인간의 공로나 믿음을 가질 가능성에 의해 구원으로의 예정은 전적으로 배제된다. 믿음도 하나님의 선물이다 (엡 2:8-9). 구원은 전적인 은혜의 역사이다.

### 7.1.9.8. 새 언약의 성례는 세례와 성찬이다

성례의 예표였던 구약의 예법들인 할례와 유월절이 폐지되었고 다른 모든 의식들이 그림자로서 실체 앞에 소산되었다.

세례는 새 언약의 가담의식이고 성찬은 새 언약백성의 존속방식이다.

### 7.1.10. 새 언약은 하나님이 구원창시자로서 확실한 백성 회복 목표

새 언약의 목적은 하나님이 모든 택자들의 구원의 창시자 (auctor salutis)가 되사 확실하게 백성을 회복하시기 위해서이다.

하나님의 아들 그리스도가 구원을 이루시므로 하나님 홀로 구원자가 되시기 위함이다. 이에서 나아가 구속의 영광이 자기에게만 타당하여 완전한 영광을 계시하시므로 창조의 경우처럼 하나님 단독으로 구원주로서 영광을 받으시기 위함이다.

새 언약으로 하나님은 자기의 백성을 완전히 회복시키신다. 더구나 하나님이 구원하지 않으시면 구원은 확실히 내 것이 되지 못하기 때문이다. 아다나시오스의 가르침대로 하나님이 친히 우리를 구원하셨으므로 그 구원이 우리의 구원이 된다. 피조물이 구원사역을 하였다면 결코 우리의 구원이 될 수 없다 (contra Arianos, II, 67, 70).

## 제2절 은혜언약 (foedus gratiae)

### 7.2.1. 은혜언약은 구원협약에 근거하여 그리스도와 맺은 언약

은혜언약은 구원협약에 근거하여 아버지 하나님과 성육신하실 그리스도 (Christus incarnandus, Logos asarkos)를 대표로 하여 선택자들과 맺은 언약으로 제시되었다.

성육신하실 그리스도 안에 선택자들이 다 포용된다 (Abraham Kuyper, Dictaten Dogmatiek, Ⅲ, Locus de Foedere, § 8 De Foedere gratiae specialis, 143). 그러므로 언약의 당사자들이 역사적 인물들이 아니고 가상적인 미래 인간이다. 이것은 합당한 신학이 아니다.

하나님이 인류를 위해 언약을 체결하실 때는 언제든지 직접 당사자에게 말씀하시고 언약을 맺으셨다. 하나님은 아담, 아브라함, 모세와 다윗 등 구체적 역사적 인물들과 언약을 맺으셨다.

### 7.2.2. 구원협약과 은혜언약은 내용이 같음

카위퍼나 바빙크는 구원협약과 은혜언약을 구분하지만 17세기 영국의 신학자들은 둘을 같은 것으로 본다 (Herman Bavinck, Gereformeerde Dogmatiek, Ⅲ, 208f).

구원협약과 은혜언약이 동일한 내용이면 두 번 언약을 체결할 필요가 있는가?

### 7.2.3. 은혜언약은 두 번 체결한 언약임

전통적 개혁신학의 이해에 의하면 구원협약 (pactum salutis)과 은혜언약 (foedus gratiae)은 내용이 같고, 성부 하나님과 로고스 간에 체결되었으므로 둘은 같은 것으로 보아야 한다.

구원협약 때는 성부와 영원한 로고스 간에 이루어지고, 은혜언약 때는 성부와 성육신하실 그리스도 간에 체결되었으면, 같은 언약을 두 번 설정하는 것이다. 이것은 부당하다. 한 목적을 위해 두 동일 당사자 간에 두 번 언약이 체결된 것으로 말하는 것은 합당하지 않다. 그럴 경우 오히려 루터교회 신학처럼 구원협약을 하나님의 구원 작정으로 말하는 것이 바르다 (Heinrich Schmid, Die Dogmatik der evangelisch-lutherischen Kirche, 1979, pars Ⅲ, de principiis salutis, § 30, 182-186).

### 7.2.4. 은혜언약은 새 언약으로 바꾸어야 함

우리는 삼위 간의 구속경륜을 구원협약으로 바로 믿으며 은혜언약은 히브리서가 그렇게 강조하는 새 언약 (히 7:21-22; 8:6-13; 9:11-15; 12:24)으로 바꾸어 말해야 한다.

신약이 알고 말하는 언약은 예수 그리스도와 제자 간에 체결한 새 언약뿐이다 (눅 22:20). 이 언약을 히브리서는 새 언약으로 말한다 (히 8:13; 9:15; 12:24).

구약의 언약들 곧 아브라함과의 언약, 모세 언약, 다윗 언약 등은 다 새 언약의 예표일 뿐이다. 새 언약으로 첫 언약을 회복하는 것임을 보이기 위해서 세워졌다.

### 7.2.5. 언약사상은 새 언약을 무시함

그리스도가 체결하신 언약이 실제 언약이고 새 언약이다. 그런데도 개혁신학은 선입관(先入觀)에 의해 이 언약을 무시하고 전혀 다르게 곧 행위언약과 은혜언약으로 이해하였다.

성경의 명백한 가르침은 배척하고 언약체결을 영원으로 소급하여 사변적이 되게 하였다. 영원에서 체결한 은혜언약은 성립하지 않는다.

신학은 성경에 의존해야 하고 교리는 성경에만 근거해야 한다.

# 제8장

## 그리스도의 구속사역

*Incarnatio Dei et Illius Opus Salutis*
*Incarnatio Dei et Illius Opus Salutis*
*Incarnatio Dei et Illius Opus Salutis*

## 제1절 구속 (redemptio)은 두 방면으로 성립한다

### 8.1.1. 구속은 팔린 것을 다시 사는 것임

구속은 팔린 어떤 것을, 그것을 산 사람에게 그 값을 지불하고 다시 사는 것을 뜻한다 (레 25:23-28; 27:13-31).

본래 인류는 하나님의 백성으로 작정되어 하나님의 백성이었다. 그러나 그 백성이 창조주 하나님을 반역하여 죄와 죽음 아래 팔렸다. 이들을 속량 (贖良)하여 다시 하나님의 백성으로 삼도록 그리스도가 피 흘리셨다. 이 피가 백성들을 죄와 죽음에서 사낸다. 즉 팔린 것을 무르는 것을 뜻한다 (룻 3:9-13; 4:1-12).

그리스도는 그의 피로 죄와 죽음과 율법 아래 팔린 사람들을 속량하셨다. 그리스도는 율법의 저주 아래 있는 자들을 되사셨다 (갈 3:13; 4:5). 그가 저주를 받아 나무에 달리심으로 그렇게 하셨다 (갈 3:13). 그리스도는 우리 조상들의 망령된 행실에서 구속하되 그의 보배로운 피로 속량하셨다 (벧전 1:18).

그리스도는 자기의 피로 각 족속과 민족들과 나라 가운데서 사람들을 사셨다 (계 5:9). 그리스도가 사람들을 속량하는 값은 그의 피이다. 그는 자기의 피로써 우리를 사셔서 죄에서 구속하셨다 (엡 1:7, 14). 그러므로 구속은 그리스도 안에 있다 (롬 3:24).

그리스도 곧 하나님은 구원받은 백성들 (=교회)을 그의 피로써 사셨다 (행 20:28). 그리스도가 그의 피로 죗값을 지불하사 사람들을 사셨다 (골 1:20; 엡 1:14). 다시 사시되 종말론적 구원에 이르도록 사셨다 (엡 4:30). 마지막 날 구원에 이르도록 그의 피로 사셨으므로 영원한 구원이 되게 하셨다 (히 9:12-14). 첫 언약 때 범한 모든 죄를 속하므로 완전한 구원이 되어 영원한 기업을 상속받게 하셨다 (히 9:15).

### 8.1.2. 구속은 해방을 뜻함

구속 곧 속량은 원수들에 의해 포로 된 자들을 구출하고 그 속박에서 해방하는 것으로 이루어진다 (창 48:16; 출 6:6; 15:13; 신 7:8; 9:26; 13:5; 21:8; 24:18; 삼하 4:9; 7:23; 왕상 1:29; 대상 17:21; 느 1:10; 욥 5:20; 6:23; 시 25:22; 34:22; 49:15; 77:15; 103:4; 106:10; 107:2; 130:8; 136:24; 사 44:22-23; 48:20; 52:9; 63:9; 호 13:14; 미 4:10; 6:4; 슥 10:8; 딤전 2:6; 딛 2:14; 벧전 1:18; 계 1:5).

그리스도는 그의 피로 죄에서 우리를 해방하셨다 (계 1:5; 요 8:32-36; 롬 6:18, 22; 갈 5:1). 그뿐만 아니라 죄와 사탄의 권세에서 우리를 해방하여 영생에 이르게 하셨다 (행 26:18; 요일 3:8). 따라서 범죄자들이 죄와 율법의 저주에서 해방되어 하나님의 소유가 되고 그리스도의 소유가 되어 아들의 자리에 이른다 (갈 4:5).

이렇게 값으로 사서 구해냈으므로 더 이상 종들이 아니고 아들이다 (갈 4:1-5). 그리스도가 해방과 자유에 이르도록 값을 지불하고 사셨다. 이스라엘의 종이 해방되려면 다른 사람 곧 친척이나 이웃이 몸값을 지불하므로 해방되고 자유하게 되었다. 이 법에 따라 그리스도가 우리의 형제로서 우리의 몸값 곧 피를 지불하여 우리를 죄와 죽음에서 되사므로 자유하게 하셨다.

그러므로 그리스도는 피 흘리시기 위해 십자가에 죽으셔야 했다. 피 흘림이 없이는 죄사함이 없기 때문이다 (히 9:22). 하나님이 피로 죄가 속해지게 정하셨기 때문이다 (레 17:11). 따라서 피 흘려 구속하기 위해 그리스도는 죽음에 이르렀다.

## 제2절 십자가상의 죽음

예수 그리스도는 십자가상에서 죽음으로써 세상의 모든 죄를 다 속량하셨다. 그는 대신 속죄제사를 드려 죄용서 곧 완전한 구원을 이루셨다 (골 1:14).

하나님의 공의의 법은 범죄자가 죗값을 갚는 것이다. 그러나 범죄자는 아무도 자기의 죗값이나 다른 사람의 죗값을 갚을 수 없으므로 하나님이 사람이 되셔서 사람이 지은 죄의 값을 대신 갚으신 것이다. 곧 대신 속죄제사를 하셨다.

예수 그리스도는 세상의 구세주로 보내어져서 하나님의 어린양으로서 세상 죄를 담당하여, 모든 범죄자들을 대신하여 죽음으로 죄의 값을 지불하고 (요 1:29, 36), 그 흘린 피로 세상 죄를 다 씻었다.

그의 죽음은 속죄 (expiatio)이지만 하나님의 진노를 진정시킨 화해 (propitiatio)이다. 그리스도의 십자가의 죽음은 구약제사가 천오백 년 동안 백성들에게 가르치고 지시한 참 속죄제사이다. 그리스도의 속죄제사에 의해 구약백성들의 모든 죄도 속해지고 용서되었다 (히 11:40).

또 그리스도의 십자가로 인류의 죄가 속해지므로 죄와 죽음에서 놓여나 하나님의 자녀들이 되고 의가 되어 영생에 이르게 되었다.

### 8.2.1. 예수의 십자가 처형

#### 8.2.1.1. 예수를 죽일 죄목은 하나님의 아들이란 자기주장

예수를 죽일 죄목은 하나님의 아들 그리스도라는 그리스도의 자기 증거이다 (마 26:62-64; 막 14:61-62; 눅 22:67-70).

대제사장들과 서기관들과 바리새인들이 예수의 가르침을 싫어하고, 예수가 백성들 가운데 갖는 인기를 시기하여 자기들의 권세를 유지하기 위해 예수를 없애버리기로 작정하였지만 (요 11:49-53) 구실이 없었다. 그러던 중에 그들은 하나님의 아들 그리스도라는 그의 자기 증거를 죄목으로 삼았다. 주 예수는 하나님의 아들 그리스도이기 때문에 죽게 되었다.

주 예수가 하나님의 아들로서 죽으므로, 요한의 설명대로 이스라엘만을 구한 것이 아니고 세상에 있는 하나님의 자녀들을 모아 하나님의 백성이 되게 하셨다 (요 11:51-52).

### 8.2.1.2. 십자가 처형의 죄목은 유대인의 왕 그리스도라는 주장

예수가 십자가에 처형될 죄목은 로마 황제 가이사에게 반역하는 이스라엘의 왕 그리스도라는 고소였다 (마 27:11, 22, 37; 막 15:2, 9, 26; 눅 23:2-3, 37-38; 요 18:33-38; 19:12-16, 19).

유대인의 왕은 로마 총독의 편에서 보면 반역자이다. 그러나 그는 정치적 왕이 되기 위하여 정치적 행동을 한 일이 없으므로 전혀 위험인물이 아니었다. 그래서 총독 빌라도는 그를 놓아주려고 하였다 (마 27:17-23; 막 15:9-14; 눅 23:4-22; 요 18:33-19:15). 더구나 대제사장과 지도자들이 그를 시기하여 자기 손을 빌어 예수를 죽이려고 하는 의도임을 잘 알았다. 그러므로 "네가 유대인의 왕이냐"고 반복적으로 물은 것이다 (마 27:11; 막 15:2; 눅 23:3; 요 18:33, 37).

그리스도는 하나님의 아들로서 하나님 나라의 왕이시다 (요 18:33-38). 그런데 백성의 지도자들은 정치적 왕으로 몰아 (눅 23:2) 예수를 처형하도록 요청하였다. 왜냐하면 예수는 유대를 로마에서 독립시켜 왕이 되려고 하는 가이사의 반역자라는 것이다 (요 19:12-16). 그러므로 예수는 로마의 반역자로 죽게 되었다.

그러나 유대인의 왕 그리스도는 세상의 왕이 아니고 하나님 나라의 왕임을 그리스도 자신이 분명하게 하셨다. "내 나라는 이 세상에 속한 것이 아니라"고 하셨다 (요 18:33-38). 그러므로 빌라도는 아무런 위협을 그에게서 볼 수 없었다. 하나님 나라의 왕이 세상의 왕이 되기 위해 반역하는 것으로 정죄되어 십자가에 처형되었다. 하나님 나라의 왕 그리스도가 세상 나라 왕으로 고소되어 죽음에 이르렀다.

### 8.2.1.3. 반역자로 정죄되므로 십자가 처형

그리스도는 로마의 반역자로서 죽게 되었으므로 극악한 수치의 죽음인 십자가 처형에 이르게 되었다 (마 27:22-26; 막 15:13-15; 눅 23:23-25; 요 19:16-18). 십자가 처형은 인간이 고안한 가장 참혹한 죽음의 형벌이었다. 그런데 그리스도는 나무에 달렸으므로 하나님께 저주를 받은 자로서 죄인으로 죽었다 (신 21:23; 갈 3:13).

그리스도가 받은 저주는 죄인으로서 받은 저주여서 우리를 대신해서 받은 것이었다 (갈 3:13; 고전 15:3). 하나님이 우리를 대신하여 그리스도를 우리 죄로 삼아 죽게 하셨다 (고후 5:21). 그러므로 그리스도의 죽음은 우리 죄를 지고 우리 대신 죽은 죽음이다 (고후 5:14).

그리스도가 세상의 구주로서 모든 죄를 지고 십자가에 죽으실 것이 성경에 예언되었다. 이스라엘의 민족적 역사의 시작에 그리스도의 십자가상의 죽음이 예언되었다. "나무에 달린 자는 하나님께 저주를 받았음이니라" (신 21:23; 갈 3:13). 그리스도가 세상 모든 죄를 전가 (轉嫁) 받아 저주받은 자로 십자가에 달려 죽으셨다.

### 8.2.1.4. 십자가상의 죽음은 예수 그리스도의 전존재가 당하는 고통이었음

예수는 육체뿐 아니라 전존재로 죽음의 고통을 당하셨다. 그리하여 우리 전존재를 죄와 죽음에서 구원하셨다. 영혼만이 아니라 육체까지 전존재를 구원한다. 예수 그리스도는 전존재로 고통을 당하기 위해 독한 식초도 거부하였다 (마 27:34; 막 15:23; 눅 23:36; 요

19:28-30). 로마 병정들은 십자가 처형자들에게 잠깐 고통을 잊게 하려고 독한 식초를 제공하였다. 그러나 그리스도는 독한 식초까지도 거부하여 모든 고통을 다 감당하였다.

죄로 인해 하나님께 버림받음이 얼마나 무서운 멸망인가를 그리스도의 죽음이 밝힌다 (마 27:46; 막 15:33-34; 눅 23:44-46). 죄인으로 정죄되어 죽었기 때문에 하나님도 얼굴을 외면하셨다.

예수는 홀로 세상 죄과에 대한 벌을 당해야 했다. 죽음은 죄에 대한 벌이므로 (롬 6:23), 모든 죄인이 죽어야 하는데 그리스도가 그들을 대신하여 그들의 죄과의 짐 아래 죽게 되었다 (고후 5:14). 그의 고통이 너무 커서 심장이 찢어지고 그의 눈은 지옥의 불을 보았다. 죄지은 인간의 전존재가 당해야 할 죽음의 고통을 그리스도가 다 감당한 것이다.

### 8.2.1.5. 예수의 죽음은 완전한 죽음이어서 사망이 확인되었다 (요 19:34-36)

십자가 처형이 로마의 법에 의해서 이루어졌듯, 사망의 확인도 로마의 법에 의해 로마 병정에 의해 이루어졌다 (요 19:34). 그리스도의 죽음은 완전한 죽음이어서 장사되어 죽음의 법을 다 지켜야 했다 (마 27:57-60; 막 15:43-47; 눅 23:50-53; 요 19:38-42).

하나님은 그리스도를 죽음의 법으로 죽게 하심으로 세상을 구원하기로 작정하셨다 (롬 4:25; 5:8-10; 고후 5:14, 21; 히 2:17). 주 예수는 그 작정대로 죽어 우리의 구원을 성취하셨다.

### 8.2.2. 십자가 처형에 대한 예언

세상에는 처형의 방식이 많다. 그러나 주 예수는 가장 극악한 처형법인 십자가 처형을 받아 죽음으로써 성경의 예언을 성취하였다.

#### 8.2.2.1. 나무에 달린 자는 하나님께 저주를 받았음이니라 (신 21:23)

예수 그리스도는 세상 모든 죄를 지심으로 하나님께 저주받은 자로 죽었다. 그리고 성경을 응하게 하기 위하여 십자가에 처형되었다.

세상 모든 죄를 전가 받아 죽으므로 죄에 대한 하나님의 무한한 진노를 감당하기 위해서 십자가형을 받으셨다. 그리스도는 온 세상의 죄과를 다 담당하셨으므로 그 몸으로 극단적인 고통을 당하시고 영과 정신으로 하나님 아버지께 버림받은 극단적인 고통을 당하셨다.

또 인격적으로도 말로 표현할 수 없는 극악한 치욕을 당하셨다. 신 21:23의 말씀을 그리스도 예언으로 확정한 사람은 사도 바울이다. 바울이 모세의 말을 그리스도 십자가 처형에 적용하므로 그리스도 예언으로 확정하였다. "그리스도가 우리를 위하여 저주를 받은바 되사 율법의 저주에서 우리를 속량하셨으니 기록된바 나무에 달린 자마다 저주 아래 있는 자라 하였음이라" (갈 3:13).

베드로도 거의 같은 뜻으로 연관시켰다. "친히 나무에 달려 그 몸으로 우리 죄를 담당하셨으니 이는 우리로 죄에 대하여 죽고 의에 대하여 살게 하려 하심이라" (벧전 2:24).

에레나이오스 (Eirenaios, Irenaeus)는 아담이 나무에서 범죄하므로 그 죄를 속량하기 위하여 나무에 달리셨다고 해설하였다 (Adversus Haereticos).

### 8.2.2.2. 그 뼈가 하나도 꺾이지 아니하리라 (시 34:20)

주 예수는 세상의 구속주로서 죽음으로 피 흘려야 했다. 그가 피를 흘려야 죄가 속량되기 때문이다. 피는 흘리되 뼈는 하나도 꺾이지 않았다.

같이 십자가에 처형된 두 살인강도들은 (마 27:44; 막 15:27; 눅 23:32) 로마 병사들에 의해서 다리가 꺾이어 죽었다 (요 19:31-32). 그러나 그리스도는 성경대로 십자가 처형으로 죽었지만 다리가 꺾이지 않고 죽었다 (요 19:33-36).

그리스도가 이렇게 성경의 예언대로 죽으심으로 하나님의 그리스도 곧 세상의 구주로서 죽었음을 확증하셨다.


## 제3절 십자가의 죽음=화해제사 (reconciliatio)

### 8.3.1. 주 예수의 죽음은 하나님이 세상과 화해하심이다
(롬 3:25; 5:8-10; 고후 5:18-19; 골 1:20-22; 요일 4:10)

사람의 화해의 법은 가해자가 피해자에게 입힌 피해를 보상함으로 화해한다. 하나님의 화해의 법은 그 정반대이다.

하나님의 법과 계명이 인간에 의해 파기되었다. 따라서 하나님은 피해자이고 인간은 가해자이다. 그런데도 하나님은 가해자가 입힌 피해를 보상함으로 사람과 화해하셨다.

창조 시에 하나님은 큰 호의를 베풀어서 사람을 하나님의 형상으로 지으셨다. 하나님의 형상으로 지으셨기 때문에 하나님은 사람에게 많은 지적 영적 은사들을 주셨다.

그리고 언약을 체결하시어 사람을 하나님의 백성으로 삼아 창조주 하나님만을 섬기게 정하셨다.

나아가 하나님은 언약백성이 된 사람을 창조세계에 왕으로 세우셨다. 그리하여 하나님의 창조세계를 탐구하여 하나님의 영광과 권능을 현시하도록 위임하셨다.

이런 큰 호의를 입어 하나님의 백성 된 자가 하나님처럼 되겠다고 손을 들어 하나님을 대적하였다. 이렇게 하나님은 그의 인격과 엄위와 영광을 짓밟힘 당하고 무시당하셨다. 사람이 반역하여 하나님을 섬기지 않기로 결행하므로 그의 인격과 엄위를 무시하였다. 하나님 섬김의 명령을 어기어 창조주 하나님의 위엄과 엄명을 짓밟았다.

언약백성이 하나님을 섬기지 않고 자주자가 되기로 하였다. 아담은 창조주의 명령보다 유혹자의 말을 더 높이 두었다. 아담은 창조주 하나님의 말씀을 피조물의 말과 같은 수준에 두고 평가하여 창조주의 계명이 참일 수 없다고 판정하였다. 창조주의 말씀을 전적으로 무시하였다. 하나님의 계명대로 하나님을 섬기지 않아도 죽지 않는다고 판정하였다. 이렇게 아담은 반역을 일으켰다.

창조주는 아담과 하와에게서 하나님으로 인정받지 못하셨다. 따라서 범죄자는 하나님과 원수가 되었다 (롬 5:8-10).

하나님을 훼방하고 모욕하고 대적하여 배반한 백성들에게 죽음이 선언되었다 (창 3:19). 또 사람이 사는 땅 위에 저주가 선언되었다. 그리하여 땅이 그 본래의 소임을 다하지 못하게 되었다. 땅은 식량을 내도록 정해졌지만, 사람이 땀 흘려 가꾸지 않으면 먹고 살 식량을 충분히 내지 못하게 되었다 (창 3:17-19).

사람은 영생하도록 창조되었지만 범죄자가 되었으므로 죽게 되었다 (창 3:19). 하나님이 자기의 백성으로 삼으신 사람들이 범죄함으로 죽게 되었다.

하나님은 반역한 죄인들을 불쌍히 여기셨다. 범죄한 자들을 다시 하나님의 백성으로 세우기로 하셨다. 그들을 다시 살려 영생하는 자들이 되기를 바라셨다. 그러려면 사람이 범한 죄과를 제거해야 한다. 죄과를 제거해야 사람이 죽지 않게 되고 영생에 이를 수 있다. 죄과를 제거하는 길은 죗값을 지불하는 것이다.

그러나 죗값을 지불할 사람이 아담의 후손 중에는 아무도 없었다. 다 죄로 말미암아 죽게 작정되었고 그렇게 저주를 받아 죽는 길 외에는 아무것도 없었다. 하나님의 공의의 법은 죄과가 범해진 본성이 죗값을 지불해야 한다 (레 24:17-22). 죄 없는 사람이 죗값을 갚아야 한다. 그러나 사람들 중에는 아무도 죗값을 치를 수가 없다. 다 범죄자들이기 때문이다.

하나님은 사람이 범하여 죽게 된 죄의 값을 자신이 치르기로 하셨다. 공의의 법을 성취하면서 사람과 화해하기 위해서 하나님이 사람이 되셔서 사람의 자리에 오사 사람을 위해 피 흘리심으로 죗값을 지불하기로 하셨다. 그리하여 하나님의 아들이 사람이 되시고 죗값을 치르시므로 죄를 무효화하고 죄과를 제거하여 다시 사람들과 화해하기로 하셨다.

하나님이 사람이 되시되 전적으로 의롭고 거룩한 사람으로 나심으로 사람의 모든 죗값을 치르실 수 있었다. 하나님이 사람의 죗값을 치르시므로 사람과 화해하셨다. 우리가 다 죄인이어서 영원한 죽음 밖에 다른 길이 전혀 없을 때 하나님의 아들이 죽으셨다. 하나님의 아들이 죽으심으로 사람이 범한 죄의 값을 치르셨다. 이로써 인류의 반역을 무효화하셨다. 그러므로 하나님은 아들의 죽으심으로 우리와 화해하셨다 (롬 5:10). 아들 하나님이 피 흘리심으로 하나님은 우리의 죄를 무효화하셔서 우리와 화해하시고 자기의 사랑을 확증하셨다 (롬 5:8).

하나님 자신이 우리의 죗값을 치르셨다. 그것이 그리스도의 죽음이고 그로써 흘린 십자가의 피이다 (골 1:20). 예수 그리스도의 피 흘려 죽으심으로 하나님이 입은 피해를 보상한다.

하나님 자신이 화목제물을 마련하셨다. 하나님은 사랑이시기 때문에 그 아들을 화목제물로 보내시어 (요일 4:10) 우리를 대신하여 죽게 하심으로 우리에 대한 사랑을 확증하사 우리와 화목하셨다 (롬 5:8-10). 우리가 범죄하여 원수가 되었으므로 우리가 죽어야 하는데 하나님이 대신 아들을 죽게 하셨다 (골 1:20-22). 아들의 죽음으로 하나님이 우리의 죗값을 갚으셨다. 이로써 하나님이 자신을 세상과 화목하셨다. 예수 그리스도의 피로 첫 인류의 반역을 무효화함으로 하나님이 인류와 화해하셨다.

하나님의 거룩은 죄를 만나면 진노로 바뀐다. 그러나 그리스도의 피가 하나님의 진노를 진정시키므로 하나님이 세상과 자신을 화해하셨다.

### 8.3.2. 예수 그리스도의 피가 하나님의 진노를 진정하였다

죄에 대하여 하나님이 진노하시는 것을 예수의 피가 진정시키고 하나님과 세상을 화해시켰다 (요일 2:2; 4:19; 롬 3:25; 고후 5:18-19; 엡 2:16; 골 1:20, 22).

죄를 용서하여 범죄의 자리에 의를 세움으로 하나님이 세상과 화해하셨다 (롬 3:3-25; 5:9; 고후 5:19-21; 골 1:14; 벧전 2:22-24). 의롭다 하심은 죄지었지만 죄 없다고 선언하시는 것이다. 단지 예수 그리스도를 믿기 때문에 믿는 사람을 의롭다고 곧 죄 없다고 선언하셔서 하나님이 세상과 화해하신다.

아들의 피로 죄를 용서하여 범죄의 자리에 의 곧 죄용서로 죄 없다고 하심으로 하나님이 세상과 화해하셨다 (롬 3:3-25; 5:9; 고후 5:19-21; 골 1:14; 벧전 2:22-24). 그냥 세상과 화해하신 것이 아니고 그리스도의 피로 모든 죄를 용서하심으로 (벧전 1:18-19) 화해하셨다. 그의 피를 죄용서의 속전 (ἀντίλυτρον)으로 받으시고 (딤전 2:6) 죄를 용서하고 의를 세움으로 화해하셨다.

## 제4절 십자가의 죽음=속죄제사 (expiatio)

### 8.4.1. 예수 그리스도의 죽음을 하나님이 속죄제사로 작정하셨다
(사 53:7-11; 고전 5:7; 히 2:17; 6:20; 9:12, 26; 벧전 1:19; 계 5:6, 9-10, 12-13; 13:8)

#### 8.4.1.1. 이삭의 제사로 주 예수의 죽음을 예표

하나님은 속죄제사로 세상을 구원하기로 작정하사 이 구원의 방식을 아브라함에게 계시하시고 아들을 희생의 제사를 드리게 하심으로 실물 교훈하셨다 (창 22:1-18).

하나님은 세상의 구속주로 예표된 이삭을 하나님께 번제로 바치게 하심으로, 아브라함의 참 아들 예수 그리스도가 세상 구속주로서 속죄제물이 될 것임을 미리 알리셨다 (창 22:12; 행 3:25-26; 13:23; 롬 9:7; 갈 3:16; 히 11:18).

#### 8.4.1.2. 짐승의 제사로 그리스도의 속죄제사 예표

아브라함에게 계시한 구원의 방식 곧 속죄제사가 이스라엘에게 짐승의 피로 드려지게 작정하시고 시행하셨다.

이 일을 위해 유월절제사를 세우고 이스라엘 가운데서 진행되게 하셨다 (출 12:1-28; 레 23:5-21). 또 성막과 성전에서 속죄제사가 진행되게 하셨다 (레위기). 하나님이 정하신 속죄제사의 방식을 따라 하나님의 어린양 예수 그리스도가 유월절 양으로 희생되셨다.

### 8.4.2. 예수 그리스도가 어린양으로 속죄제사를 드림

예수 그리스도는 세상 죄를 담당한 하나님의 어린양으로서 십자가에서 희생제물로 죽으셨다 (사 53:7-11; 요 1:29, 36; 고전 5:7; 벧전 1:19; 계 5:6, 9-10, 12-13; 13:8).

### 8.4.2.1. 예수 그리스도가 하나님의 어린양으로 죽었다

레위 제사장들은 매년 유월절만 되면 속죄제사를 드리기 위하여 어린양을 잡았다 (레 14:25; 대하 29:34). 예수 그리스도가 하나님의 어린양으로 잡혀 죽임당하기까지 제사장들이 유월절에 어린양을 잡은 것은 하나님의 어린양 (요 1:29, 36; 고전 5:7; 벧전 1:19; 계 5:6) 예수를 잡기 위한 연습이고 준비였다.

유월절에 제사장들은 어린양을 잡으면서 (레 14:24-25) 실제로는 하나님의 어린양을 잡았다. 그리고 어린양을 제사하는 시간에 하나님의 어린양 예수를 십자가에 못 박아 제사하였다. 이로써 제사장들은 그들의 소임을 다하였다. 그리스도의 속죄제사 후에는 더 이상 속죄제사가 필요 없게 되었으므로 하나님은 성전제사를 폐하셨다 (히 7:11-19; 10:4-9).

### 8.4.2.2. 하나님의 어린양으로 지목된 예수가 자신을 (요 1:29, 36) 제물로 바쳤다 (히 7:27; 9:12, 14, 26, 28; 10:6-10, 12)

#### 8.4.2.2.1. 구약의 모든 속죄제사는 짐승으로 드린 제사였다

구약제사는 반복적 제사여서 제사하기 위해 나온 자들을 완전하게 할 수가 없었다 (히 10:1). 이 제사는 죄를 생각나게 하고 (히 10:2) 죄를 완전히 없이하지 못하였다 (히 10:3). 그것은 황소와 염소의 피로 드린 제사였고 깨끗한 사람의 피가 아니었기 때문이다 (히 10:5-9).

구약의 제사는 예수가 자기 몸을 제물로 드린 영원한 제사 (히 10:12)의 그림자였다 (히 10:1). 그러므로 구약의 제사는 예수 그리스도의 제사에서 성취되고 완성되어야 했다. 우리의 구원으로 구약백성들의 구원도 성취되었다 (히 11:40).

#### 8.4.2.2.2. 그의 몸을 제물로 바쳐 단번에 죄를 완전 제거

하나님의 어린양인 예수 그리스도가 그의 몸을 제물로 바쳐 속죄제사를 드리므로 죄를 단번에 제거하고 (히 9:26, 28; 10:12, 18) 완전한 제사를 하였다 (히 10:12).

예수의 희생제사는 하나님이 정하신 완전 속죄제사이므로 (시 40:6-8; 히 10:5-6), 한 번의 제사로 모든 죄를 완전히 해결하였다 (히 9:26-28). 왜냐하면 영원하신 성령에 의하여 흠 없는 제물이 예수 자신이었기 때문이다 (히 9:14). 그러므로 더 이상의 속죄제사가 필요 없게 되었다 (히 10:18). 성령으로 완전히 거룩하게 된 몸으로 드린 예수 그리스도의 제사는 완전한 속죄를 이루어 세상의 죄를 제거하여 하나님과 세상을 화해시켜 인류를 구원하였다.

### 8.4.2.3. 예수의 피가 죄를 속량하는 속전이 되었다 (딤전 2:6; 히 9:12-14; 10:19; 12:24; 벧전 1:18-19; 요일 2:2; 계 1:5)

죄는 피에 의해 속해진다 (레 17:11). 왜냐하면 피에 생명이 있기 때문에 죄는 생명으로만 속해지는 것이 하나님의 법이다. 그 피는 짐승의 피여서는 안 되고 사람의 피여야 한다. 그러나 그 사람의 피는 아벨의 피보다 더 깨끗한 피여야 한다. 그 피는 성령으로 깨끗하게 된 거룩한 피인 주 예수 자신의 피이다 (히 9:12-14). 그러므로 그 피는 모든 죄를 속할 뿐 아니라 양심을 깨끗하게 하고 거룩하게 하였다 (히 9:14-15).

예수의 피는 죄를 속량하는 속전이다 (딤전 2:6; 벧전 1:18-19). 그의 피가 우리를 죄에서 해방한다 (계 1:5). 죄에서 해방하는 길은 예수 그리스도, 하나님의 어린양의 피뿐이다. 모든 악한 행실들에서 구속될 수 있는 유일한 재료는 어린양 그리스도의 보배로운 피이다 (벧전 1:18-19). 왜냐하면 그가 십자가에 달려 죄를 담당하였기 때문이다 (벧전 2:24). 자기의 피로 인류 모든 종족들에서 그리스도가 백성들을 사서 하나님의 나라와 제사장을 삼는다 (계 5:9-10). 그리스도가 자기의 피로 백성들을 사서 하나님의 백성으로 돌리시므로 하나님의 창조경륜을 이루신다.

십자가의 피가 죄를 씻고 속량하므로 예수의 피가 세상과 하나님을 화해시킨다 (골 1:20). 예수의 피가 죄과를 제거하고 씻으므로 하나님은 그의 피로 화평을 창조하시고 만물들과 화해하기를 기뻐하셨다. 그리스도의 피 때문에 죄를 세상에게 돌리지 않고 화목하기를 기뻐하사 세상과 화목하기로 하셨다 (고후 5:19-20).

하나님은 전적으로 무죄한 예수를 우리 대신 죄로 삼았기 때문에 (고후 5:21) 더 이상 죄를 물을 수 없게 되었다.

### 8.4.3. 예수 그리스도가 대제사장으로서 죄를 속하였다 (히 1:3; 2:17; 4:14; 5:5, 10; 6:20; 7:17, 24-28; 8:1-2; 9:11-15, 24-28)

#### 8.4.3.1. 대제사장 예수는 그의 몸을 제사하여 완전한 속죄를 이루었다

구약의 제사에 의하면 제사장은 제물일 수 없고 제물이 되면 제사장일 수 없다. 오직 이삭만이 첫 제사에서는 제물이 되고 두 번째 제사에서는 제사장이 되었다 (창 22:9-13). 이 면에 있어서 이삭은 제물이며 대제사장인 예수 그리스도를 예표한다.
　이삭의 예표를 따라 예수 그리스도는 그의 인격으로는 대제사장으로서 자기의 몸을 제물로 바쳐드리므로 완전한 속죄제사를 하였다.

#### 8.4.3.2. 예수는 몸으로 제물이 되고 인격으로 대제사장이 되었다

예수는 자기 몸으로 속죄제사를 하고 자신이 친히 대제사장이 되므로 죄를 정결케 하여 (히 1:3) 백성을 죄에서 구속하셨다 (히 2:18). 자기 몸을 제물로 제사한 자비하고 충성된 대제사장이다 (히 2:17-18).

#### 8.4.3.3. 예수는 대제사장으로 영원한 제사를 드렸다

예수는 영원한 대제사장으로서 (히 6:20) 영원한 제사를 드려 (히

10:12) 완전한 속죄제사를 이루었다.

### 8.4.3.3.1. 예수는 하나님의 아들이므로 영원한 대제사장이다 (히 4:14)

십자가에서 속죄제사를 드린 예수는 영원한 대제사장이므로 완전한 제사를 드려 죄를 완전히 속할 수 있었다 (히 7:16-25). 구약의 제사장들은 아론의 후손이어서 완전한 제사를 드릴 수 없었다. 매일 서서 섬기고 자주 같은 제사를 드리되, 그런 제사로는 죄를 없이하지 못하였고 (히 10:11) 오히려 해마다 죄를 생각나게 하였다 (히 10:3).

구약의 제사장들이 완전한 속죄제사를 할 수 없었던 것은 그들은 죽음으로 계속 교체되어 항상 제사장으로 있을 수 없었기 때문이다 (히 7:23). 또 구약 제사장들이 드린 제사는 제물이 황소나 염소여서 짐승의 피가 죄를 없이하지 못하였다 (히 10:4).

주 예수가 영원한 대제사장이 되어 속죄제사를 드릴 수 있었던 것은 그의 신분이 레위 제사장들과 달리 영원한 아들이었기 때문이다 (히 1:2-3; 2:10; 3:3-4; 4:14). 하나님의 아들로서 예수는 하나님의 상속자요 창조 중보자이고 (히 1:2; 2:10), 하나님의 형상 (히 1:3)이요 하나님의 친아들이다 (히 4:14). 그러므로 그는 지상의 제사장들과는 달리 영원한 대제사장이어서 영원한 제사를 드려 죄를 완전히 제거하였다 (히 10:12).

또한 주 예수가 아론 계통의 제사장이 되지 않고 멜기세덱의 반차를 좇으므로 영원한 대제사장이 되었다 (히 5:6; 6:20; 7:16, 21, 24). 이처럼 예수 그리스도는 영원한 제사장이므로 그의 제사 직분이 갈리지 않고 항상 있다 (히 7:24). 그러므로 그의 제사는 완전해서 완전한 구원을 이루었다 (히 5:9; 7:25).

### 8.4.3.3.2. 예수 대제사장은 한 번의 제사로 죄를 완전히 속하였다
(히 7:27; 9:12, 26–28; 10:12, 14)

반복해서 드리는 구약의 제사는 죄를 속할 수 없었다. 그런데 그리스도는 영원한 제사장으로 단번에 (ἅπαξ, ἐφάπαξ) 제사하므로 완전한 속죄를 이루었다 (히 7:27; 9:12, 28; 10:2, 10). 예수 대제사장은 레위 제사장들과는 달리 거룩하고 악이 없고 더러움이 없고 죄인에게서 떠나 계시므로 죄가 전혀 없고 하늘보다 높이 되신 대제사장이므로 (히 7:26), 반복적인 제사와 자기를 위해서 먼저 속죄제사를 드림 없이 단번에 자기를 드려 완전한 제사를 하였다 (히 7:27).

예수 대제사장이 드린 제물은 하나님이 예비하신 자기 몸 (히 10:4-8)이요 자기 피다. 이 피가 완전한 제사로 합당한 것은 영원한 성령으로 말미암아 흠이 없게 되었기 때문이다 (히 9:14-15). 이 피는 죄의 오염이 제일 적었다고 할 아벨의 피보다 더 나아서 은혜로운 제물이다 (히 12:24). 이런 제물로 제사하므로 세상 죄를 완전히 속할 수 있었다.

따라서 그의 제사는 반복할 필요가 없으므로 죄를 제거하시기 위하여 세상 끝에 나타나셔야 했고 창조 시부터 반복적으로 희생을 당할 필요가 없었다 (히 9:24-28).

이런 완전한 제사는 한 번이면 충족하여 죄를 완전히 속량하고 양심을 완전히 깨끗하게 하였다 (히 9:14-15). 그러므로 이 완전한 제사 후에는 우리가 하나님의 보좌 앞에 담대히 나아갈 수 있게 되었다 (히 4:16; 10:19).

### 8.4.3.3.3. 그의 제사는 하늘의 성소에서 이루어지므로 죄를 완전히 속하였다

그리스도의 제사가 완전하여 죄를 완전히 속할 수 있었던 것은 그 제사는 하늘의 성소에서 이루어졌고 하나님의 얼굴 앞에 바쳐졌기 때문이다 (히 9:24). 그리스도가 세상 구속을 위하여 찢겨진 몸으로 아버지 앞에 나타나심이 속죄제사의 완성이다. 아버지께서 그리스도의 속죄제사를 기뻐 받으셨기 때문이다. 하나님 아버지가 그리스도의 속죄제사를 기뻐 받으신 표가 성령을 보내심이다 (행 2:33).

구약의 제사는 하늘 성소의 복사와 그림자를 섬김이었다 (히 8:5; 9:1-9). 그리스도는 창조에 속하지 아니한 성소 (히 9:11-12) 곧 참 성소, 하늘 자체, 바로 하나님의 얼굴 앞에 (τῷ προσώπῳ τοῦ θεοῦ ὑπὲρ ἡμῶν; 히 9:24) 그의 속죄제사한 몸을 보이심이 속죄제사를 완성하심이다.

주 예수의 제사가 하나님께 기쁘게 받아졌으므로 완전한 속죄를 이루었다. 완전한 속죄를 이룬 증표는 하늘 성소 곧 하나님의 보좌가 우리에게까지 열려 있다는 사실이다. 완전한 속죄제사를 드린 그리스도의 몸 (히 10:20)이 우리의 인성으로서 하나님의 보좌에 나아가 있기 때문이다.

### 8.4.4. 그리스도의 피가 죄를 속한다 (행 20:28; 롬 3:25; 5:9; 엡 1:7; 골 1:14, 20; 히 9:12, 14; 13:12, 20; 벧전 1:2, 18-19; 요일 1:7; 계 1:5; 5:9)

피 흘려야 죄가 속량되는 것이 하나님의 법인데 (레 17:11), 그리스도가 피 흘리심으로 모든 죄가 속량되었다. 그리스도의 속죄제사가 세상 죄를 다 씻는 완전한 제사이기 때문이다 (히 9:28; 10:10-18).

죄가 씻어지고 없어져서 깨끗하게 되는 길은 예수 그리스도의 피뿐이다. 그리스도가 모든 사람을 위하여 죽어 (고후 5:14; 딤전 2:6) 피를 흘렸으므로 그의 피에 의해 모든 죄가 씻어지고, 죄가 씻어졌으므로 의롭게 된다 (롬 5:9). 죄가 씻어지면 죄가 제거된 것이므로 죄 없는 상태 곧 의가 되어 구원에 이른다.

예수 그리스도가 어린양으로 죽어 피 흘림으로 그 피로 사람들을 죄에서 사셨다 (벧전 1:18-19; 딤전 2:6; 계 5:9). 그리스도의 피가 사람들을 죄에서 사는 속전이다 (ἀντίλυτρον ὑπὲρ πάντων; 딤전 2:6). 피로 죄가 무효화되기 때문이다.

### 8.4.5. 예수 그리스도의 죽음과 피 흘리심은 해방과 자유를 가져왔다

예수 그리스도의 십자가상의 죽음과 피 흘리심은 모든 영적 세력들과 권세들과 율법문서들로부터 해방과 자유를 가져왔다 (골 2:14-15).

그리스도의 죽음은 우주적 사건이어서 죄와 죽음에서 우리 각 사람을 구원할 뿐만 아니라 우주적 영적 세력들과 율법의 정죄하는 기능에서 해방하였다 (골 2:14-15). 그리스도의 속죄제사는 죗값을 갚음이다. 이로써 그리스도는 죄의 장본인인 사탄과 그의 무리들을 쳐서 무장해제하셨다.

그리스도는 그의 피 흘림으로 사탄과 그의 무리들을 치시어 인류를 그들의 속박에서 해방하셨다 (창 3:15; 계 12:7-11). 따라서 더 이상 귀신들의 가르침에 의해서 생겨난 초등학문에 매일 필요가 없어 졌다 (골 2:20).

또 그리스도의 속죄제사는 사탄이 일으킨 죄의 값을 하나님께 지불함이어서 사탄과 그 무리들을 하늘의 처소에서 내리쳐 땅으로 던짐이었다 (계 12:3-12). 성도들을 고소하던 자가 하늘에서 더 이상 자리를 가질 수 없게 되었다.

그리스도의 죽음은 우리를 늘 정죄하고 저주하는 율법의 기능을 폐하였다. 그리스도는 율법의 요구대로 율법이 정한 죗값을 자기 몸에 담당하시고 십자가에서 피 흘려 죽으시므로 율법의 모든 요구를 다 충족시키셨다. 그러므로 율법은 우리를 고소할 수 없게 되었다. 죽음으로 죗값을 지불하므로 그리스도는 책에 기록된 모든 고소들을 다 제거하고 없이하였기 때문이다 (골 2:14). 그러므로 더 이상 양심의 가책으로 괴로워하며 살 필요가 없어졌다. 완전히 해방되었다.

또 그리스도의 죽음은 세상 권세와 정사를 무력하게 만들어 그 권세들을 한시적이 되게 하였다 (골 2:15). 그리스도의 죽음은 세상 모든 권세를 무력하게 하였으므로 절대적이거나 영원한 권력은 없게 되었다. 세상 권세들은 마지막 말을 하는 능력을 다 잃게 되었다. 그러므로 그리스도의 십자가 후에는 세상 권세가 절대적 권력을 행사하면 망하게 되어 있다.

## 제5절  십자가의 죽음=대리적 속죄 (satisfactio vicaria)

예수 그리스도의 십자가 죽음은 대리적 속죄이다.

### 8.5.1. 한 의인 예수가 대신 죽으므로 모두가 죽은 것이다
(벧전 3:18; 고후 5:21; 딤전 2:6; 딛 2:14)

하나님은 인류를 구원하시기 위해 한 사람 의인 (벧전 3:18)을 죄로 정하여 (고후 5:21) 만인의 속전으로 죽게 하셨다 (딤전 2:6). 죗값은 죽음인데 (롬 6:23) 한 사람이 모든 사람을 대신하여 죽어 죗값을 치렀다. 한 의인이 모든 사람을 대신하여 죽었으므로 모든 사람이 죽은 것이다 (고후 5:14). 그러므로 그리스도의 죽음은 대리적 속죄이다. 예수 그리스도가 만인을 대신하여 피 흘림으로 만인의 죄가 용서되었다.

그리스도의 죽음이 대속적 죽음으로서 인류를 구속한 것임을 선지자를 통하여 미리 예언되었다. "그러나 실상은 그가 많은 사람의 죄를 지며 범죄자를 위하여 기도하였느니라 하시니라 (사 53:12).

### 8.5.2. 모든 믿는 자들의 죄를 속하기 위해 대신 죽었다 (히 2:13-17)

그리스도는 세상 모든 사람들을 위해 죽었다기보다는 믿는 자들의 모든 죄를 해결하기 위해서 죽었다. 웨슬리 (John Wesley, 1703-1791)에 의하면 그리스도의 죽음이 모든 사람의 죄를 제거한다 (The Works of John Wesley, V, 240; X, 318-22). 이 가르침은 로마교회와 알미니안 신학이 먼저 받아들인 것이다. 개혁신학에 의하면 택자들의 죄를 전가 받아 그리스도가 그들을 위해 죽었다.

### 8.5.3. 그리스도의 죽음은 죄의 세력을 궤멸하여 생명 도입

그리스도의 죽음은 죗값을 지불함이어서 죄의 세력이 궤멸(潰滅)되므로 죽음이 물러가고 생명이 도입된다 (롬 5:18-21; 6:22-23).

죗값은 죽음이므로 (롬 6:23) 그리스도가 만인의 죄를 대신하여 죽어 (벧전 3:18; 고후 5:21) 죗값을 지불하셨다. 그의 죽음은 대리적 죽음이어서 한 사람이 죽으므로 모든 사람이 죽은 것이 되었다 (고후 5:14; 딛 2:14). 그의 흘린 피가 속전이 되어 속죄하였다 (딤전 2:6; 히 9:12-18; 벧전 1:18-19).

예수 그리스도는 우리 죄를 위해 그의 몸을 드림으로 (갈 1:4) 죄를 제거하셨다 (요일 3:5). 죄가 제거됨으로 의가 세워졌다 (롬 5:9). 그러므로 더 이상 죄가 사망을 주장할 수 없게 되었다.

예수의 죽음은 하나님께 대한 순종이어서 의의 행동이다. 그의 순종에 의하여 우리는 영생에 이르게 되었다 (롬 5:18-21). 그러므로 그리스도가 부활에 이르고 그가 위해서 죽은 사람들도 부활에 이르게 되었다 (고전 15:21-22).

사망이 한 사람에 의해 인류세계에 도입되었는데, 한 사람 의인이 순종하므로 부활에 이르고 그리스도 안에서 모든 사람이 생명에 이르게 되었다 (롬 5:14-18; 고전 15:21-22). 왜냐하면 예수의 죽음은 죄에 대하여 죽은 것이기 때문에 그것이 의가 되어 하나님에 대해 살게 되었다 (롬 6:10).

그러므로 그리스도가 죄에 대하여 죽음으로 사망을 폐하셨다.

죽음을 폐하여 생명을 도입하셨다 (딤후 1:10). 즉 죄의 세력이 궤멸되므로 죄가 더 이상 죽음을 주장할 수 없게 되었다.

그리스도가 죄를 제거하였으므로 (골 1:14) 하나님이 그리스도를 살림과 동시에 우리를 살리고 죄를 사하셨다 (골 2:13-14). 그리고 우리에게 영생을 약속하셨다 (요일 2:25). 그 보증이 성령의 내주이다 (롬 8:11; 고후 1:22; 5:5; 엡 4:30).

## 제6절 구속에 대해 그릇된 현대신학

### 8.6.1. 슐라이어마허의 그릇된 견해

슐라이어마허 (Friedrich Schleiermacher, 1768-1834)는 구속을 예수 그리스도가 믿는 자들을 자기의 신의식으로 받아들임으로 이해하였다.

구속을 죄와 죽음에서의 속량이 아니라 예수가 갖는 무한한 신의식에 신자들을 수납하는 것으로 이해하였다. 구속주는 신자들을 자기의 행복 (Seligkeit)으로 받아들인다. 그는 이것을 구속주의 화해 행동으로 여겼다 (Der Christlicher Glaube, §100, §101). 이처럼 슐라이어마허는 구속을 신비적인 의식행동으로 이해하였다. 이 주장은 성경과 전적으로 배치되므로 배척되어야 한다.

### 8.6.2. 릿츨의 윤리적 견해

릿츨 (Albrecht Ritschl, 1822-1889)은 그리스도의 구속을 윤리적으로 이해하였다.

그에 의하면 하나님은 사랑이시므로 죄에도 불구하고 우리를 자기와 교제하도록 하신다. 그러므로 칭의란 죄의식을 제거하고 또 우리 죄가 하나님과의 교제를 방해한다는 생각을 제거하는 것이다. 이 칭의의 결과로 화해가 이루어진다. 화해는 믿는 자가 하나님과 새 관계에 서므로, 하나님에 대한 적대감이 화평의 관계로 바뀌고 예수의 가르침과 모범을 따라 사는 것이다 (Die christliche Lehre von der Rechtfertigung und Versöhnung, III, 505-507).

릿츨의 견해도 성경의 가르침과 전적으로 어긋나므로 배척된다. 객관적 그리스도의 구속사역을 죄인의 주관적 변화로만 보았다. 성경에 의하면 죄에서의 구속이 그리스도의 구원사역이다.

### 8.6.3. 발트의 주장: 신 존재 동참

칼 발트 (Karl Barth, 1886-1968)는 그리스도의 구속사역을 그리스도 자신 안에서 이루어진 신인연합을 통하여 피조물을 하나님의 존재에 동참시키는 것으로 보았다 (Kirchliche Dogmatik, IV/1, 7-74). 발트에 의하면 구원은 죄에서의 회복이 아니고 하나님의 존재에 동참하여 피조물의 한계를 넘어서는 것이다. 하나님은 사랑이시고 또 인간을 교제의 대상으로 지으셨으므로, 사람의 죄에도 불구하고 자기의 존재에 동참하도록 하신다. 이것이 화해라는 것이다.

발트의 견해도 성경적 근거가 없으므로 배척된다. 성경에 의하면 피조물이 하나님의 존재에 동참하여 신화(神化)하는 것은 원죄로 정죄되었다. 성경의 명백한 가르침과 정면 배치된다.

### 8.6.4. 라아너의 주장: 신 존재 통보로 신화됨

20세기 로마교회 신학자 칼 라아너(Karl Rahner)는 구원을 신적 존재를 통보받아 신이 되는 것으로 정의하였다.

라아너는 성육신의 목적을 죄에서의 구속이 아니라 인간의 신 되기(神化)를 위해 신적 존재를 나눠주기 위해서 이루어졌다고 주장하였다. 구원은 하나님의 존재를 통보받아 신이 되는 것이다 (die Schriften zur Theologie, X, 230; I, 185-219, 334-337. etc). 로마교회는 모든 구원과정의 종국을 인간의 신화에 둔다. 그러나 라아너의 신학에서 신은 창조주가 아니라 존재 자체이므로 인간이 신이 된다는 것은 어불성설이다.

이것은 성경이 원죄로 정죄한 것을 구원으로 보는 것으로서 성경과 정면 배치된다. 라아너에 의하면 신 존재를 통보받아서 인간 존재가 앙양된다고 하지만 신 존재는 창조주 하나님이 아니고 존재 자체라고 주장하는데 이런 존재 자체가 어떻게 존재를 통보할 것인가? 그의 신학에는 존재 통보도 없고 인간 존재의 앙양도 없다. 단지 입으로만 인간의 앙양을 말할 뿐이다. 이런 신학도 죄에서의 구속은 제거하고 인간의 앙양만 구하므로 배척되어야 한다.

제9장

# 그리스도의 죽음과 지옥강하

## 제1절 그리스도의 죽음과 장사지냄

### 9.1.1. 그리스도의 죽음은 믿는 자들의 죄과를 속량하는 사역이다

전가 받은 죗값을 지불하기 위하여 만인을 대신하여 그리스도가 죽으셨다.

### 9.1.2. 죽음에서 그리스도의 영혼과 육체가 분리되었다

그리스도는 십자가 처형으로 죽었으므로 완전한 죽음이다. 곧 그의 영혼과 육체가 분리되었다. 로마 병사에 의해 사망 확인이 이루어졌다.

### 9.1.3. 로고스의 인격은 죽음에서도 인성과 연합을 계속

몸과 영혼이 분리된 상태에서도 로고스의 인격은 그가 취택한 인성과 인격적 연합(unio personalis)을 계속하였다.
그리스도의 인격적 연합이 해소되었다면 아버지의 작정하신 언약이 수립되지 못하여 우리가 여전히 죄 가운데 있게 되었을 것이다 (Gaspar Olevianus, libri duo. genevae, 1585, 58-59).

그리스도는 인성과의 연합에서 구원을 성취하였기 때문에 죽음에서도 인성 곧 영혼과의 연합을 계속하였다.

### 9.1.4. 그리스도는 부자의 무덤에 묻힘

그리스도는 장례되어 (마 27:57-66; 막 15:42-47; 눅 23:50-56; 요 19:38-42) 부자의 무덤에 묻힘으로 이사야의 예언을 성취하였다. "그 무덤이 악인과 함께 되었으며 그 묘실이 부자와 함께 되었도다" (사 53:9).

이로써 그리스도는 이사야가 예언한 구속주로서 속죄제사를 완수하였음을 증명하였다 (사 53:3-12).

### 9.1.5. 그리스도는 장례되어 사흘 동안 무덤에 머물렀다

사흘 동안 무덤에 장사됨은 예수 자신의 예언 (마 12:40; 16:4)대로 이루어졌고 요나가 예표한 대로였다 (욘 1:17).

이 사실을 바울은 성경대로 제 삼일에 다시 살아났다고 하여 예언의 성취로 (호 6:2) 확증하였다 (고전 15:3-4). 사흘 동안 무덤에 머물렀으므로 그의 죽음은 완전한 사망이었다. 기절이나 혼수상태가 전혀 아니다.

### 9.1.6. 그는 죽음의 상태에서 사흘 동안 죽은 자들의 세계에 속하였다

예수의 죽음은 자기의 백성들의 죄과에 대한 형벌을 지는 죽음이었다. 사흘 동안 예수는 죽은 자의 세계에 속하였다. 그가 무덤에 누우시므로 죽음의 저주를 우리에게서 제거하여 휴식의 처소가 되게 하였다.

### 9.1.7. 그리스도의 신격은 영혼과 함께 하늘에, 몸은 무덤에

그리스도의 신격은 자기의 영혼과 함께 하늘에 있었고 (눅 23:43) 그의 몸은 무덤에 있었다. 장례와 무덤에 누워 있음이 비하 상태의 마지막 정점이다.

### 9.1.8. 그리스도는 썩음과 해체를 보지 않음

하나님의 거룩한 자는 몸의 썩음과 풀어 없어짐을 보지 않았다 (시 16:10; 행 2:31).
이것도 그리스도의 거룩한 속죄제사의 연장이므로 미리 예언되었다. "이는 내 영혼을 음부에 버리지 아니하시며 주의 거룩한 자로 썩지 않게 하실 것임이니" (시 16:10). 이 예언대로 성취되었다.

## 제2절 지옥강하 (descensus ad inferos)

### 9.2.1. 초기 로마형의 사도신경에는 지옥강하가 없음

사도신경의 로마교회 형식에 의하면 (sec. ordinem Romanum) "음부에 내려가시고" [descendit ad inferna (inferos)]로 되어 있다. 그러나 초기 로마형식인 루피누스 형식 (sec. Rufinum, forma Romana)에 의하면 "장사되시고"(sepultus)로만 되어 있고 "음부에 내려가시고"는 없다. 또 예루살렘의 퀴릴로스 (Kyrillos, Cyrill)의 요리문답 본문에도 "장사되시고"(Και ταφεντα)로만 되어 있다 (Catecheses, VI-XVIII, c. 348).

#### 9.2.1.1. 희랍교회는 지옥강하 주장

희랍교회는 그리스도의 신성이 영혼과 함께 음부에 가서 거룩한 조상들의 영혼들을 해방하여 십자가에 못 박힌 강도 (눅 23:40-43)와 함께 그들을 낙원으로 옮겼다고 가르친다. 이렇게 그리스도의 지옥강하 (descensus ad inferos)를 당연한 진리로 가르친다.

#### 9.2.1.2. 로마교회는 조상림보로 가서 조상들 해방 주장

로마교회는 가르치기를 그리스도가 음부 곧 조상림보 (limbus patrum)로 가서 구속의 소망 중에 고통 없이 살고는 있지만 신 직관 (神直觀)은 못하는 영혼들을 해방하고, 승리자로서 귀신들을 쳐서 믿는 자들의 영혼들을 끌어내 왔다고 한다 (Thomas Aquinas, Summa Theologica, IV, Q. LXX, Art. 1-4).

　가. 희랍정교회와 로마교회의 가르침에 의하면 그리스도 이전의 신자들은 구원에 이르지 못한 것이 된다.

　나. 그러나 구약성도들에게 중보자의 의 곧 구속사역이 전가되어 구원에 이르렀다. 곧 그리스도의 십자가의 피가 시간에 역행해서 구약성도들에게 적용되고 또 그들의 제사에 적용되어 그들이 구원에 이르렀다 (히 11:40).

　다. "저가 또한 영으로 옥에 있는 영들에게 전파하니라" (벧전 3:19)는 베드로의 가르침은 다음과 같이 이해해야 한다.

　영으로 노아홍수 때의 극악한 자들에게 가서 복음을 전파함이 아니고, 그가 영의 권세로 구속사건을 그들에게 알리심을 뜻한다. 곧 그리스도가 죽으시고 부활하사 승천하시므로 그의 구속사역이 옥에 갇혀 있는 악한 자들에게까지 선포됨을 말한다. 다시 말하면 그리스도의 구속사건은 전 우주적 사건이므로 이것이 지옥에 있는 영들에게까지 선포되었음을 말한다.

　라. 그리스도의 영혼이 희생제물이 되었지만, 그렇다고 버림받은 자들의 자리인 지옥에 갈 수가 없다.

　마. 땅 아래 곳으로 내림은 지옥강하를 뜻하지 않고, 성육신 강하 (降下)와 땅속에 묻힘을 뜻한다. 그리고 사로잡힌 자를 사로잡는 것은 구속으로 인한 해방을 뜻한다 (엡 4:8-10). 그리스도가 사로잡힌 자들을 해방하기 위해서 오셨기 때문이다.

### 9.2.2. 루터교회의 가르침: 지옥에서 승리의 행진 주장

루터교회는 그리스도가 제 삼일에 그의 육체와 영혼으로 지옥에 가서 거기서 사탄과 마귀들에게 그의 승리를 알리고 승리의 행진을 하였다고 한다. 그러므로 그리스도가 한동안 지옥에 있었다고 생각해야 한다는 것이다 (Heinrich Schmid, Die Dogmatik der evangelisch-lutherischen Kirche, 246).

#### 9.2.2.1. 루터교회에 의하면 지옥강하가 높아지심의 첫 단계이다
(H. Schmid, die Dogmatik, 246)

이것은 높아지심이 아니다. 높아지심은 부활로 시작한다. 왜냐하면 영육의 분리는 죽은 자의 세계에 속하기 때문이다.

#### 9.2.2.2. 옥에 가 있을 때 영혼과 육체는 분리되었는데 그 분리 상태는 높아지심이 아니다

영혼과 육체가 분리되어 있을 때는 죽은 자의 상태이므로 결코 높아지심의 단계가 아니다.

### 9.2.3. 개혁신학의 가르침; 지옥강하: 십자가상의 죽음과 땅에 묻힘으로 이해

지옥강하는 그리스도가 그의 영혼으로 친히 지옥에 가신 것을 뜻하지 않는다. 그것은 십자가상의 고난의 극치와 죽음과 땅에 묻힘을 말한다.

### 9.2.3.1. 칼빈은 낮아지심의 극치로 이해

칼빈의 해석에 의하면 지옥강하는 십자가상의 고난과 죽음의 극치 곧 땅에까지 묻힌 비하를 말한다 (Institutio, II, 16, 8. 10. 11).

### 9.2.3.2. 그리스도의 영혼은 저주받은 자들이 있는 곳에 갈 수 없다

대리적 속죄이므로 그의 영혼이 속죄제물이 되었어도 그로 인해 버림받은 것이 아니다. 이미 지옥에 가 있는 자들은 저주받아 상실되었기 때문에 그들에게 친히 가셔서 구원하실 필요가 없다.

### 9.2.3.3. 십자가 사건이 영의 권세로 지옥에 알려짐을 뜻함

그리스도의 구속이 전 우주적인 사건이어서 십자가 사건이 영의 권세로 지옥에까지 알려짐을 뜻한다 (벧전 3:19).

### 제 10장

# 그리스도의 부활과 승천

(resurrectio et ascensio Christi)

## 제1절 부활 (resurrectio Christi)

그리스도의 부활은 구속이 성취되었음을 하나님이 선포하신 것을 뜻한다. 그러므로 인류 구속을 위해 죽은 예수를 주와 그리스도로 삼으심을 뜻한다 (행 2:36). 이제 예수 그리스도의 이름으로 죄가 용서되며 성령을 받을 수 있게 되었다 (행 2:38).

그의 부활은 타락한 인류가 새 인류가 되어 하나님의 백성이 되고 (계 1:5-6) 하나님의 거소가 되게 하였다 (계 7:15). 이렇게 하여 하나님의 처음 창조경륜이 이루어지게 되었다.

부활이 이루어지므로 그리스도의 죽음이 하나님의 구속사역으로 확정되었다. 그의 부활은 죗값을 치르고 난 다음에 따라오는 필연적 귀결이다. 그가 죗값을 치르고 나므로 죄의 세력이 궤멸되어 죽음의 자리에 생명이 들어왔기 때문에 예수 그리스도가 부활하였다.

그리스도의 부활은 한 개인이 죽은 자들 가운데서 살아나는 정도가 아니라, 새 인류의 대표가 부활하므로 죽음을 멸하고 생명의 새 세상이 창조된 것을 뜻한다. 그의 부활로 인류가 새 인류가 되며 마침내 온 창조까지 변환에 이를 것이다. 부활은 재창조의 시작이다.

그리스도의 부활은 그의 십자가 죽음과 무덤에 묻힘 이후의 낮아지심에서 높아지심에 이르는 과정이다.

### 10.1.1. 부활의 근거

예수 그리스도가 무죄자로서 인류를 대신하여 죽어 죗값을 지불하므로, 죄의 세력이 궤멸 (潰滅)되어 죽음이 물러가므로 주 예수가 부활하였다. 죄 때문에 죄에 대하여 죽으므로 죽음을 폐하고 생명을 들여왔다 (딤후 1:10). 죄의 세력이 궤멸되므로 죄가 더 이상 죽음을 주장할 수 없게 되었다. 이처럼 그리스도가 그의 죽으심으로 죄를 제거하였다 (골 1:14).

죽음이 더 이상 왕 노릇할 수 없게 되었으므로 하나님이 그리스도를 살리셨다 (행 2:24, 31-32; 3:15; 4:10; 5:30; 10:40; 13:30, 33-34, 37; 17:31; 롬 4:24-25; 8:11; 10:9; 고전 6:14; 15:15; 갈 1:1; 엡 1:20; 골 2:12; 살전 1:10; 벧전 1:21). 즉 그리스도가 살아나셨다. 그의 죽음은 죄인을 위한 의의 행동 곧 순종이었으므로 그가 부활하였다 (롬 4:25; 5:18-19).

의는 하나님 앞에서 살 수 있는 생존권을 말하는데 이 생존권의 획득을 위한 행동이 바로 그의 죽음이었다. 그의 피 흘려 죽으심이 죗값을 갚으심이기 때문이다. 그러므로 구원중보자인 예수 그리스도가 부활하셨다.

### 10.1.2. 부활자

#### 10.1.2.1. 영체로 부활

그리스도의 영혼과 육체가 그의 신적 인격에 합쳐져서 하늘 곧 하나님의 영광 앞에서 살 수 있는 영체 (靈體)로 부활하였다. 그리스도는 부활로 살려주는 영이 되어 생명의 주가 되셨다 (고전 15:45).

#### 10.1.2.2. 새 인류의 머리로 부활: 우리의 부활 보장

그리스도의 부활은 새 인류의 머리로서 부활함이므로 우리의 부활을 결정하고 보장한다 (롬 8:34; 고전 15:22-23; 고후 4:14; 골 2:12-13; 3:1; 엡 2:5-6). 그리하여 그는 부활자로서 부활의 첫 열매 (ἀπαρχὴ τῶν κεκοιμημένων)가 되셨다 (고전 15:20). 그리스도는 잠자는 자들의 첫 열매로 부활하므로 모든 인류의 부활을 보장하고 결정하셨다.

하나님은 우리의 부활의 보증 (ἀρραβών)으로 그리스도의 영을 우리 마음에 보내사 우리의 부활을 확실하게 하신다 (롬 8:11; 고후 1:22; 5:5; 엡 1:13-14; 4:30).

#### 10.1.2.3. 그의 인성은 하나님의 현시기관이 됨

그의 인성 곧 몸과 영혼은 하나님의 현시기관이 되었다 (계 1:13-18). 그리스도의 부활은 영혼과 육체가 합치는 정도가 아니라 피조물이 이를 수 있는 최상의 단계에 도달한 것이다. 그러나 몸과 인격의 동일성을 유지한다 (마 28:9; 막 16:9; 요 20:15-17, 20; 21:1-7, 12; 계 1:13, 18). 그는 십자가에 못 박히고 장사된 그 동일한 몸으로 부활하셨다. 부활은 새 창조 (nova creatio)가 아니고 재창조(recreatio)이기 때문이다.

### 10.1.2.4. 부활로 하나님의 존재방식으로 돌아감

그리스도의 부활은 그의 낮아지심의 상태를 벗고 하나님으로서의 존재방식으로 돌아감이므로 높아지심 곧 승귀 (昇貴)의 첫 단계이다.

가. 루터교회는 이와 반대로 높아지심의 첫 단계를 지옥에 내려가심으로 본다.

왜냐하면 지옥강하에서 그리스도가 사탄과 정죄받은 영들에게 자신을 승리자로 보여주었기 때문이라고 한다 (Heinrich Schmid, die Dogmatik, 246).

나. 로마교회도 높아지심의 첫 단계를 지옥에 내려가심으로부터 친다.

왜냐하면 그리스도가 옥에 갇혀 있는 구약백성들을 해방하였기 때문이라고 한다. 그러나 몸과 영혼이 분리되어 있어서 죽은 자의 상태에 있을 때에는 아직 높아지심이라고 할 수 없다.

### 10.1.2.5. 그리스도는 부활로 본래 하나님의 영광과 권세로 돌아감

루터교회는 부활이 그리스도의 인성의 편재 (omnipraesentia)와 전지 (omniscientia)와 전능 (omnipotentia)을 가져왔다고 주장한다. 인성이 신화되어 편재하게 되었다는 것이다. 이것은 성육신의 부정이 된다. 피조물은 편재할 수 없고 속성 변화도 일어날 수 없다.

그리스도는 부활로 신인위격으로 하나님의 보좌로 가셨으니 하나님의 영광과 권세로 복귀하심이다.

### 10.1.2.6. 부활로 생명의 주가 되심

그리스도는 그의 부활로 죽음을 정복하고 새 생명을 들여오므로 생명의 주가 되셨다 (행 2:31; 롬 5:17, 21; 6:23; 8:2; 고전 15:22; 고후 4:10-11; 골 3:3-4; 딤후 1:1, 10; 요일 5:11-12, 20; 계 1:5, 17-18).

이제 사람들이 죽고 사는 것은 전적으로 예수 그리스도에 의해 결정되게 되었다 (계 1:18).

### 10.1.2.7. 부활로 천지의 대주재가 되심

부활로 예수 그리스도는 천지의 대권을 받은 주 (κύριος, Dominus)가 되셨다 (마 28:18; 행 2:33, 36; 5:31; 10:42; 롬 14:9; 고후 4:5; 빌 2:9-11; 골 1:17-18; 벧전 3:22).

따라서 예수 그리스도는 부활로 구약의 여호와 칭호인 주 (Adonai, κύριος, Dominus)를 공적으로 고백 받게 되었다. 그러므로 초대교회는 시작부터 예수를 주 곧 주 예수라고 불렀다 (행 1:6, 21, 24; 2:36, 47; 4:33, etc).

### 10.1.2.8. 부활의 권세로 인류와 창조를 변화시킬 것임

그리스도는 자기의 부활의 권세로 인류를 새 인류로 변화시킬 뿐만 아니라 마침내 모든 창조를 변환시킬 것이다 (행 3:21; 롬 8:21; 고후 5:17; 벧후 3:4-7; 계 21:5).

그리스도는 지금은 부활의 새 생명으로 거듭나게 하여 새 인류를 만들지만 종말에는 부활의 권세로 새 인류를 완성한다. 그리고 모든 창조를 변환시켜 부활체가 살 수 있는 세상으로 만든다.

### 10.1.3. 부활 후 40일

부활자는 옛 세계의 질서로 돌아오신 것이 아니고 새 세계의 거주자로 오셨다. 이것이 40일간 제자들이 부활자를 이해하지 못하고 오해한 점이다. 몸과 인격의 동일성이 유지되어도 이전의 방식으로 사시지 않으므로 제자들의 의심이 많게 되었다. 전과 같이 계속적으로 같이 식사하고 같이 걷고 이전처럼 동일하게 사실 줄 알았는데 그러지 않았다.

### 10.1.3.1. 새 세계의 거주자로 돌아오심

부활은 옛 세계의 질서로 회복된 것이 아니었다. 그리스도는 옛 세계로의 회복이 아니고 새 세계의 질서로 곧 새 세계의 거주자로 오셨다.

그는 몸과 인격의 동일성을 유지해도 이전의 방식으로 살지 않았다. 따라서 제자들이 부활자를 이해할 수 없었다. 만난 후 헤어지면 그것으로 그만이어서 어떻게 된 것인지 알 길이 없었다.

도마는 부활자의 몸과 흉터를 자기 손으로 확인함으로 믿으려고 하였다 (요 20:25). 만나보니 몸과 인격이 전적으로 전과 동일하지만 이전의 방식으로는 사시지 않았다. 그러므로 오히려 의심하는 자가 많았다고 보고하고 있다 (마 28:17).

### 10.1.3.2. 부활자의 현현

부활자의 현현은 몇 번 있었는가? 부활자의 계시는 보통 12회로 계산되어 왔다.

막달라 마리아, 다른 여인들, 베드로, 여덟 제자들, 도마와 다른 제자 모임 시, 갈릴리 해변에서 베드로, 도마, 나다나엘, 요한과 야고보와 다른 두 제자 등 일곱 명의 제자들, 엠마오로 가는 두 제자들, 하늘로 올라가실 때 오백 명의 무리와 바울에게 현시하셨고, 바울의 글에 의하면 야고보에게도 나타났다 (고전 15:7-8).

복음서와는 달리 바울의 증인 목록에는 여인들이 없다. 복음서에는 부활자의 첫 증인들이 여인들인데 바울의 글에는 빠져 있다. 그리고 베드로가 공식적으로 부활자를 처음 만난 것으로 기록하고 있다. 여인들이 부활자의 증인인 것을 확실한 것으로 인정하지 못한 것이다.

베드로는 본래 제자단의 수제자였지만 예수의 부활 후에도 부활자의 첫 목격자와 증인됨으로 수제자로서의 권위가 성립하는 것으로 본다. 따라서 베드로가 수사도이고 12명을 대표한 대표자이다.

### 10.1.3.3. 부활자의 계시는 그리스도가 하나님이심을 현시함

요한의 글에 의하면 부활 전에도 그리스도는 그의 영광을 나타내셨다. 아버지의 독생자의 영광과 은혜와 진리가 충만하였다 (요

1:14-18). 예수 그리스도가 하나님의 성육신이기 때문이다. 많은 사람들이 사도 요한이 그리스도를 본 것처럼 그리스도를 볼 수 없었다. 참 믿음을 가지고 보는 사람들만이 그리스도가 부활 전에도 하나님의 아들이고 하나님이심을 볼 수 있었다. 그러나 부활 전에는 그를 확실하게 알 수 없었다.

언제 그리스도가 하나님이심, 하나님의 아들이심이 완전히 현시되었는가? 부활로 현시되었다. 복음서들(마태, 마가, 누가)이 다 예수의 출생부터 연대기적으로 기록한 것 같아도 초점은 부활 후 그의 영광의 빛에서 복음서를 기록하고 있다.

그뿐만 아니라 바울에게 그리스도가 나타나심으로 그가 하나님이시고 창조 중보자이시며 또한 이스라엘이 바란 구속주이신 것이 분명하게 나타났다 (행 9:1-19; 롬 9:5; 빌 2:6; 골 1:15-17).

주 예수의 부활은 단지 한 사람만의 부활이 아니다. 어떤 개인이 죽은 자들 가운데서 죽었던 몸을 이끌고 나온 정도가 아니다. 그의 부활은 하나님으로서의 신분 확증이다.

### 10.1.3.4. 부활 후 하늘에 오르심이 필연적

이제 부활자는 옛 세계의 질서로 돌아오신 것이 아니고 새 세계의 질서로 돌아오셨으므로 옛 질서의 세계에서 항속적으로 살 수가 없었다.

따라서 그리스도의 부활의 필연적 귀결은 하늘에 오르심이다.

### 10.1.4. 그리스도의 부활을 부인하는 주장들

근세신학은 하나님의 성육신을 믿지 않고 부인하며 대리적 속죄의 죽음도 부인하므로 부활도 부인한다.

초대교회의 첫 이단인 에비온파는 하나님의 성육신은 믿지 않고, 단지 예수는 특히 유덕한 인물로서 세례 받을 때 하나님의 특별 은혜가 임하여 기적들을 행했다가 죽은 후 부활하여 하나님의 아들로 입양되었다고 주장하였다. 그러나 그들은 그의 부활은 믿었다.

근세신학은 하나님의 성육신을 거부하기 때문에 그의 부활도 전적으로 거부한다.

### 10.1.4.1. 슐라이어마허의 주장: 부활은 그의 인격의 구성요인 아님

근세신학의 아버지인 슐라이어마허 (Friedrich Schleiermacher, 1768-1834)는 그리스도의 부활과 승천이 그의 인격에 관한 교리의 구성적 부분으로 세울 수 없다고 주장한다. 그는 다음과 같이 부활과 승천에 대한 반대 견해를 진술한다 (Der Christliche Glaube, § 99, 1. 2).

그의 제자들은 예수 그리스도 안에서 하나님의 아들을 인정하였지만, 그의 부활과 승천에 대하여 조금의 예감도 없었다고 주장한다. 하나님의 우편에 앉음은 그리스도의 특수하고 비교 불가능한 존엄성을 표현하는 것이지 가시적 부활과 승천에 근거한 것이 전혀 아니라고 한다. 그리스도의 부활은 그 안에 있는 하나님의 존재와 전혀 무관하며 그 안에 신적 거주와 전혀 상관이 없다고 주장하여 부활을 전적으로 불가능한 것으로 배제하였다.

부활, 승천 등은 원래적인 요소들에서 유래된 것도 아니라는 것이다. 그리스도가 죽은 자들로부터 부활하여 승천하였다는 것은 결론할 수 없고 단지 이런 것들은 성경에 있기 때문에 수납된 것뿐이라는 것이다. 그리고 그리스도의 부활, 승천 같은 것은 내적인 것을 외적 지각으로 표현하고 있는 것뿐이라고 슐라이어마허는 단정한다.

### 10.1.4.2. 릿츌의 부활 부정

근세신학의 완성자인 A. 릿츌 (Albrecht Ritschl, 1822-1889)도 완전한 내재신학자이므로 그리스도의 부활을 부인한다.

예수 그리스도는 하나님의 성육신이 아니고 단지 마리아에게서 낳은 정상적인 한 역사적인 인물일 뿐이다. 마리아가 하나님을 낳을 수 없다. 그러므로 예수 그리스도는 하나의 완전한 인간으로 출생하였다는 것이다 (Rechtfertigung und Versöhnung, III, 365).

예수 그리스도를 주라고 하는 것은 인간 그리스도의 우위성을 표기하는 것뿐이고, 그의 신성이라는 것은 그의 인격의 영원한 의미의 표현이다 (Rechtfertigung und Versöhnung, III, 375-376). 릿츌은 그리스도에게 부활이 있을 수 없다고 단정하고서 그의 수난만을 다룬다.

### 10.1.4.3. 불트만의 부활 부정: 부활 선포만 있음

R. 불트만 (Rudolf Bultmann, 1884-1976)은 20세기 대표적 자유주의자로서 부활을 십자가의 의미라고 하여 역사적 사실적 부활을 전적으로 부정하였다.

불트만은 자유주의 신학으로 자라고 그 신학을 대변하였다. 따라서 신약의 예수 그리스도의 성육신, 대속적 죽음, 부활 등을 다 신화로 여겨 비신화화와 실존적 해석을 하였다. 신약에 나타난 인간 이해를 현대인에게 전하는 것을 그의 신학활동의 전부로 삼았다.

불트만에 의하면 예수가 미래 심판을 할 인자로 자신을 이해했다면, 그것은 신화의 빛으로 자신을 이해한 것이다. 예수가 인자 곧 세상의 심판자로서 구원하고 심판하기 위해서 하늘 구름을 타고 돌아온다고 하는 초대교회의 주장도 그의 인격을 신화적으로 본 것이라고 한다.

성령으로 잉태하고 동정녀에게서 낳은 것도 신화적으로 본 것이다. 선재한 하나님의 아들이 사람의 모양으로 내려와 인류를 구원한다는 것도 그노시스주의적인 구속 신화이다. 선재한 하늘의 존재가 우리의 구원을 위해서 사람이 되고 자신에게 고난과 십자가의 죽음을 입혔다는 것도 신화라는 것이다 (Jesus Christ and Mythology, 16-17; Kerygma and Myth, 1-3).

부활도 부활절의 이야기를 예수의 생애로 역투사한 것이다 (Theology and The New Testament, 26). 즉 하나님의 아들이 하늘에 계시다가 땅에 내려오셔서 열 달 동안 여인의 몸에 있다가 사람으로 나오고 삼년 동안 순회 전도를 한 후에 십자가에 못 박혀 죽었다. 또 그의 피가 사람의 죄를 씻었다는 주장이나 죽은 자가 삼일 만에 시체를 끌고 무덤 밖으로 나온 것 등은 다 신화라는 것이다. 예수는 십자가상의 죽음으로 끝난 존재라는 것이다.

그러나 제자들이 그를 부활했다고 선포하므로 믿음으로 부활을 받아들인 것뿐이다. 즉 그는 실제로 부활한 것이 아니고 부활하였다고 믿는 것이 부활이라는 것이다.

### 10.1.4.4. 몰트만의 부활 부정: 예수의 미래를 예상한 것임

몰트만 (Jürgen Moltmann)은 그리스도의 부활을 미래 하나님의 영광에서 예수의 미래를 예상한 것이라고 한다. 이 견해에 의하면 전통적 신학에서 말하는 그리스도의 재림과 심판 등은 다 신화이다.

몰트만에 의하면 예수 그리스도의 부활도 반복할 수 있는 것이 아니어서 검증할 수 없는 것이다. 그것은 환상을 본 것이고 미래를 미리 반성한 것이고 앞으로 올 것을 묵시적으로 예상한 것이다. 묵시록적인 소망의 상징을 취택한 것일 뿐이다. 예수의 십자가 처형을 진지하게 다루면, 예수가 죽은 후에 다시 살아난다고 생각할 수가 전혀 없다 (Trinität und Reich Gottes, 100-102). 요약하면 예수의 육체적, 인격적 부활은 신화일 뿐이라는 것이다.

### 10.1.4.5. 라아너의 부활 부정: 구주란 주장이 승리한 것이라고 함

라아너 (Karl Rahner, 1904-1984)는 20세기 로마교회의 대표적 신학자로서 바티칸 공회의의 신학을 완전히 현대화하였다.

그는 예수의 부활이라는 것은 예수가 자신이 절대적 구주라고 주장한 것이 승리한 것이라고 말한다. 라아너는 예수 그리스도를 하나님의 성육신으로 받는 것을 신화로 여긴다. 따라서 예수의 부활도 사실로 일어날 수 있는 사건이 아니라는 것이다. 빈 무덤은 그 자체로 부활의 의미와 실재를 증거한 것이 아니다. 부활은 시간과 공간의 삶과 실존으로 돌아옴이 아니다. 즉 부활은 죽은 시체의 소생이 결코 아니라고 한다.

예수의 부활은 그의 인격의 항속적 타당성 곧 자기를 절대적 구주로 주장한 것의 승리를 뜻한다고 한다. 예수가 부활했다는 것은 그의 삶이 정당성을 획득했다는 것이다. 예수는 제자들의 믿음 안으로 부활하였다는 것이다 (Grundkurs des Glaubens, 261-263).

### 10.1.4.6. 발트의 부활 부장: 인간 예수를 하나님의 아들로 인정함임

발트 (Karl Barth, 1886-1968)는 부활은 인간 예수를 하나님의 아들의 자리에 앉힘이라고 주장한다.

발트에 의하면 예수 그리스도는 역사적으로 나서 살다가 죽음으로 끝난 존재일 뿐이다. 그런데 예수는 하나님의 은혜로만 하나님의 아들이다. 예수는 하나님의 영원경륜의 대상이고 모든 신적 길들과 사역의 시작이다. 이 면에서 있어서 예수는 태초에 하나님과 함께 즉 그의 경륜 안에 있었으므로 그의 신성에 동참한다는 것이다 (Kirchliche Dogmatik, II/2, 129-130).

예수 그리스도는 하나님의 성육신이 아니고 하나님의 경륜의 시작이다. 곧 그로 말미암아 하나님이 인류를 구원하기로 작정하셨다. 구원은 죄와 사망에서의 구출이 아니고 하나님의 존재에 동참이다. 그러므로 그가 하나님의 유일한 말씀이고 이 존재의 동참을 이루었으므로 참 하나님이라고 한다 (KD, IV/1, 51-54).

하나님의 제 2 위격, 그리스도로서는 구주 하나님과 일치시킬 수가 없다. 예수 그리스도는 순전히 역사적인 인물로 구원을 이루었다 (KD, IV/1, 55). 그러므로 하나님의 아들이라고 하는 것은 인간 예수를 말하는 것이지 영원한 로고스로 연결시키는 것은 불가능하다는 것이다 (KD, IV/1, 70).

예수는 순전히 역사적인 인물이지만 구원을 이루었기 때문에 하나님의 영원한 말씀이고 하나님의 아들이다. 그가 죽은 후에 부활이 전통적인 의미로 일어난 것이 아니다 (KD, I/1, 408).

그리스도의 부활은 그의 수난이 말로 표현된 것이고 (KD, I/2, 123) 하나님이 시간 안에 현존함을 말한다. 곧 영원한 현존을 뜻한다 (KD, I/2, 126). 부활을 증거함은 일정한 과거 시간에서 일어난 사건을 회상하는 것이고 그 부활은 과거 사실이 아니라는 것이다 (KD, I/2, 127).

그러면 발트는 부활로 무엇을 뜻하는가? 부활은 사람 예수를 하나님의 아들의 자리에 앉힘이라고 말한다 (KD, I/2, 218).

## 제2절 그리스도의 하늘에 오르심 (승천, 昇天, ascensio Christi)

(막 16:19; 눅 24:50-53; 요 20:17; 행 1:2, 9-11; 2:33; 7:55-56; 엡 1:20-21; 4:8-10; 골 3:1; 히 1:3; 4:14; 8:1; 9:24; 10:12; 12:2; 딤전 3:16; 벧전 3:22)

### 10.2.1. 하늘에 오르심 (ascensio ad coelos)

#### 10.2.1.1. 승천은 하늘로 장소적 이동임

승천은 부활자가 신인위격으로서 하늘로 장소적 이동인데 상태의 변화도 포함한다.

부활자가 부활자로서 하늘의 영광을 나타냈다. 사도 요한이 밧모

섬에서 부활하신 그리스도를 보면서 그의 영광 때문에 거꾸러졌다. 그러나 그런 영광은 (계 1:13-17) 재세 기간에는 현시되지 않았다. 또 부활자가 다메섹에서 바울에게 나타나실 때 나타내신 그런 영광과 광채도 부활 직후에는 나타내지 않았다 (행 9:3-8).

승천은 신인위격이 완전한 신적 영광으로 복귀하신 것이다. 승천은 이처럼 상태의 과격한 변화를 동반할 뿐 아니라 그리스도가 그의 몸으로 하늘로 가심이다.

### 10.2.1.2. 루터교회는 승천은 상태의 변화 곧 인성의 편재라고 함

루터교회는 그리스도의 승천을 완전한 상태 변화 곧 인성의 신화(神化)로 이해한다.

그리스도의 높아지심의 상태는 육신의 연약함을 벗고서 받은 신적 위엄 (majestas)을 완전히 사용한 것으로 이해한다. 공식적으로 종의 신분과 육체의 모든 연약함을 벗고 신인연합으로 전달된 신적 위엄을 충분히, 보편적으로 또 끊임없이 사용하는 것이라고 정의한다 (Emanuel Hirsch, Hilfsbuch Zum Studium der Dogmatik, 1937, 331-332). 신성의 전달된 속성을 완전히 활용하므로 편재와 전지와 전능이 이루어짐을 승천으로 말한다.

인성은 편재하지 못한다. 전지할 수도 없다. 그러므로 그리스도의 인성의 편재와 같은 것은 발생할 수 없다. 그리스도의 승천은 하나님의 보좌로 장소적으로 이동해 가심을 뜻한다.

일부 루터파 신학자들은 장소적 이동을 인정하여 감람산에서 가시적으로 구름을 지나 하나님의 보좌로 가심도 말한다.

### 10.2.1.3. 보좌 자체로 이동해 가심

승천으로 그리스도가 가신 곳은 구원자들과 천사들이 있는 곳이고 하나님의 보좌 자체이다 (행 2:33; 7:55-56; 롬 8:34; 엡 1:20; 골 3:1; 히 1:3; 8:1; 10:12; 12:2; 벧전 3:22).

### 10.2.2. 승천은 속죄제사의 완성이다

"그리스도께서는 참 성소의 그림자인 손으로 만든 성소에 들어가지 아니하시고 오직 참 하늘에 들어가사 이제 우리를 위하여 하나님 얼굴 앞에 나타나시고" (히 9:24; οὐ γὰρ εἰς χειροποίητα ἅγια εἰσῆλθενό Χριστός, ἀντίτυπα τῶν ἀληθινῶν, ἀλλ᾽ εἰς αὐτὸν τὸν οὐρανόν, νῦν ἐμφανισθῆναι τῷ προσώπῳ τοῦ θεοῦ ὑπὲρ ἡμῶν). 이 말씀대로 그리스도는 승천하여 하나님 얼굴 앞에 나타나시어 그의 피 흘려 속죄사역을 이루었음을 보고하셨다.

그리스도는 골고다에서 구속을 다 이루시고 그 구속사역을 아버지 앞에 보고하셨다. 피 흘린 그 몸으로 그리스도가 아버지의 얼굴 앞에 나타나시므로 속죄제사를 완성하셨다. 하나님이 자기의 얼굴 앞에 바쳐진 속죄제사를 받으셨기 때문이다. 아버지가 그리스도의 몸으로 드린 속죄제사를 기뻐 받으시므로 세상 구속을 완료하셨다.

속죄제사의 완성의 표가 성령을 파송하심이다 (행 2:33). 그러므로 그리스도의 승천은 속죄제사의 완성이다.

### 10.2.3. 승천은 하나님의 보좌 우편에 앉으심이다 (행 2:33; 7:55-56; 롬 8:34; 엡 1:20; 골 3:1; 히 1:3; 8:1; 10:12; 12:2; 벧전 3:22; 계 3:21)

보좌의 우편은 하나님의 통치의 자리를 말한다. 곧 보좌의 우편에 앉으심은 하나님의 통치권의 행사를 말한다. 중보자로서 천지의 대권을 받으시어 통치하심이다. 중보자로서 하나님의 우편에 앉으심은 하나님의 통치를 행사함이다.

하나님으로서는 천지의 통치를 계속하셨지만, 중보자의 위격으로 곧 인성을 입으신 분의 신분으로 천지의 대권을 받아 천지를 다스리심을 뜻한다.

### 10.2.4. 통치의 시작이 성령을 보내심이다 (행 2:33)

"하나님이 오른손으로 예수를 높이시매 그가 약속하신 성령을 아버지께 받아서 너희 보고 듣는 이것을 부어주셨느니라"(행 2:33, τῇ δεξιᾷ οὖν τοῦ θεοῦ ὑψωθείς, τήν τε ἐπαγγελίαν τοῦ πνεύματος τοῦ ἁγίου λαβὼν παρὰ τοῦ πατρός, ἐξέχεεν τοῦτο ὃ ὑμεῖς [καὶ] βλέπετε καὶ ἀκούετε).

그리스도가 통치를 시작하심이 성령을 보내심이다. 그리하여 그리스도가 성령파송자가 되셨다. 동방교회의 신학처럼 성령이 아버지로부터 직접 세상에 오심이 아니고 그리스도 중보자의 위격을 통해서 오신다. 그러므로 그리스도의 승천과 보좌에 앉으심이 다 우리의 구원이다.

그리스도는 그의 구속사역으로 성령을 획득하셨다. 성령은 그리스도의 구속으로만 우리에게 올 수 있게 되었고, 그리스도가 하늘에 오르시어 성령을 파송해야 오실 수 있게 되었다. 성령은 인성을 가진 신인인격을 통해서 오신다. 그러므로 기도에 의해 성령이 아버지로부터 직접 우리에게 오신다고 하는 오순절파의 주장은 신약의 가르침과 전혀 다르다.

### 10.2.5. 그의 승천은 우리 몸이 하나님의 보좌 앞에 가 있음이다

그의 승천으로 우리의 몸이 그리스도의 인성에 의해 하나님의 보좌 앞에 가 있다. 그러므로 그리스도의 승천이 우리의 구원의 확실한 보장이다. 그리스도의 인성이 우리의 몸으로서 하나님 앞에 가 있다. 따라서 그의 몸은 우리 인성이 하나님 앞에 갈 길을 열었다 (히 10:19-20). 우리의 기도가 하나님의 보좌 앞에 직접 갈 수 있는 것도 보좌에 있는 그리스도의 인성 때문이다.

그리스도의 인성이 하나님 보좌 앞에 가 있기 때문에 그곳이 우리의 본향이 된 것이다.

### 10.2.5.1. 그의 승천은 우리 영혼이 하나님 앞에 가는 길을 열었다

그리스도는 승천하심으로 우리가 죽은 후 우리의 영혼이 하나님 앞에 갈 길을 여셨다 (히 10:19-20). 그의 육체를 통하여 열어놓으신 길로 우리가 하나님 앞에 간다. 그리스도의 승천은 우리 영혼이 하나님 앞에 갈 길을 열었고 또 우리 기도가 하나님 앞에 갈 수 있게 하였다.

그리스도의 구속의 피 때문에 우리 기도가 하나님 앞에 가지만,

그의 몸이 우리의 기도가 하나님 앞에 전달되는 통로가 되었다 (계 7:15; 8:4). 그러므로 우리가 하나님의 보좌 앞에 담대히 나아간다. 이런 보좌로의 접근은 구약성도들에게는 허락되지 않았다.

### 10.2.5.2. 그의 육체로 하나님이 새 인류와 친숙한 연합을 하신다

하나님은 그리스도의 인성으로 구속을 이루시지만 또 그 몸으로 인류와 연합을 이루신다. 인류와 하나님의 연합을 어린양과 신부의 혼인잔치로 표현하였다 (계 19:7-9). 그리스도의 몸을 통하여 하나님이 인류와 연합하되 아주 친숙한 연합을 하시게 된다.

인류와의 연합을 위해 새 예루살렘성이 하늘로부터 땅으로 내려온다. 즉 하나님이 새 인류에게 오셔서 충만히 거하신다. 종말에는 스킬더 (Klaas Schilder)가 지적했듯이 하나님의 현재 보좌와 새 하늘과 새 땅에서의 보좌가 합쳐진다 (Klaas Schilder, Wat is de hemel?). 하나님은 편재하시는 분이므로 공간의 제약의 문제가 없어진다.

그때 하나님은 성 안에 충만히 거하시되 친히 계시므로 성전을 따로 만들 필요가 없다.

## 제3절 보좌에 앉으심: 왕으로 다스림

### 10.3.1. 보좌에 앉음은 중보자의 위격으로 세상을 다스림이다

그리스도가 보좌에 앉으심이 바로 왕직의 수행이고, 성령을 보내심이 중보자로서 통치의 첫 번째 큰 사역이다. 성령을 보내심으로 자기의 구속사역을 적용하여 백성들을 조성하시고 그 백성을 다스리신다.

전도로 사람들이 예수 믿는 것은 그리스도가 성령으로 하나님의 백성을 만드시는 것이다.

### 10.3.2. 교회를 보호하고 인도하신다

교회를 위하여 그의 통치가 이루어지므로 만물이 교회를 위해 존재 가치를 발견한다. 그리스도가 왕으로서 다스리므로 지옥문들이 교회를 이기지 못한다 (마 16:18). 따라서 주의 재림 시까지 교회가 존속하여 주를 맞게 된다.

교회를 조성하시고 다스리심이 그의 통치이다. 이 통치는 말씀과 성령에 의해서 이루어지는 은혜의 통치이다.

### 10.3.3. 자기의 백성을 진리로 인도하신다

그리스도가 성령으로 교회를 조명하시어 진리 곧 그리스도의 인격과 구원사역과 하나님의 경륜을 바르게 이해하게 하신다. 진리로 인도하심은 성령의 조명 (illuminatio Spiritus) 곧 성령이 지성을 비춰 깨닫게 함으로 이루어진다. 이 면에 있어서 왕권의 행사는 선지직의 수행으로 나타난다.

### 10.3.4. 그리스도는 모든 세상을 다스리시고 역사를 주재하신다

천지의 대권이 그리스도에게 위임되었으므로 (단 7:13-14; 마 11:27; 28:18; 요 3:35; 13:3; 17:2; 롬 14:9; 고전 15:27; 엡 1:10; 빌 2:9-11; 골 2:10; 히 1:2; 2:8; 벧전 3:22; 계 17:14) 그가 만물과 인류세계와 역사를 지배하신다. 그가 역사를 주재하고 진행시킬 뿐 아니라 역사를 종결시킬 것이다. 그리스도가 역사의 주이시고 천지의 대 주재이시기 때문이다.

역사진행의 목표는 세상 나라들이 하나님의 나라가 되는 것이다 (계 11:15). 그리스도가 온 인류 종족들에게서 그의 백성을 자기의 피로 획득하사 하나님의 나라를 이루신다. 하나님의 나라가 완성되었을 때 그리스도가 재림하신다.

역사는 무의미한 사건들의 진행이 아니고 하나님의 나라를 목표로 한다. 그리하여 세상 나라들이 주와 그리스도의 나라가 된다 (계 11:15). 세상 나라들이 그리스도의 나라가 됨이 인류역사의 목표이다. 이 목표를 위해 그리스도가 역사를 주재하신다. 그러므로 역사는 하나님의 나라가 이루어지는 현장이다.

### 제4절 재림 (parousia) (마 16:27; 24:30; 25:31; 26:64; 행 1:11; 살전 1:10; 4:16; 살후 1:10; 유 14; 계 1:7; 22:20)

전통적 신학에서는 그리스도의 높아지심에 재림을 포함시켰다. 재림으로 그의 대적들을 심판하시기 때문이라고 하나 이것은 바른 가르침이 결코 아니다. 재림은 높아지심의 한 단계로 볼 것이 아니고 구원자의 구원 완성으로 보아야 한다.

전통적으로 그리스도론에 주의 재림을 넣어서 다루었으므로 이 전통을 따라 여기서도 조금 언급하고자 한다.

### 10.4.1. 그리스도의 재림의 목적은 구원을 완성함에 있다

그리스도의 재림은 그가 성취하고 적용하고 있는 구원을 완성하기 위해서 이루어진다. 구원의 완성에 악을 소제하는 것이 필수적이므로 심판이 있다. 그러면 땅이 의의 처소가 된다. 이 구원의 완성과 악의 해소로 역사를 종결하고 완성하신다.

### 10.4.2. 재림은 중보자의 통치 완성이다 (고전 15:24-28)

구원중보자는 은혜의 통치를 계속하신다. 그러나 그의 재림 시 은혜의 통치 방식이 종식된다. 그리고 직접적 신적 통치로 옮아간다. 이것이 통치의 완성이다. 통치의 완성은 은혜의 통치에서 직접적 신적 통치로 옮아감이고 통치권의 포기가 아니다.

### 10.4.3. 그리스도의 심판은 구원의 완성을 위해 악을 제거함임

재림으로 그리스도는 심판을 집행하여 구원을 완성하신다. 하나님의 백성 조성을 완료하였으므로 악을 제거하기 위해 심판하신다. 또 역사의 주재자로서 역사를 마감하신다. 역사의 시발자가 역사를 종결하신다. 역사의 진행의 종결은 역사의 주재만이 할 수 있다.

### 10.4.4. 악을 완전히 제거함으로 사탄이 권세를 행사하지 못함

그리스도가 재림하여 악을 완전히 소제하심으로 더 이상 사탄과 지옥의 권세들이 악을 행사하지 못한다. 죄와 사탄이 새 인류의 영역에 결코 들어오지 못한다. 왜냐하면 의인들만이 거하는 새 땅이기 때문이다 (벧후 3:13).

### 10.4.5. 하나님은 충만한 임재로 만유 안에 만유가 되심

심판주는 하나님의 충만한 임재를 도입하므로 하나님이 만유 안에 만유가 되게 하신다 (고전 15:28; 계 21:3). 그리스도의 재림은 인류에게 하나님의 임재를 충만하게 한다. 즉 하나님이 인류의 하나님이 되시고 인류는 하나님의 백성이 된다. 이렇게 구속사역을 완성함으로 하나님의 창조경륜을 이루신다.

창조주 하나님은 자기가 창조하고 구속하신 창조에 충만히 거주하신다 (계 21:3-7). 범죄한 백성이 하나님의 백성이 되고 하나님은 저들의 하나님이 되신다 (계 21:7). 구속받은 백성은 창조와 구속 때문에 창조주 하나님을 영원히 찬양하고 섬긴다 (계 22:3).

## 제11장

# 그리스도의 삼중 직임

(munus triplex Christi)

Incarnatio Dei et Illius Opus Salutis
Incarnatio Dei et Illius Opus Salutis
Incarnatio Dei et Illius Opus Salutis

왕, 제사장, 선지자의 삼중 직임은 하나님의 형상인 첫 아담에게 주어진 직분이다. 아담의 왕직은 아담이 창조주 하나님 밑에서 창조세계를 다스리는 대리통치자였다. 이 다스림에는 아담이 사는 세계를 지키고 보살피며 사물들의 성질과 법칙을 탐구하여 활용하는 것이 포함된다.

아담의 제사장직은 하나님을 찬양하고 경배하는 직임을 수행하는 것이다. 여기에 창조세계를 성별하여 다시 하나님의 것으로 인정해드리는 것이 포함된다. 또 창조세계의 찬송을 성별하여 하나님께 바쳤다.

아담의 선지자로서의 사명은 하나님의 창조경륜을 자손들에게 가르쳐 하나님의 백성으로 창조주만을 하나님으로 섬기도록 하는 것이었다. 이 창조경륜을 이루기 위해서 언약을 체결하였으므로 언약의 법대로 창조주만을 하나님으로 섬기도록 가르치는 것이었다. 그러나 아담 자신이 언약을 범하여 창조주를 반역하였다. 그렇지 않았더라면 자손들에게 언약체결의 근본 뜻을 밝히고 언약체결대로 창조주 하나님만 섬겨야 할 것을 열심히 가르쳤을 것이다. 창조주 하나님을 온 마음으로 섬겨야 생명에 이르고 하나님 섬김을 거부하면 죽음과 영원한 형벌을 받는다고 가르쳤을 것이다.

그러나 그가 범죄하여 하나님의 백성 되기를 거부하므로 그에게서 삼중 직임이 박탈되고 상실되었다.

그런데 예수 그리스도가 제 2 아담으로 세워지고 아담에게 부여된 삼중 직임을 수행하였으므로 그가 이 직임을 합당하게 회복하셨다. 주 예수가 이 삼중직을 회복하여 새 인류에게 전가하셨다. 따라서 하나님 나라의 왕, 제사장과 선지자의 삼중 직임이 새 인류에 의해 수행하게 되었다.

고대교회와 중세에도 그리스도의 제사장, 왕과 선지자의 직임이 알려졌지만 그리스도론에서 중심 자리를 차지하지 못하였다. 그리스도의 삼중 직임이 확정되기 전에는 이중 직임 (munus duplex)과 삼중 직임 (munus triplex) 간을 왕래하였다. 루터는 이중 직임을 사용하였고, 오시안더 (Andreas Osiander)는 삼중 직임을 활용하였고, 부써 (Martin Butzer, Bucer)도 삼중 공식을 알고 있었다.

칼빈은 기독교강요 (Institutio, Ⅱ, 15)에서 산발적인 교리를 통일하고 확정하여 개혁파 그리스도론의 중요한 요소로 발전시켰다.

그리스도가 제사장으로서 속죄사역을 수행하였으므로 제사장 직임 중 그의 중보기도만을 살피려고 한다.

## 제1절 그리스도의 선지자 직임 (prophetia Christi)

### 11.1.1. 그리스도가 신 계시의 원천이므로 선지자임

그리스도가 선지자 되심은 그가 모든 신 계시의 원천이기 때문이다. 모든 하나님 지식은 예수 그리스도를 통하여 왔고, 하나님의 경륜의 계시도 예수 그리스도를 통하여 왔다.

### 11.1.2. 그리스도가 하나님의 나타나심 자체이다

그리스도 자신이 신 계시 자체 (revelatio divina ipsa)로서 하나님이 친히 나타나심이다. 그의 성육신은 인류역사의 초기부터 있어온 신현 (神現, theophania) 곧 하나님의 나타나심의 절정이다. 그리스도는 성육신으로 하나님의 계시 자체가 되었다. 하나님이 육체로 친히 사람들 가운데 나타나셨기 때문이다.

변증가 유스티노스 (Ioustinos, Justine)는 구약의 신현 (神顯)을 로고스 하나님 곧 성육신하실 로고스의 현현이라고 주장하였다 (dialogus, 127; 57. 58; 126). 교회는 이 가르침을 받아들여 신현을 로고스 하나님의 나타나심으로 확정하였다. 이에 반해 아우구스티누스 (Augustinus)는 구약의 신현을 꼭 한 위격에 국한할 것이 아니고 세 위격 중 하나라고 하거나 삼위일체 자체라고 해야 한다고 주장하였지만 (de Trinitate, III, introd.) 교회는 이 가르침을 수용하지 않았다.

### 11.1.3. 구원의 길을 가르치셨다 (externa veritatis divinae promulgatio)

주 예수는 하나님이 내신 구원 (salus)은 율법 (lex)으로 아니고 은혜 (gratia)임을 가르쳤다. 즉 그리스도 자신이 구세주 (salvator)이고, 구원을 위해 고난의 종으로 죽으므로 속죄를 이루실 것을 가르쳤다. 주 예수를 믿어 구원에 이른다는 것을 '내 살을 먹고 내 피를 마시는 것'으로 가르쳤다 (요 6:51-56).

그리하여 구원은 행위에 있지 않고 은혜로 곧 주 예수를 믿음으로 이루어질 것임을 밝혔다. 이처럼 하나님의 구원진리를 선포하였다.

### 11.1.4. 율법을 바르게 해석하셨다 (interpretatio legis)

그리스도는 율법이 요구하는 참된 의가 은혜로 구원 얻음임을 가르치셨다 (prophetia legalis). 율법의 목표는 예수 그리스도이므로 그를 믿음으로만 구원에 이를 수 있음을 밝히셨다 (요 5:34-39, 46-47; 6:39-40, 47-51; 7:17, 37-39; 8:24, 34-38, 51). 그리스도가 율법의 요구를 충족하셨으므로 곧 죗값을 지불하므로 율법을 성취하셨다. 그러므로 구원 얻음은 율법을 지켜서가 아니고 오직 주 예수를 믿음으로만 이루어짐을 가르치셨다.

이로써 참된 구원은혜의 지식을 욕망하게 하셨다 (prophetia evangelica).

### 11.1.5. 성령으로 사람의 마음을 조명하여 진리를 가르침

그리스도는 성령으로 사람들의 마음을 조명하여 (illuminatio mentis hominum per Spiritum Sanctum) 지성과 심장으로 진리의 가르침을 바라고 그 가르침에 순복하게 하신다.

그리스도는 교회를 인도하여 진리의 바른 지식에 이르게 하신다. 그리스도 자신이 진리이다. 즉 예수 그리스도의 인격과 구원사역을 바로 알고 믿도록 역사한다. 이 직임은 높아지심의 상태에서 계속하신다.

### 11.1.6. 선지자와 사도를 통하여 구원진리를 계시하고 성취하심

그리스도는 모든 구원진리를 선지자와 사도들을 통하여 계시하시고 그 계시를 친히 이루셨다. 구약의 선지자들은 예수 그리스도와 그의 구원사역을 예언하였다. 그의 계시가 성경에 예언과 성취로 기록되게 하였다. 그의 구원사역에 대한 사도들의 해석도 다 그리스도의 계시이고 그의 선지직분의 수행이다.

### 11.1.7. 제 2 아담으로서 하나님의 경륜을 바르게 해석하셨다

예수 그리스도는 자기의 구원사역으로 역사가 어떻게 전개되고 마쳐질지를 말씀하셨다. 자기의 인격과 구원사역을 믿으면 죽음에서 놓여나 영생에 이르고, 믿지 않으면 영원한 형벌과 죽음을 맞는다고 가르치셨다 (요 3:16-21).

아담이 언약을 파기하여 창조경륜을 망하게 하였으므로 다 죽음에 이르렀다. 그런데 그리스도 자신이 창조경륜을 성취하셨으므로 그를 믿음으로 죄와 죽음에서 놓여나 하나님의 백성이 된다는 것을 가르치셨다.

그리하여 믿음 여부에 따라 미래의 역사가 어떻게 전개되고 성취될 것임을 밝혔다 (요 3:16-21; 5:21-24, 34-39; 6:35-40, 47-51; 53-58; 8:24). 그리스도는 그의 구원사역으로 역사를 죽음의 과정에서 생명의 과정으로 만드셨다. 그리고 그의 재림으로 역사는 성취되고 구원도 완성된다.

### 11.1.8. 그리스도가 하나님의 말씀 자체 (Verbum Dei ipsum)이다

예수 그리스도가 하나님의 마지막 말씀이다. 그러므로 그리스도의 구속사역 후에는 미래 예언이 필요 없고 선지자가 계속될 필요도 없다.

예수 그리스도는 인간이 본래 어떤 존재였고, 현재 어떤 존재이며, 미래 어떻게 될 것인가에 대한 하나님의 말씀이다. 즉 사람이 하나님의 형상으로 창조되어 창조주를 하나님으로 섬겨야 할 존재인데 하나님을 반역하므로 영원한 멸망과 죽음에 종속하였다. 이제 그리스도는 자기의 구원으로 세상을 구원하여 하나님의 백성의 자리로 돌아가서 하나님을 섬기게 하셨다. 이렇게 그는 하나님을 섬기는 자들로 영원한 생명에 이르게 하셨다. 그렇지 않는 자들은 영원한 멸망에 이를 것임을 밝히셨다. 곧 예수 그리스도가 인간 존재에 대한 하나님의 말씀 자체이다.

### 11.1.9. 모든 인류로 지식에 이르게 한다

지식은 구원 지식 (cognitio salutis)뿐 아니라 세상적 지식도 포함한다. 그리스도가 진리의 원천이시므로 모든 인류를 지식에 이르게 한다. 그러므로 인류가 지식에 이르는 것은 성령을 통한 그리스도의 역사이다.

### 11.1.10. 모든 성경계시가 그리스도의 구원 사건의 해석으로 종결

모든 성경계시가 그리스도의 구원 사건의 해석과 약속으로 종결된다. 그리스도 사건을 제일 잘 해석한 사람이 바울이다. 그러므로 바울이 계시 해석 사건에 속한다.

그리스도의 사건을 해석한 후에는 성경계시가 더 이상 진행되지 않는다. 그리스도의 구속사건과 그 해석으로 모든 성경계시 곧 구원계시가 완결되었다.

### 11.1.11. 그리스도의 구원성취로 더 이상 새 계시는 없다

그리스도가 모든 예언의 성취이고 완성이므로 그의 출현 후에는 새로운 계시나 예언이 필요 없게 되었다. 지금은 새로운 구원계시가 주어지는 것이 아니고 성경계시의 조명만 있다.

### 제2절 그리스도의 왕직 (regium munus Christi)

그리스도의 다스림이 바로 하나님의 나라이다 (regnum Christi). 그리스도의 다스림은 그가 피 흘려 백성을 속량하여 자기의 나라를 삼았음을 말한다. 본래 그리스도는 하나님으로서 온 우주를 통치하셨다 (regnum universale). 그러나 여기 그의 나라 (regnum oeconomicum)는 피 흘려 자기 백성을 사서 나라를 삼음 (계 1:5-6; 5:9-10)을 뜻한다. 그러므로 은혜의 나라 (regnum gratiae)이다.

### 11.2.1. 그리스도의 임직으로 하나님의 나라가 시작

하나님의 나라는 예수가 메시아 곧 그리스도로 임직됨으로 시작한다. 주 예수가 그리스도로 임직됨은 하나님 나라의 왕으로 임직됨을 뜻한다. 성령으로 기름부음 받아 그리스도로 세워지므로 새 시대, 구원의 시대, 메시아 시대가 열렸다. 그리스도는 성령으로 잉태되었지만 하나님의 나라는 그의 구속사역으로 이루어진다.

### 11.2.2. 하나님의 나라는 그의 피로 백성을 속량함임

하나님의 나라는 그리스도가 피 흘려 죄를 제거하여 백성을 죄와 죽음에서 구출하여 나라를 삼음으로 이루어졌다 (계 1:5-6; 5:9-10). 그러므로 그리스도가 나라 자체 (αυτοβασιλεία)이다. 죄의 제거로 성령이 오사 타락한 인류를 새 인류, 새 백성이 되게 하셨다.

성령은 그리스도의 구속이 이루어져야 오실 수 있게 작정되었다 (요 7:37-39). 성령이 오셔서 그의 구속을 적용하여 사람들을 하나님의 백성이 되게 하셨다.

성령이 구속된 백성에게 오사 내주하심이 하나님의 통치이다. 성령 오심이 하나님의 오심이기 때문이다 (요 14:23; 요일 2:24-27; 3:14; 4:13). 성령이 오사 그리스도의 구속사역을 백성들에게 적용하여 그들로 죄와 악에서 떠나 주를 믿음으로 하나님의 법대로 살게 하기 때문이다.

그러므로 성령이 인류에게 오시는 일은 오순절의 반복으로 이루어지지 않는다. 한 번 오신 성령이 새 인류와 함께 영구히 거하신다 (요 14:16).

궁극적인 하나님의 통치는 하나님의 임재이다. 하나님의 임재는 인생의 모든 문제를 해결하기 때문이다. 종말에도 하나님의 나라는 백성들 가운데 하나님이 충만히 거하심으로 이루어진다.

### 11.2.3. 그리스도의 통치는 영으로 다스림이다

성령 파송이 그리스도의 왕권의 행사이다. 그리스도는 성령을 보내시어 자기의 구속을 적용하여 백성을 삼으신다. 그는 말씀의 법을 좇아 영으로 다스리신다. 그러므로 그리스도의 나라는 은혜의 통치이다.

### 11.2.3.1. 은혜의 통치는 죄의 제거로 사람이 하나님을 섬기게 함임

은혜의 통치는 각 개인에게서 죄를 제거하여 성령의 인도로 말씀의 법대로 살게 하는 것이다. 즉 죄를 버리고 하나님을 섬기게 한다. 주 예수를 믿음이 하나님을 섬김이다.

그리스도인들의 성화 곧 죄의 욕망을 버리고 깨끗하게 사는 것이 그리스도의 통치이다.

### 11.2.3.2. 교회가 그리스도의 통치의 영역이다

그의 통치는 사람들을 자기의 백성으로 부름 (vocatio)으로 시작하고 심판 (iudicium)으로 진행된다. 심판은 믿는 자들의 죄를 자기의 피에 근거하여 용서하여 (iustificatio) 하나님의 백성으로 살게 하고, 불신자들을 정죄하는 것을 뜻한다 (요 3:17-18).

이렇게 믿는 자들에게 성령의 내주를 허락하사 죄를 버리도록 하여 진리와 생명으로 인도하신다. 이것이 그리스도의 다스림이다 (gubernatio).

또 그리스도는 교회를 보호 (defensio)하여 시험과 유혹에서 지키신다. 그러므로 에베소서는 교회를 그리스도의 충만으로 제시하였다 (엡 1:22-23). 왜냐하면 교회에서 그리스도의 통치가 완전하게 실현되기 때문이다.

### 11.2.3.3. 하나님의 법이 지켜지는 사회가 그리스도의 다스림의 영역이다

하나님의 법이 지켜지는 사회의 모든 영역들이 그리스도의 나라에 속한다. 그리스도의 십자가는 죄의 제거이고 질서의 도입이다. 죄가 혼란과 무질서를 구성하기 때문에 십자가로 죄를 제거하여 법질서가 수립된다. 죄악이 제거되고 그리스도의 법이 각 사회 영역에서 지켜지면, 그곳이 바로 하나님의 나라이다. 그러므로 교회는 사회악을 제거하도록 노력해야 한다.

### 11.2.4. 그리스도의 통치권은 우리가 확대한다

하나님이 그의 전능으로 모든 일을 하시는 것으로 이해하므로 우리는 통치권의 확대를 바르게 이해하지 못하고 있다.

그리스도의 통치권은 우리가 그리스도의 복음을 전하여 그리스도의 법이 사회에서도 시행되게 하므로 하나님의 나라를 진보시키는 것이다. 그리스도인이 바른 진리를 지키고 그리스도의 법이 시행되게 하므로 하나님의 통치권을 확대한다.

교회는 모든 사회 영역들에서 그리스도의 왕권이 확립되게 해야 한다. 사람의 힘이 아니고 복음의 권세로 백성들이 그리스도의 권세 아래 살게 하여 그의 통치권을 넓히고 확립한다. 사회 영역에서 그리스도의 통치권 확립을 위해서 노력한 사람이 칼빈과 아브라함 카위퍼이다.

### 11.2.5. 중보자의 통치가 종말에는 직접적 신적 통치로 바뀐다

중보자의 다스림은 심판 (iudicium)으로 나타난다. 심판은 그리스도를 믿어 구원 얻은 자로 사는 것과 믿지 않는 자는 영원한 멸망으로 정해진 것으로 시작한다 (요 3:17-18).

그러나 최후의 심판에 의해 인류사회에서 죄악이 완전히 제거되므로 그의 통치가 완성된다. 직접적 통치는 하나님의 임재가 충만하여 만유 안에 만유가 되시는 것이다.

### 11.2.6. 그리스도의 심판은 구원의 완성이 된다

그리스도의 심판은 구원의 완성 (consummatio salutis)을 위하여 악을 완전하게 소제하는 것이다. 그리하여 사탄과 지옥의 권세가 더 이상 새 인류의 거소를 침입하지 못하게 하고 영향력도 행사하지 못하게 한다.

### 11.2.7. 심판 후에 하나님의 임재가 충만해진다

심판으로 세상 나라들이 그리스도의 나라가 된다 (계 11:15). 이때 하나님의 창조경륜이 성취되어 하나님이 만유 안에 만유가 되신다.

하나님의 충만한 임재로 인생의 모든 문제가 해결된다 (계 21:3-5). 인생의 문제들 곧 고난과 병들고 죽는 것이 다 하나님을 떠나므로 생겼는데, 인류가 다시 하나님께로 돌아가고 하나님이 친히 백성의 하나님이 되시므로 그런 것들이 다 해결된다.

불교와 힌두교 등 모든 이방 종교들은 인생의 기본 문제인 생로병사를 무(無)로 돌림으로 곧 개별 존재의 말살로 해결하려고 한다. 이것은 전혀 해결이 아니다.

### 11.2.8. 그리스도의 왕권은 영원하다 (단 2:44; 7:14, 18, 27; 히 1:8; 눅 1:33; 계 11:15)

그가 영원히 야곱의 집에 왕 노릇하실 것이며 그의 나라는 끝이 없을 것이다 (눅 1:33; καὶ βασιλεύσει ἐπὶ τὸν οἶκον Ἰακὼβ εἰς τοὺς αἰῶνας, καὶ τῆς βασιλείας αὐτοῦ οὐκ ἔσται τέλος).

그리스도의 통치는 지금도 진행되고 있고 영원에서도 중단되지 않는다. 야곱의 집 위에 다스린다는 것은 이스라엘뿐만 아니라 구원받은 백성들을 영구히 다스림을 말한다. 그의 구원이 영원하므로 그의 왕권도 영원하다.

"아들을 저에게 복종하게 하신 때는 아들 자신도 그때에 만물을 자기에게 복종케 하신 이에게 복종케 되리니" (고전 15:28). 이것은 그리스도의 통치권의 중단을 뜻하는 것이 아니다. 은혜의 통치가 직접적 신적 통치로 바뀜을 뜻한다. 그의 통치는 무궁하다. 그러므로 콘스탄티노폴리스 공회의 (381)는 그의 나라는 끝이 없다 (Cujus regni non erit finis)고 확정하였다 (Henricus Denzinger, Enchiridion Symbolorum, 42).

### 11.2.9. 그리스도의 왕권 행사로 세상 권력이 신적 성질을 상실

그리스도의 통치로 모든 세상 권력은 신적 성질을 상실하였고 악마적 성격을 벗게 되었다. 따라서 어떤 권세도 절대적이고 궁극적이 되지 못한다.

## 제3절 그리스도의 제사장 직임 (sacerdotale Christi munus)

### 11.3.1. 그리스도는 성령으로 그의 구원을 계속 적용하신다

그리스도는 성령으로 그의 구속을 백성들에게 확실하게 적용하신다. 복음의 선포가 구속의 적용의 시작이고 그것이 부르심 (vocatio)이다. 복음선포로 성령은 사람들로 주 예수를 믿게 하시고 새롭게 만드신다. 믿음고백을 할 때 그리스도는 죄를 용서하신다. 이렇게 주 예수를 믿음으로 죄용서를 받는 것이 의롭다 함 (칭의, iustificatio)이다. 이 일은 인류역사의 끝까지 진행될 것이다.

### 11.3.2. 그리스도의 제사장직 수행은 모든 제사의 완성

그리스도의 제사장직 수행은 구약의 모든 제사의 완성이므로 새로운 형태의 제사제도가 전혀 필요하지 않고 다른 제사장을 필요로 하지 않게 되었다. 천년왕국 기간에 피 제사가 복귀되는 것은 도저히 용납할 수 없는 그릇된 가르침이고, 하나님의 구원경륜을 완전히 허는 것이어서 정죄 받을 사항이다.

### 11.3.3. 자기의 백성을 위해 중보기도 (intercessio)를 하신다

그리스도는 자기의 백성의 죄를 사하시기를 아버지께 비신다.

제12장

그리스도의 구원

Incarnatio Dei et Illius Opus Salutis
Incarnatio Dei et Illius Opus Salutis
Incarnatio Dei et Illius Opus Salutis

    예수 그리스도는 구원중보자 (Mediator salutis)로서 죽어 피 흘리심으로 죗값을 지불하여 인류를 구원하셨다. 주 예수는 인류를 죄와 죽음에서 구원하여 하나님의 백성으로 삼기 위해서 피 흘리셨다. 그의 죽음과 피 흘림만이 죄를 해결하기 때문이다 (레 17:11).
    주 예수는 피 흘려 백성들을 구원하므로 그들을 하나님의 백성으로 삼았고 영생을 제공하셨다. 죄용서는 그리스도의 피로만 이루어지고 죄용서가 바로 구원이다.

## 제1절 죄용서

    첫 인류는 창조주 하나님을 반역하여 (창 3:1-19) 하나님의 백성 되기를 거부하므로 죽음에 이르게 되었다 (창 2:17; 3:19). 첫 언약체결대로 인류가 하나님의 백성 되는 길은 하나님의 언약체결에 따라 하나님을 섬김으로 이루어진다.
    선악과계명은 생명과 사망을 결정하는 법이어서 지키면 살고 범하면 죽게 되었다. 곧 하나님을 섬기면 생명에 이르고 섬김을 거부하면 죽게 정해졌다. 그런데 인류가 하나님의 백성 되는 것을 거부하므로 죽음에 이르게 되었다 (롬 6:23).

반역한 인류는 처음 반역을 계속하여 하나님의 법에 반대되는 생활체계를 구성하였다. 그리하여 모든 행동이 창조주의 법에 거슬러서 이루어지고 있다. 즉 그들의 삶은 모두 죄뿐이다.

반역한 인류가 다시 하나님의 백성이 되기 위해서는 반역과 그 후의 죄가 속량되어야 한다. 하나님의 계명을 어긴 죄과가 무화(無化)되고 속량되는 길은 생명에 의한 속죄 곧 피 흘림뿐이다 (레 17:11).

그러므로 예수 그리스도, 하나님의 아들, 하나님의 어린양이 피 흘려 죄를 속량하였으므로 예수 그리스도를 믿는 사람들에게서 죄가 제거된다. 따라서 인류의 반역이 무효가 되어 처음 아담의 신분에 도달한다.

아담에 의해 도입된 죄가 사람을 다 죽게 만들었다 (롬 5:12). 그런데 제 2 아담 예수 그리스도가 의인으로서 죗값대로 죽어 의를 이루므로 백성이 다시 하나님께 속하고 하나님의 종이 되었다 (롬 5:19). 죄과가 제거되었으므로 죄에서 해방되어 믿는 자들이 하나님께 속한 자 곧 하나님의 백성이 되었다 (롬 6:22).

일단 죄를 짓게 되면 죄짓는 것을 피할 수 없고, 죄짓는 생활체계에서 벗어날 수 없다. 이것은 사람이 죄의 종이 된 것을 뜻한다 (롬 6:6).

그러나 그리스도 예수의 피가 사람을 죄에서 해방하였다. 죄의 생활체계에서 해방시킨 것이다 (롬 8:1-2). 그러므로 더 이상 죄인이 아니다. 죄과가 제거되었으므로 죄인이 아니요, 죄에 대한 형벌이 해제되었으므로 의인이다 (롬 8:1-2). 죽음이 면제되고 소산되었으므로 믿는 자들이 더 이상 사망에 이르지 않게 되었다.

이 일은 예수 그리스도가 구주로서 자기의 피로 이루신 일이다. 죽음에 매여 죽기를 무서워하는 자들에게서 죽음의 공포를 제거하고 대신 생명을 선사하셨다 (롬 6:23).

죄가 용서되므로 사람들이 하나님과 화해하여 하나님께로 나아가게 되었다 (롬 5:1). 이렇게 사람을 자기에게 나아오게 하시려고 하나님은 예수 그리스도의 피로 사람들을 구속하셨다.

죄가 사람들로 하나님께 나아가는 것을 불가능하게 하였는데, 예수의 피가 죄를 해소하여 (고전 15:22) 하나님께 나아가게 만들었다. 이로써 인간의 존재 목적이 성취된다. 곧 하나님을 뵈옵고 섬기게 되었다.

이 모든 것은 그리스도의 피에 의한 죄용서로만 이루어진다.

## 제2절 의의 선사

예수 그리스도는 죄용서 곧 의를 사람들에게 선사하셨다. 의는 하나님 앞에 사는 생존권이어서 믿는 자들이 영생하게 되었다.

예수 그리스도가 제 2 아담 곧 새 인류의 머리로서 그의 피로 모든 범죄를 무효화하고 속량하므로 의를 이루셨다. 그리하여 반역죄를 지어 살 수 없게 된 자들에게 생존권을 선사하셨다 (롬 5:18-19).

피가 죄를 속하므로 그리스도의 피 흘림이 의가 된다 (롬 3:25-26). 피 흘려 죄에서 구속함을 하나님이 의로 정하셨기 때문이다. 그리하여 예수 믿는 자들은 다 의를 받게 되었다 (롬 3:26). 그리스도의 피 흘림이 죄과의 제거이므로 죄가 무효화되었다. 따라서 그의 피가 의가 된다 (롬 5:9).

예수 그리스도가 죽기까지 순종함으로 (빌 2:8) 율법을 다 성취하셨다 (갈 3:13). 율법이 그 범한 대가 (代價)로 사망을 요구하므로 그리스도가 죽음으로 죗값을 지불하셨다. 죗값을 지불함으로 그의 죽음이 믿는 자들의 의가 되었다 (롬 5:18-19). 그리하여 그리스도를 믿는 자들이 영생에 이르게 되었다.

주 예수의 피 흘림을 자기들의 구속으로 믿는 자들이 구원에 이른다 (롬 3:24-25). 하나님이 예수 그리스도를 우리의 죄로 삼았으므로 그를 믿기만 하면 하나님께 의가 된다 (고후 5:21).

죗값이 치러진 후 죗값을 치른 자가 죽음의 상태에 있으면 그 죽음이 정당화될 수 없다. 예수 그리스도가 인류의 죄 때문에 죽어 죽음의 상태를 계속하였으면, 그의 죽음은 죄 때문에 정당한 것이 되어서 의로 여겨질 수가 없다.

그러나 그의 죽음이 대속적 죽음이므로 그 죽음이 정당화되려면 그가 부활해야 한다. 부활이 예수 그리스도의 죽음을 대속의 죽음으로서 정당화한 것이다. 그의 죽음이 죗값을 치름이라는 정당화가 부활이다. 그러므로 그의 죽음이 우리의 의가 되기 위해서 그는 부활해야 했다 (롬 4:25). 그가 죽음에서 부활에 이르므로 죄가 도말되어 그를 믿는 모든 자들이 살게 되었다 (고전 15:17, 22).

이렇게 예수 그리스도의 피로 죄과가 제거된 자들은 의를 획득하였으므로 하나님 앞에 영원히 살 수 있게 되었다 (롬 5:17; 요 3:16).

### 제3절 영생의 선사

예수 그리스도의 죽음에 의해 의가 된 자들 (벧전 2:24)은 창조주 앞에서 살게 될 생존권을 허락받았다. 그러므로 예수 그리스도를 믿는 자들이 영생에 이른다 (요 3:16).

영생은 예수 그리스도가 죗값을 지불하고 피로 사서 믿는 자들에게 주신 선물이다. 영원한 형벌에 처한 자들은 죄과를 해결할 수 없기 때문에 생명에 이르는 것이 아니고 죽게 작정되었다. 죄과의 해결 없이는 생명이 불가능한데, 하나님의 아들이 구주로 오사 죽음을 도입한 마귀의 일을 멸하여 (요일 3:8) 영원한 생명을 약속하셨다 (요일 2:25).

영생을 인류에게 주기 위해 예수 그리스도는 영생 자체로 오셨다 (요 3:16; 요일 5:20). 따라서 그는 믿는 자들에게 영생을 주신다 (요 3:36).

그의 죽음과 피 흘림으로 죄과를 제거하고 의를 세우므로 (롬 5:18-19) 그리스도는 영생을 획득하셨다 (롬 6:23). 영생은 하나님의 아들에게만 있고 그를 믿는 자들에게 주어진다.

그러나 영생에 이르는 단 한 가지 조건은 생명 자체인 예수 그리스도를 믿는 것이다. 믿는 자들의 믿음이 의가 되어 (롬 4:24) 영생에 이른다 (요 11:25-26).

영생을 선사받은 사람들은 하나님 앞에 살면서 영구히 하나님을 찬양하고 경배한다.

## 제4절 아들들이 됨

아담은 창조된 피조물이었으므로 하나님을 섬길 종으로 세워졌다. 그리고 언약을 맺으므로 하나님을 섬기는 백성으로 세워졌다. 이스라엘도 완전히 구속되지 못하였으나 하나님과 언약을 맺은 백성이 되었으므로 그들도 하나님을 섬기는 종과 백성으로 세워졌다.

그러나 하나님은 반역한 백성을 그리스도의 구속 때문에 종과 백성이 아니라 아들들로 삼기로 하셨다 (요 1:12). 그것은 전적으로 그리스도의 구속의 공로 때문이다. 그리스도를 믿는 자들을 그 믿음 때문에 아들들로 삼으셨다 (갈 4:4-5).

예수 그리스도의 피로 구속된 자들을 타락 전 아담보다 더 귀하게 보시고 사랑하시므로 백성보다 월등한 하나님의 아들들로 삼으셨다. 그들은 예수 그리스도의 피로 구속되었기 때문이다.

그의 피의 공효가 이렇게 크다. 백성만 되어도 과분한데 타락한 백성을 양아들들로 삼으셨다 (롬 8:15; 갈 4:4-6; 히 2:13-15).

그리고 하나님은 믿는 자들에게 아들의 영을 보내셨다. 아들이 된 표가 바로 아들의 영 곧 성령을 받은 것이다. 그리하여 하나님을 마음 놓고 아빠 아버지라고 부르게 되었다 (롬 8:15; 갈 4:6).

그리스도인들에게 성령을 보내심이 바로 믿는 자들을 아들로 삼은 입양식이다. 그러므로 그리스도인들은 언제든지 아들의 영에 의해 하나님을 자기 아버지로 부르게 되었다.

아들이 되면 아버지의 상속자가 된다. 본래 하나님은 예수 그리스도, 하나님의 아들로 천지를 창조하시고 그를 만물의 상속자로 삼으셨다 (히 1:2). 그 표가 '만물의 처음 난 자'라는 호칭이다 (골 1:15).

창조 중보자가 모든 창조의 상속자이다. 그러므로 만물은 다 그리스도의 것이고 그의 소유이다.

하나님이 많은 아들들을 가지시게 되었다. 그들은 예수 그리스도의 피로 속량되어 하나님의 아들들이 되었으므로 그리스도의 모든 상속에 동참하게 되었다. 하나님의 상속자들이 되었기 때문이다 (롬 8:17).

만물이 그리스도의 소유이므로 구속받은 자들이 상속을 받는 것은 그리스도의 상속에 동참하는 것이다. 그리스도와 함께 상속자가 되었기 때문이다. 죄인이 아들이 되고 상속자까지 되었다 (엡 3:6).

아들들은 종들의 섬김을 받는다. 양아들들도 종들의 섬김을 받는다. 양아들들이 된 이방인들이 (엡 3:6) 하나님만을 섬기도록 창조된 천사들의 섬김을 받는다 (히 1:14). 예수 그리스도만을 섬길 천사들이 (마 4:11; 막 1:13) 그리스도를 섬긴 것처럼 피조물인 그리스도인들을 섬기게 되었다 (마 18:10; 히 1:14).

하나님은 그리스도의 피로 구속된 자들로 이런 영광에 이르게 하셨다. 그리스도인들이 하늘의 모든 복에 이르고 하나님의 영광에 동참한다 (요 17:22, 24; 롬 5:2; 8:18, 21; 9:23; 고전 2:7; 고후 3:18; 4:17). 성육신하신 하나님의 피가 이런 공효를 이루었다 (행 20:28; 마 26:28; 요 6:54).

또 그리스도 자신이 하나님으로서 누리신 영광에 그의 분신들로 동참하게 하신다. 먼저 그의 영광의 몸과 같이 변화시키신다 (고후 3:18). 그리하여 그리스도의 영광에 온전히 동참하게 된다 (고후 4:17; 엡 1:18; 골 1:27; 3:4; 살전 2:12; 살후 2:14; 딤후 2:10; 벧전 5:1).

창조주 하나님을 뵈어도 큰 영광인데 하나님의 영광을 내 영광으로 삼게 된다. 이렇게 아들로 삼았기 때문에 하나님은 구원받은 자들을 영화롭게 하신다.

## 제5절 부활을 보장함

타락한 인류가 예수 그리스도를 믿음으로 죄가 용서되어 생존권을 받았어도 그 생존권은 부활로 성취된다. 예수 믿는 자들을 아들로 삼고 하나님의 영광에 동참하게 약속하셨어도 이 모든 것의 성취는 부활로 된다. 확실하게 아들이 되는 것도 부활을 통해서이다 (눅 20:36).

구원주는 예수 믿는 자들이 부활하도록 작정하셨다 (마 22:30; 막 12:23; 눅 14:14; 20:33; 요 5:29; 11:24). 부활해야 영생하고 하나님의 아들이 되며 하나님의 영광에 동참하게 되기 때문이다 (요 5:29; 행 17:18; 24:15; 롬 6:5).

그러므로 주 예수의 피로 구속된 자들에게 부활의 보증을 주셨다. 신자들의 부활의 보증 (ἀρραβὼν)이 바로 우리 마음에 보내신 성령이다 (고후 1:22; 5:5; 엡 1:14).

성령은 예수 그리스도를 죽은 자들 가운데서 살리신 이의 영이므로 예수 그리스도를 살리신 것처럼 우리 몸을 살리실 것이다 (롬 8:11). 예수 그리스도가 죽은 자들 가운데서 살아나셨는데 (살전 4:14; 마 27:63; 행 10:40; 26:8; 롬 8:34; 고전 15:4, 12, 15, 20), 구속한 자들을 자기처럼 부활시키기 위하여 성령을 보내시어 부활의 보증으로 삼으셨다 (엡 1:13-14; 4:30; 고후 1:22; 5:5). 부활자의 영이 우리 심장에 와 계시므로 부활에 이르는 것은 가장 확실하고 분명하다 (롬 8:11).

예수 그리스도가 구속중보자로서 사람들을 자기 피로 속량하사 하나님의 영광에 동참하도록 하기 위하여 부활을 약속하고 부활을 확실하게 하기 위해서 성령으로 인치셨다 (엡 1:13-14; 4:30; 고후 5:5).

## 제6절 창조의 변환

예수 그리스도는 자기의 피로 인류를 구원하셨지만, 그 구속으로 창조도 변환시켜 하나님의 구속에 동참하게 하셨다.

인류의 반역으로 창조가 저주받았다 (창 3:17). 그러므로 만물이 부패와 해체에 굴복하게 되었다 (롬 8:20). 아담은 창조세계의 왕으로 세워졌으므로 (창 1:28) 왕의 반역은 창조 전체에 하나님의 저주를 가져왔다. 이 저주로 인해 만물이 변화될 뿐 아니라 자기들의 본질을 넘어서는 변화를 하게 되었다. 즉 부패하고 해체되게 되었다. 사람의 죄는 사람들만 망하게 하는 것이 아니라 창조 자체도 해체되게 하는 역사를 한다.

구속주는 그의 피로 인류를 구속하셨기 때문에 그의 피로 창조도 정화하고 구속한다 (롬 8:21-22; 골 1:20; 계 21:5). 창조주로서 만물을 창조하셨는데 창조주가 구속주로서 창조를 정화하고 새롭게 한다(벧후 3:10, 12-13). 그리하여 새 하늘과 새 땅이 되게 한다 (계 21:1).

구속된 인류가 영광에 이르고 자유에 이른 것처럼 창조도 하나님의 자녀들의 영광에 이른다 (롬 8:21). 인류가 하나님의 아들들로서 완전히 나타날 때 창조도 합당하게 그에 상응하는 변화와 갱신을 겪어 새 인류의 거소로 세워진다. 그리하여 의인들이 사는 새 하늘과 새 땅이 되어 하나님의 구속에 동참한다 (벧후 3:13).

하나님은 자기의 창조를 상실되지 않게 하기 때문에 창조를 그리스도의 구속으로 속량하신다. 그리하여 모든 창조가 하나님의 구원에 동참하게 된다. 또 창조는 피로 구속된 새 백성의 거소가 될 것이기 때문에 변화되고 새롭게 된다. 창조가 변화되고 새롭게 되는 것은 인류를 구원한 그리스도의 피와 부활의 권세로 된다. 곧 구속주로서 세계를 변화시킨다 (마 24:29). 그리하여 인류와 창조를 하나님의 창조로서 통일시킨다 (엡 1:10).

그리스도의 구원은 인류뿐 아니라 인류의 거소 (居所)도 속량하므로 완성된다. 인류만의 구원은 반쪽 구원이고 창조도 함께 구원됨이 온전한 구속 (救贖)이다. 그러므로 예수 그리스도는 그의 구속의 권세로 창조를 구원한다. 그리스도의 구속은 인류와 모든 창조를 포함하므로 완전한 구원이 된다.

이 모든 일이 그리스도의 피로써 성취되고 완성된다.

# 성경 색인

## 구약

| | | | |
|---|---|---|---|
| 창 1:26-28; 2:16-17 | 52 | 레 14:24-25 | 200 |
| 창 1:27 | 26 | 레 14:25 | 200 |
| 창 1:28 | 272 | 레 17:11 | 54, 188, 202, 206, 264, 265 |
| 창 2:17 | 26, 166, 167 | 레 23:4-8 | 54 |
| 창 2:17; 3:19 | 264 | 레 23:5-21 | 199 |
| 창 2:19-21 | 162 | 레 24:17-22 | 53, 196 |
| 창 3:1-7 | 162 | 레 25:23-28; 27:13-31 | 186 |
| 창 3:1-19 | 264 | 신 6:4 | 134 |
| 창 3:5 | 27 | 신 7:8; 9:26; 13:5; 21:8; 24:18 | 187 |
| 창 3:15 | 74, 207 | 신 18:15 | 75 |
| 창 3:17 | 272 | 신 19:21 | 53 |
| 창 3:17-19 | 27, 196 | 신 21:23 | 102, 191, 193 |
| 창 3:19 | 196 | 신 29:13 | 52 |
| 창 6:3 | 176 | 신 32:43 | 107 |
| 창 17:7 | 52 | 룻 3:9-13; 4:1-12 | 186 |
| 창 18:1-15, 18 | 74 | 삼하 4:9; 7:23 | 187 |
| 창 18:10-14 | 67 | 삼하 7:1, 8-11 | 110 |
| 창 18:12, 14; 21:1-3 | 67 | 삼하 7:11-17 | 111 |
| 창 22:1-18 | 199 | 삼하 7:14 | 101 |
| 창 22:2, 9-11 | 54 | 왕상 1:29 | 187 |
| 창 22:9-13 | 203 | 왕상 8:12-13 | 176 |
| 창 22:12 | 199 | 대상 17:21 | 187 |
| 창 48:16 | 187 | 대상 28:6 | 101 |
| 출 6:6; 15:13 | 187 | 대하 29:34 | 200 |
| 출 6:7; 19:6 | 52 | 느 1:10 | 187 |
| 출 12:1-28 | 54, 199 | 욥 5:20; 6:23 | 187 |
| 출 12:29 | 54 | 시 2:6-7 | 107 |
| 출 21:23-27 | 53 | 시 8:4 | 114 |
| 출 25:8 | 176 | 시 16:10 | 218 |

| | | | |
|---|---|---|---|
| 시 22:1 | 149, 151 | 사 53:7-11 | 199, 200 |
| 시 22:22 | 123 | 사 53:9 | 217 |
| 시 25:22; 34:22; 49:15; 77:15; 103:4; | | 사 53:10 | 141 |
| 106:10; 107:2; 130:8; 136:24 | 187 | 사 53:11-12 | 141 |
| 시 34:20 | 194 | 사 53:12 | 209 |
| 시 40:6-8 | 39, 42, 54, 201 | 사 61:1 | 79, 101 |
| 시 45:6-7 | 107 | 사 61:1-2 | 126 |
| 사 2:2-4 | 103 | 렘 23:5-6; 33:15-17 | 79 |
| 사 7:14 | 68, 75 | 렘 31:31-33 | 170 |
| 사 7:14; 8:8 | 55 | 렘 31:33 | 52 |
| 사 8:18 | 78, 123 | 겔 1:26; 2:1, 3, 6, 8; 3:1, 3-4, 10, 17, 25; | |
| 사 9:1-7; 11:1-10; 53:1-12 | 107 | 4:1 | 115 |
| 사 9:6 | 70, 76 | 단 2:28-45; 9:24-27 | 107 |
| 사 9:6-7; 32:1 | 102 | 단 2:44; 7:14, 18, 27 | 259 |
| 사 11:1 | 68 | 단 7:13 | 133 |
| 사 11:1-5 | 76 | 단 7:13-14 | 79, 115, 244 |
| 사 11:10 | 76 | 단 9:25-26 | 101 |
| 사 17:7 | 76 | 욘 1:17 | 217 |
| 사 40:3 | 77 | 호 6:2 | 217 |
| 사 40:10 | 77 | 호 13:14 | 187 |
| 사 42:1-4 | 107 | 미 4:1 | 103 |
| 사 42:1-4; 61:1-3 | 107 | 미 4:10; 6:4 | 187 |
| 사 42:1; 52:13; 53:11 | 125 | 슥 3:1 | 106 |
| 사 42:1; 53:5, 10-12 | 39, 42 | 슥 9:9-10 | 80 |
| 사 44:22-23; 48:20; 52:9; 63:9 | 187 | 슥 10:8 | 187 |
| 사 52:14-15 | 77 | 슥 11:12-13 | 80 |
| 사 53:2 | 71, 77 | 슥 12:10 | 81 |
| 사 53:3 | 78, 140, 217 | 슥 13:7 | 81 |
| 사 53:3-12 | 217 | 말 3:1-2 | 81 |
| 사 53:5-6 | 159 | 말 4:5-6 | 82 |

## 신약

| | | | |
|---|---|---|---|
| 마 1:1 | 75, 76 | 마 8:14-17 | 137 |
| 마 1:1-16 | 79 | 마 8:20; 9:6; 10:23; 11:19; 12:8, 32, 40; | |
| 마 1:18 | 124 | 13:37, 41; 16:13, 27-28; 17:9, 12, 22; | |
| 마 1:18-20 | 55 | 19:28; 20:18, 28; 24:27, 30, 44; 25:31; | |
| 마 1:18-21; 22:42 | 111 | 26:2, 24, 45; 26:64 | 112 |
| 마 1:18-25 | 74, 75 | 마 8:28-34 | 148 |
| 마 1:21 | 46, 103, 104 | 마 9:2-6 | 109, 130 |
| 마 1:23 | 55 | 마 9:10; 11:19 | 136 |
| 마 1:25 | 70 | 마 10:2-7 | 131 |
| 마 2:2-6 | 102 | 마 11:12-14 | 82 |
| 마 2:23 | 77 | 마 11:27 | 127 |
| 마 3:1-12 | 82 | 마 11:27; 28:18 | 244 |
| 마 3:13-16 | 102 | 마 11:28-30 | 130 |
| 마 3:15-16 | 102 | 마 12:1-8 | 152 |
| 마 3:16 | 101, 159 | 마 12:6 | 127 |
| 마 3:16-17 | 79, 107, 110 | 마 12:8 | 113, 130 |
| 마 3:17 | 102, 159 | 마 12:10-14 | 152 |
| 마 4:1-3 | 163 | 마 12:40; 16:4 | 217 |
| 마 4:1-5 | 124 | 마 13:16-17 | 127 |
| 마 4:1-11 | 162 | 마 14:13-21; 15:32-38 | 153 |
| 마 4:7 | 164 | 마 14:17-21; 15:34-38 | 137 |
| 마 4:9 | 163 | 마 16:16 | 107 |
| 마 4:11 | 270 | 마 16:18 | 119, 243 |
| 마 5:17-20; 11:28-30 | 167 | 마 16:27; 24:30; 25:31; 26:64 | 244 |
| 마 5:18-44 | 129 | 마 18:10 | 270 |
| 마 5:38 | 53 | 마 19:28; 24:27, 30, 37, 39, 44; 25:31 | 114 |
| 마 5:45, 48; 6:6, 9 | 134 | 마 20:18, 28; 24:27, 30, 44; 25:31; 26:2, | |
| 마 7:21 | 127 | 24, 45; 26:64 | 114 |
| 마 7:21; 21:3 | 127 | 마 21:1-5 | 80 |

| 마 21:1-11 | 153 |
| --- | --- |
| 마 21:5-11 | 108 |
| 마 21:12-17 | 152 |
| 마 21:33-44 | 132 |
| 마 22:30 | 271 |
| 마 22:42-45 | 127 |
| 마 23:2-36 | 133 |
| 마 23:13, 15, 23, 25-29 | 136 |
| 마 23:37-39 | 133 |
| 마 24:29 | 273 |
| 마 25:31 | 114 |
| 마 26:14-16, 23-25, 48-49; 27:3-10 | 80 |
| 마 26:17-28 | 172 |
| 마 26:24 | 39, 42, 155 |
| 마 26:26-28 | 169, 170 |
| 마 26:26-29 | 82 |
| 마 26:28 | 173, 270 |
| 마 26:31, 56 | 81 |
| 마 26:36-46 | 148, 164 |
| 마 26:53-54 | 135 |
| 마 26:62-64 | 189 |
| 마 26:62-65 | 127 |
| 마 26:63-64 | 107, 116 |
| 마 26:67; 27:39-44 | 78 |
| 마 27:11 | 190 |
| 마 27:11, 22, 37 | 190 |
| 마 27:17-23 | 190 |
| 마 27:20-26 | 153 |
| 마 27:22-26 | 191 |
| 마 27:22-26, 37 | 153 |
| 마 27:26 | 77 |
| 마 27:27-56 | 135 |
| 마 27:29-30 | 77 |
| 마 27:34 | 191 |
| 마 27:39-43 | 154 |
| 마 27:40-42 | 154 |
| 마 27:41-43 | 150 |
| 마 27:43 | 154 |
| 마 27:44 | 150, 194 |
| 마 27:46 | 149, 151, 192 |
| 마 27:57-60 | 192 |
| 마 27:57-66 | 217 |
| 마 27:63 | 271 |
| 마 28:1-20 | 136 |
| 마 28:9 | 227 |
| 마 28:17 | 230 |
| 마 28:18 | 119, 228 |
| 막 1:8 | 161 |
| 막 1:9-11 | 79, 107 |
| 막 1:10 | 159 |
| 막 1:10-11 | 101, 110 |
| 막 1:11 | 102, 159 |
| 막 1:12-13 | 162 |
| 막 1:13 | 162, 163, 270 |
| 막 1:13; 14:26 | 124 |
| 막 1:24 | 72, 94 |
| 막 2:5-11 | 109 |
| 막 2:10, 28; 10:33, 45; 13:26, 29; 14:21, 62 | 128 |
| 막 2:15-16 | 136 |
| 막 2:28 | 113, 130 |
| 막 5:1-20 | 148 |

성경 색인 279

| | | | |
|---|---|---|---|
| 막 6:1-6 | 152 | 막 15:23 | 191 |
| 막 6:5-6 | 152 | 막 15:27 | 194 |
| 막 6:34-44; 8:1-10 | 153 | 막 15:29-32 | 154 |
| 막 6:37-44; 8:2-9 | 137 | 막 15:32 | 150 |
| 막 7:1-13 | 136 | 막 15:33-34 | 192 |
| 막 9:11-13 | 82 | 막 15:34 | 149, 151 |
| 막 10:45 | 46, 135 | 막 15:42-47 | 217 |
| 막 11:1-9 | 80 | 막 15:43-47 | 192 |
| 막 11:1-11 | 153 | 막 16:9 | 227 |
| 막 11:6-10 | 108 | 막 16:19 | 101, 237 |
| 막 12:23 | 271 | 눅 1:26-38; 2:5-7 | 74 |
| 막 12:35 | 111 | 눅 1:31-33 | 80, 116 |
| 막 12:35-37 | 127 | 눅 1:31-44; 2:5-7 | 75 |
| 막 14:17-24 | 172 | 눅 1:33 | 102, 259 |
| 막 14:22-24 | 169, 170 | 눅 1:35 | 55, 124 |
| 막 14:22-25 | 82 | 눅 1:36 | 157 |
| 막 14:24 | 173 | 눅 2:6-7, 12, 17 | 70 |
| 막 14:32-42 | 148, 164 | 눅 2:11 | 104, 108, 111 |
| 막 14:36 | 115, 134, 165 | 눅 3:3-6 | 82 |
| 막 14:50 | 81 | 눅 3:16 | 161 |
| 막 14:61-62 | 107, 116, 128, 189 | 눅 3:21 | 159 |
| 막 14:61-65 | 154 | 눅 3:21-22 | 79, 101, 102, 107, 110 |
| 막 14:65; 15:19-20 | 78 | 눅 3:22 | 159 |
| 막 15:2 | 190 | 눅 3:23-31 | 76 |
| 막 15:2, 9, 26 | 190 | 눅 3:23-38 | 79 |
| 막 15:2-15, 26 | 153 | 눅 4:1-13 | 162 |
| 막 15:9-14 | 190 | 눅 4:2-8 | 163 |
| 막 15:11-15 | 153 | 눅 4:16-21 | 126 |
| 막 15:13-15 | 191 | 눅 4:16-30 | 152 |
| 막 15:17-19 | 77 | 눅 4:17-18 | 159 |
| 막 15:17-20 | 154 | 눅 4:21 | 159 |

| 참조 | 페이지 |
|---|---|
| 눅 4:34 | 72, 94 |
| 눅 5:20-24 | 109 |
| 눅 5:29-30; 7:34; 15:1; 18:10-14 | 136 |
| 눅 6:5 | 113, 130 |
| 눅 6:46 | 127 |
| 눅 7:11-17 | 153 |
| 눅 8:26-39 | 148 |
| 눅 9:10-17 | 153 |
| 눅 9:13-17 | 137 |
| 눅 14:14; 20:33 | 271 |
| 눅 19:28-38 | 80 |
| 눅 19:28-40 | 153 |
| 눅 19:37-40 | 108 |
| 눅 20:36 | 271 |
| 눅 22:3-6, 47-48 | 80 |
| 눅 22:14-20 | 172 |
| 눅 22:15-20 | 169, 170 |
| 눅 22:19-20 | 82 |
| 눅 22:20 | 173, 182 |
| 눅 22:39-42 | 162 |
| 눅 22:39-43 | 124 |
| 눅 22:39-46 | 164 |
| 눅 22:63-65; 23:35-37 | 78 |
| 눅 22:67-70 | 107, 189 |
| 눅 23:2 | 190 |
| 눅 23:2-3, 37-38 | 153, 190 |
| 눅 23:3 | 150, 154, 155, 190, 191, 194 |
| 눅 23:4-22 | 190 |
| 눅 23:18-25 | 153 |
| 눅 23:23-25 | 191 |
| 눅 23:27-31 | 81 |
| 눅 23:32 | 194 |
| 눅 23:34 | 155 |
| 눅 23:34-39 | 155 |
| 눅 23:35-37 | 154 |
| 눅 23:36 | 191 |
| 눅 23:39 | 150 |
| 눅 23:40-43 | 219 |
| 눅 23:43 | 218 |
| 눅 23:44-46 | 192 |
| 눅 23:50-53 | 192 |
| 눅 23:50-56 | 217 |
| 눅 24:49 | 42, 133, 176 |
| 눅 24:50-53 | 237 |
| 요 1:1 | 56, 76, 120 |
| 요 1:1-2, 14, 18 | 116 |
| 요 1:1-3 | 100 |
| 요 1:1-14 | 45 |
| 요 1:3 | 56 |
| 요 1:12 | 269 |
| 요 1:14 | 55, 120 |
| 요 1:14-18 | 230 |
| 요 1:16-27 | 82 |
| 요 1:18 | 56, 120 |
| 요 1:21 | 75 |
| 요 1:27 | 157, 158 |
| 요 1:29 | 156 |
| 요 1:29; 3:16 | 46 |
| 요 1:29-34 | 156 |
| 요 1:29, 36 | 102, 157, 188, 200, 201 |
| 요 1:31 | 157 |
| 요 1:31-33 | 79 |

| 요 1:31, 33 | 157 |
| 요 1:32 | 133, 160 |
| 요 1:32-34 | 133 |
| 요 1:33 | 77, 157, 158, 161 |
| 요 1:34 | 133, 158 |
| 요 1:41 | 101, 108 |
| 요 1:41; 4:25 | 101 |
| 요 2:19 | 132 |
| 요 3:5-6 | 55, 124 |
| 요 3:13 | 113 |
| 요 3:13; 5:19-27; 6:45-58, 62 | 113 |
| 요 3:14-15 | 133 |
| 요 3:14-15; 12:32-34 | 133 |
| 요 3:14-18; 5:24, 40; 11:25-26 | 136 |
| 요 3:16 | 267, 268 |
| 요 3:16, 18; 6:47-51; 11:25-26 | 132 |
| 요 3:16-21 | 252 |
| 요 3:16-21; 5:21-24, 34-39; 6:35-40, 47-51, 53-58; 8:24 | 252 |
| 요 3:17-18 | 257, 258 |
| 요 3:34 | 160 |
| 요 3:35; 13:3; 17:2 | 244 |
| 요 3:36 | 268 |
| 요 4:13-14; 7:37-39 | 133 |
| 요 5:24-29, 39-40; 6:35-40 | 132 |
| 요 5:25-27 | 132 |
| 요 5:29 | 271 |
| 요 5:29; 11:24 | 271 |
| 요 5:34-39, 46-47; 6:39-40, 47-51; 7:17, 37-39; 8:24, 34-38, 51 | 251 |
| 요 6:5-15 | 137, 153 |
| 요 6:35-40, 47-51, 53-58 | 137 |
| 요 6:51-56 | 179, 251 |
| 요 6:54 | 270 |
| 요 6:62 | 113 |
| 요 7:37-39 | 255 |
| 요 7:38-39; 14:16-17, 26; 15:26; 16:7, 13-16; 20:22 | 176 |
| 요 7:42 | 111 |
| 요 8:24, 28 | 119, 128 |
| 요 8:32-36 | 187 |
| 요 8:56 | 75 |
| 요 10:10-18, 28-29; 12:23-27 | 137 |
| 요 10:11-15 | 135 |
| 요 10:17-18 | 135 |
| 요 10:30 | 128 |
| 요 11:25-26 | 268 |
| 요 11:38-44 | 153 |
| 요 11:47-53 | 152 |
| 요 11:49-53 | 189 |
| 요 11:51-52 | 189 |
| 요 11:54-57 | 153 |
| 요 12:38-41 | 76, 120 |
| 요 13:34 | 175 |
| 요 13:34; 15:12 | 176 |
| 요 14:16 | 255 |
| 요 14:16-17; 15:26; 16:7, 13 | 133 |
| 요 14:16-18, 26; 15:26; 16:7 | 177 |
| 요 14:23 | 255 |
| 요 15:26 | 160 |
| 요 17:1-5, 24 | 116 |
| 요 17:2-10 | 39, 42 |

| 요 17:22, 24 | 270 |
| --- | --- |
| 요 18:8 | 81 |
| 요 18:33-19:15 | 190 |
| 요 18:33-37 | 149 |
| 요 18:33, 37 | 190 |
| 요 18:33-38 | 190 |
| 요 18:33-38; 19:12-16, 19 | 190 |
| 요 19:1 | 77 |
| 요 19:6-16 | 153 |
| 요 19:12-16 | 190 |
| 요 19:16-18 | 191 |
| 요 19:19 | 153 |
| 요 19:25-26 | 155 |
| 요 19:28-30 | 191 |
| 요 19:30 | 136 |
| 요 19:31-32 | 194 |
| 요 19:33-34 | 81 |
| 요 19:33-36 | 194 |
| 요 19:34 | 192 |
| 요 19:34-36 | 192 |
| 요 19:38-42 | 192, 217 |
| 요 20:15-17, 20; 21:1-7, 12 | 227 |
| 요 20:17 | 237 |
| 요 20:18, 20, 28; 21:7, 15-16 | 118 |
| 요 20:22 | 133 |
| 요 20:25 | 229 |
| 요 20:28 | 56, 120 |
| 행 1:2, 9-11; 2:33; 7:55-56 | 237 |
| 행 1:4; 2:33 | 42 |
| 행 1:4-8 | 177 |
| 행 1:6-7 | 108 |

| 행 1:6, 21, 24; 2:36, 47; 4:33 | 228 |
| --- | --- |
| 행 1:6, 21, 24; 2:36, 47; 4:33; 5:14; 7:59 | 118 |
| 행 1:8 | 161 |
| 행 1:8; 2:1-4, 33 | 176 |
| 행 1:11 | 244 |
| 행 1:16-20 | 80 |
| 행 1:21; 2:36 | 104 |
| 행 1:21; 2:36; 7:59-60; 8:16; 16:31; 9:17 | 104 |
| 행 2:1-4 | 161, 177 |
| 행 2:17-18; 10:45 | 161 |
| 행 2:24, 31-32; 3:15; 4:10; 5:30; 10:40; 13:30, 33-34, 37; 17:31 | 225 |
| 행 2:31 | 218, 228 |
| 행 2:33 | 80, 160, 206, 239 |
| 행 2:33; 7:55-56 | 101, 240 |
| 행 2:33, 36; 5:31; 10:42 | 228 |
| 행 2:36 | 119, 224 |
| 행 2:38 | 224 |
| 행 2:38-41; 3:20-4:4 | 79 |
| 행 3:13; 4:27, 30 | 125 |
| 행 3:15 | 132 |
| 행 3:21 | 229 |
| 행 3:25-26; 13:23 | 199 |
| 행 4:12; 5:31; 13:23, 38 | 104 |
| 행 4:27 | 140 |
| 행 4:27, 30 | 142 |
| 행 5:30; 10:39 | 102 |
| 행 7:55-56 | 101, 237, 239, 240 |
| 행 7:56 | 112 |
| 행 9:1-19 | 231 |
| 행 9:3-8 | 238 |

| | | | |
|---|---|---|---|
| 행 10:40; 26:8 | 271 | 롬 5:8-10 | 195, 197 |
| 행 10:47; 19:2 | 161 | 롬 5:9 | 207, 210, 267 |
| 행 11:17; 15:8 | 161 | 롬 5:10 | 197 |
| 행 16:31 | 178 | 롬 5:12 | 165, 265 |
| 행 17:7 | 107 | 롬 5:12, 17 | 165 |
| 행 17:18; 24:15 | 271 | 롬 5:14 | 54, 114, 123, 163 |
| 행 20:28 | 56, 69, 121, 187, 206, 270 | 롬 5:14-18 | 210 |
| 행 26:18 | 187 | 롬 5:17 | 267 |
| 롬 1:4 | 118 | 롬 5:17-19 | 165, 178 |
| 롬 1:4, 7; 4:24; 5:1, 11, 21; 6:23; 7:25; 8:39; 10:9; 13:14; 15:6, 30 | 104 | 롬 5:17-19; 6:6-7; 8:9-11 | 178 |
| | | 롬 5:17, 21; 6:23; 8:2 | 228 |
| 롬 2:13 | 166 | 롬 5:18-19 | 266, 267, 268 |
| 롬 3:3-25; 5:9 | 198 | 롬 5:18-19; 6:18 | 177 |
| 롬 3:22-25; 5:8-10; 6:23 | 46 | 롬 5:18-21 | 210 |
| 롬 3:24 | 187 | 롬 5:18-21; 6:22-23 | 210 |
| 롬 3:24; 4:24-25 | 177 | 롬 5:19 | 265 |
| 롬 3:24-25 | 267 | 롬 5:21 | 165 |
| 롬 3:24-25, 28 | 179 | 롬 6:5 | 271 |
| 롬 3:25 | 198 | 롬 6:6 | 265 |
| 롬 3:25; 5:8-10 | 141, 194 | 롬 6:10 | 102, 210 |
| 롬 3:25; 5:9 | 206 | 롬 6:18, 22 | 187 |
| 롬 3:25-26 | 266 | 롬 6:22 | 265 |
| 롬 3:26 | 266 | 롬 6:23 | 167, 192, 209, 210, 265, 266, 268 |
| 롬 3:28 | 178 | 롬 8:1-2 | 265 |
| 롬 4:24-25; 8:11; 10:9 | 225 | 롬 8:2-3 | 141 |
| 롬 4:25 | 141, 150, 267 | 롬 8:9-11, 14-17 | 178 |
| 롬 4:25; 5:8-10 | 192 | 롬 8:11 | 178, 211, 226, 271 |
| 롬 4:25; 5:18-19 | 225 | 롬 8:14-16 | 177 |
| 롬 5:1 | 266, 267, 268 | 롬 8:14-17 | 178 |
| 롬 5:2; 8:18, 21; 9:23 | 270 | 롬 8:15 | 55, 269 |
| 롬 5:8 | 195, 197 | 롬 8:17 | 270 |

| | | | |
|---|---|---|---|
| 롬 8:20 | 272 | 고전 15:27 | 244 |
| 롬 8:21 | 229, 272 | 고전 15:28 | 246, 259 |
| 롬 8:21-22 | 272 | 고전 15:45 | 55, 114, 123, 124, 163, 226 |
| 롬 8:34 | 101, 226, 239, 240, 271 | 고전 15:47-48 | 73 |
| 롬 9:5 | 56, 69, 76, 121, 231 | 고전 15:47-49 | 95 |
| 롬 9:5; 11:36 | 80 | 고후 1:1-2; 4:5 | 104 |
| 롬 9:7 | 199 | 고후 1:22; 5:5 | 177, 211, 226, 271 |
| 롬 11:36 | 56, 76, 100, 122 | 고후 3:18 | 270 |
| 롬 14:9 | 119, 228, 244 | 고후 3:18; 4:17 | 270 |
| 고전 1:2-3, 7-9; 12:3 | 104 | 고후 4:4 | 57 |
| 고전 1:23; 5:7; 15:3 | 107 | 고후 4:5 | 228 |
| 고전 2:7 | 270 | 고후 4:10-11 | 228 |
| 고전 5:7 | 199, 200 | 고후 4:14 | 226 |
| 고전 6:14; 15:15 | 225 | 고후 4:17 | 270 |
| 고전 8:6 | 56, 122 | 고후 5:5 | 178, 271 |
| 고전 12:3 | 104 | 고후 5:14 | 191, 192, 207, 209, 210 |
| 고전 12:13 | 177 | 고후 5:14-15 | 167 |
| 고전 15:3 | 46, 167, 191 | 고후 5:14, 21 | 192 |
| 고전 15:3-4 | 217 | 고후 5:17 | 229 |
| 고전 15:4, 12, 15, 20 | 271 | 고후 5:18-19 | 194, 198 |
| 고전 15:7-8 | 230 | 고후 5:19-20 | 202 |
| 고전 15:17, 22 | 267 | 고후 5:19-21 | 198 |
| 고전 15:19 | 55 | 고후 5:21 | 102, 191, 203, 209, 210, 267 |
| 고전 15:20 | 226 | 갈 1:1 | 225 |
| 고전 15:21 | 210 | 갈 1:4 | 80, 210 |
| 고전 15:21-22 | 210 | 갈 1:4-5 | 80 |
| 고전 15:22 | 228, 266 | 갈 3:2-5; 4:4-6 | 177 |
| 고전 15:22-23 | 226 | 갈 3:13 | 101, 102, 167, 186, 191, 193, 267 |
| 고전 15:24-28 | 245 | 갈 3:13; 4:5 | 186 |
| 고전 15:25 | 102 | 갈 3:14 | 161 |
| 고전 15:25-27 | 119 | 갈 3:16 | 199 |

| | | | |
|---|---|---|---|
| 갈 3:16, 19 | 55 | 엡 4:30 | 187, 211 |
| 갈 4:1-5 | 188 | 빌 2:5-11 | 45 |
| 갈 4:4 | 45, 69 | 빌 2:6 | 57, 69, 231 |
| 갈 4:4-5 | 165, 269 | 빌 2:6-7 | 87, 142, 145 |
| 갈 4:4-6 | 269 | 빌 2:6-8 | 140 |
| 갈 4:5 | 187 | 빌 2:7 | 87, 125 |
| 갈 4:6 | 55, 177, 269 | 빌 2:8 | 167, 267 |
| 갈 4:29 | 67 | 빌 2:9-11 | 119, 228, 244 |
| 갈 5:1 | 187 | 골 1:14 | 188, 198, 211, 225 |
| 엡 1:4 | 39, 42 | 골 1:14, 20 | 177, 206 |
| 엡 1:7 | 179, 206 | 골 1:15 | 57, 269 |
| 엡 1:7; 2:8 | 177 | 골 1:15-17 | 231 |
| 엡 1:7, 13 | 178 | 골 1:15-19; 2:9 | 45 |
| 엡 1:7, 14 | 187 | 골 1:16 | 56 |
| 엡 1:10 | 244, 273 | 골 1:16-17 | 100, 119 |
| 엡 1:10, 21-22 | 119 | 골 1:17 | 100 |
| 엡 1:13-14 | 178 | 골 1:17-18 | 228 |
| 엡 1:13-14; 2:22; 3:16 | 177 | 골 1:18-20 | 119 |
| 엡 1:13-14; 4:30 | 226, 271 | 골 1:20 | 187, 197, 202, 272 |
| 엡 1:14 | 187, 271 | 골 1:20-22 | 194, 197 |
| 엡 1:18 | 270 | 골 1:20, 22 | 198 |
| 엡 1:20 | 101, 225, 239, 240 | 골 1:27; 3:4 | 270 |
| 엡 1:20-21; 4:8-10 | 237 | 골 2:9 | 55 |
| 엡 1:22-23 | 257 | 골 2:10 | 119, 244 |
| 엡 2:5-6 | 226 | 골 2:12 | 225 |
| 엡 2:8-9 | 43, 178, 179 | 골 2:12-13; 3:1 | 226 |
| 엡 2:9 | 178 | 골 2:13-14 | 211 |
| 엡 2:16 | 198 | 골 2:14 | 208 |
| 엡 3:6 | 270 | 골 2:14-15 | 207 |
| 엡 4:6 | 47 | 골 2:15 | 208 |
| 엡 4:8-10 | 220 | 골 2:20 | 208 |

| | | | |
|---|---|---|---|
| 골 3:1 | 101, 237, 239, 240 | 히 1:8 | 259 |
| 골 3:3-4 | 228 | 히 1:14 | 270 |
| 살전 1:6 | 177 | 히 2:6-9 | 114 |
| 살전 1:10 | 225 | 히 2:9-14 | 45 |
| 살전 1:10; 4:16 | 244 | 히 2:11-17 | 67 |
| 살전 2:12 | 270 | 히 2:12-13 | 123 |
| 살전 4:14 | 271 | 히 2:13 | 55, 78, 123 |
| 살후 1:10 | 244 | 히 2:13-14 | 114 |
| 살후 2:13-14 | 179 | 히 2:13-15 | 269 |
| 살후 2:14 | 270 | 히 2:13-17 | 209 |
| 딤전 1:17 | 80 | 히 2:14 | 123 |
| 딤전 2:6 | 187, 198, 202, 207, 209, 210 | 히 2:17 | 192 |
| 딤전 3:16 | 45, 237 | 히 2:17; 6:20; 9:12, 26 | 199 |
| 딤전 6:13 | 149 | 히 2:17-18 | 203 |
| 딤후 1:1, 10 | 228 | 히 2:18 | 203 |
| 딤후 1:10 | 211, 225 | 히 4:14 | 204 |
| 딛 2:13 | 56, 69, 122 | 히 4:15 | 94 |
| 딛 2:14 | 101, 187, 209, 210 | 히 4:16; 10:19 | 205 |
| 딛 3:5-7 | 124 | 히 5:6; 6:20; 7:16, 21, 24 | 204 |
| 히 1:2 | 56, 100, 269 | 히 5:9; 7:25 | 204 |
| 히 1:2; 2:8 | 244 | 히 6:20 | 203 |
| 히 1:2; 2:10 | 204 | 히 7:1-28 | 107 |
| 히 1:2-3; 2:10; 3:3-4; 4:14 | 204 | 히 7:11-19; 10:4-9 | 200 |
| 히 1:2, 10; 2:8 | 119 | 히 7:16-25 | 204 |
| 히 1:3 | 57, 203, 204 | 히 7:21-22; 8:6-13; 9:11-15; 12:24 | 169, 172, 182 |
| 히 1:3; 2:17; 4:14; 5:5, 10; 6:20; 7:17, 24-28; 8:1-2; 9:11-15, 24-28 | 203 | 히 7:22 | 174 |
| 히 1:3; 2:17; 9:26-28; 10:12 | 46 | 히 7:23 | 204 |
| 히 1:3; 4:14; 8:1; 9:24; 10:12; 12:2 | 237 | 히 7:24 | 204 |
| 히 1:3; 8:1; 10:12; 12:2 | 101, 239, 240 | 히 7:26 | 205 |
| 히 1:6-13; 7:1-25 | 107 | 히 7:27 | 205 |

| | | | |
|---|---|---|---|
| 히 7:27; 9:12, 14, 26, 28; 10:6-10, 12 | 201 | 히 10:4 | 204 |
| 히 7:27; 9:12, 26-28; 10:12, 14 | 205 | 히 10:4-8 | 205 |
| 히 7:27; 9:12, 28; 10:2, 10 | 205 | 히 10:5-6 | 201 |
| 히 8:3-13; 9:11-15, 26; 10:5-6, 10-12 | 54 | 히 10:5-6, 12-14, 18 | 111 |
| 히 8:4-5 | 54 | 히 10:5-9 | 201 |
| 히 8:5; 9:1-9 | 206 | 히 10:11 | 204 |
| 히 8:6; 9:15; 12:24 | 173 | 히 10:12 | 103, 201, 203, 204 |
| 히 8:6-13 | 170 | 히 10:18 | 201 |
| 히 8:7-13 | 82 | 히 10:19-20 | 241 |
| 히 8:13; 9:15; 12:24 | 182 | 히 10:20 | 206 |
| 히 9:1-10; 10:5-6 | 54 | 히 11:18 | 199 |
| 히 9:11-12 | 206 | 히 11:40 | 174, 189, 201, 220 |
| 히 9:11-15; 10:12 | 111 | 히 12:24 | 205 |
| 히 9:12-14 | 187, 202 | 히 13:20 | 104 |
| 히 9:12-14; 10:19; 12:24 | 202 | 벧전 1:2-3 | 124 |
| 히 9:12, 14; 13:12, 20 | 206 | 벧전 1:2, 18-19 | 206 |
| 히 9:12-18 | 210 | 벧전 1:3 | 55 |
| 히 9:14-15 | 202, 205 | 벧전 1:18 | 186, 187 |
| 히 9:15 | 187 | 벧전 1:18-19 | 198, 202, 207, 210 |
| 히 9:15; 10:10-18 | 174 | 벧전 1:18-21 | 101 |
| 히 9:15; 12:24 | 173 | 벧전 1:19 | 199, 200 |
| 히 9:22 | 188 | 벧전 1:21 | 225 |
| 히 9:24 | 206, 239 | 벧전 2:22-24 | 198 |
| 히 9:24-28 | 205 | 벧전 2:24 | 77, 193, 202, 268 |
| 히 9:26 | 102 | 벧전 2:24; 3:18 | 46 |
| 히 9:26-28; 10:10-14 | 111 | 벧전 3:18 | 209, 210 |
| 히 9:26, 28; 10:12, 18 | 201 | 벧전 3:19 | 220, 222 |
| 히 9:28; 10:10-18 | 207 | 벧전 3:22 | 101, 119, 228, 237, 239, 240, 244 |
| 히 10:1 | 103, 201, 203, 204, 241 | | |
| 히 10:2 | 201, 206 | 벧전 5:1 | 270 |
| 히 10:3 | 201, 204 | 벧후 1:2 | 104 |

| | | | |
|---|---|---|---|
| 벧후 3:4-7 | 229 | 계 1:18; 5:13; 11:15 | 80 |
| 벧후 3:10, 12-13 | 272 | 계 2:27; 3:7; 5:5; 11:15; 22:16 | 80 |
| 벧후 3:13 | 246, 272 | 계 2:27; 11:15; 19:15-16 | 102 |
| 요일 1:7 | 206 | 계 3:21 | 101, 240 |
| 요일 2:2 | 150, 161, 202, 211, 255, 268 | 계 5:5; 22:16 | 111 |
| 요일 2:2; 3:5; 4:9-10 | 46 | 계 5:6 | 200 |
| 요일 2:2; 4:19 | 198 | 계 5:6, 9-10, 12-13; 13:8 | 199, 200 |
| 요일 2:24-27; 3:14; 4:13 | 255 | 계 5:9 | 186, 207 |
| 요일 2:25 | 211, 268 | 계 5:9-10 | 202 |
| 요일 2:27; 3:24; 4:13 | 161 | 계 5:9-10; 14:3-4 | 101 |
| 요일 3:5 | 210 | 계 7:15 | 224 |
| 요일 3:8 | 187, 268 | 계 7:15; 8:4 | 242 |
| 요일 4:8 | 142 | 계 11:15 | 244, 259 |
| 요일 4:10 | 141, 194, 197 | 계 11:15; 19:15-16 | 103 |
| 요일 5:11-12, 20 | 228 | 계 12:3-12 | 208 |
| 요일 5:20 | 56, 121, 268 | 계 12:5 | 102 |
| 유 14 | 244 | 계 12:7-11 | 207 |
| 계 1:5 | 46, 187, 202 | 계 17:14 | 119, 244 |
| 계 1:5; 5:9 | 206 | 계 19:7-9 | 242 |
| 계 1:5; 5:9-10 | 103 | 계 21:1 | 272 |
| 계 1:5-6 | 101, 103, 108, 224 | 계 21:3 | 52, 175, 179, 246 |
| 계 1:5-6; 5:9-10 | 103, 254, 255 | 계 21:3-4 | 26 |
| 계 1:5, 17-18 | 228 | 계 21:3-5 | 259 |
| 계 1:7; 22:20 | 244 | 계 21:3-7 | 246 |
| 계 1:13-17 | 238 | 계 21:5 | 229, 272 |
| 계 1:13-18 | 226 | 계 21:7 | 246 |
| 계 1:13, 18 | 227 | 계 22:3 | 246 |
| 계 1:18 | 228 | | |

## 라틴어와 다른 언어 용어 색인

| | |
|---|---|
| Αββα ὁ πατήρ | 115 |
| Abstiegschristologie | 37 |
| Adonai, אֲדֹנָי | 119 |
| Adonai, κύριος | 127, 228 |
| Adonai, κύριος, Dominus | 228 |
| adoptio filii | 178 |
| Adversus Haereticos (AH) | 57, 61 163, 194 |
| Adversus Nestorianos et Eutychianos (Adv. Nestorianos et Eutychianos) | 65 |
| Adv. Praxeas | 61 |
| aeternitas | 43 |
| aeternum et immutabilitum | 44 |
| anhypostatia | 64, 94 |
| ἀπαρχὴ τῶν κεκοιμημένων | 226 |
| 1 Apologia | 60 |
| 2 Apologia | 60 |
| Apollinaris of Laodikea | 85 |
| ἀρραβῶν | 226 |
| ascensio ad coelos | 237 |
| ascensio Christi | 223, 237 |
| Athanasios | 63 |
| ἀντίλυτρον | 198, 207 |
| ἀντίλυτρον ὑπὲρ πάντων | 207 |
| ἅπαξ, ἐφάπαξ | 205 |
| auctor salutis | 180 |
| Aufstiegschristologie | 30 |
| Augustinus | 46, 250 |
| αυτοβασιλεια | 255 |
| Barnabas | 58 |
| Barth (Karl) | 32, 42, 50, 117, 212, 236 |
| Bavinck (Herman) | 41, 103, 181 |
| βαπτίσει ἐν πνεύματι ἁγίῳ | 161 |
| Berkhof (Hendrikus) | 35, 50 103 |
| Berkhof (Louis) | 103 |
| Berkhof (Louis), Systematic Theology | 103 |
| Biedermann (Alois Emanuel) | 89 |
| Biedermann (Alois Emanuel), Christliche Dogmatik | 89 |
| Brenz | 87 |
| Brunner (Emil) | 32, 69 |
| Brunner (Emil), Dogmatik | 32, 69, 70, 117 |
| Bultmann (Rudolf) | 34, 233 |
| Butzer, Bucer (Martin) | 249 |
| Calvin (John) | 56 |
| caro | 48 |
| Catecheses | 219 |
| causa movens externa | 44 |
| causa movens interna | 43 |
| certitudo salutis | 43 |
| Chemnitz (M.) | 87 |
| Christelijk Geloof | 35, 51 |
| Christologia | 1 |
| Christus incarnandus, Logos asarkos | 181 |
| 2 Clement | 58 |
| Clement of Alexandria | 62 |
| cognitio salutis | 253 |
| comm. Gen. | 176 |

| | |
|---|---|
| communicatio idiomatum | 71, 87, 92 |
| comprehensio passionis | 146 |
| Concilium Nicaenum | 37 |
| consilium salutis divinum | 39 |
| constitutio mediatoris | 40 |
| consummatio salutis | 258 |
| contra Arianos | 63, 64, 180 |
| contra Gentes | 63 |
| contra Noetum | 62 |
| corruptio | 66 |
| Cujus regni non erit finis | 260 |
| culpa | 46, 72 |
| decretum aeternum | 42 |
| decretum reprobationis | 44 |
| de Decretis | 63 |
| defensio | 257 |
| de Incarnatione Verbi | 63, 64, 91 |
| deitas | 30 |
| Denzinger (Henricus) | 260 |
| de principiis | 47, 182 |
| Der Christliche Glaube | 30, 70, 232 |
| der eine persönliche Gott | 33 |
| descendit ad inferna (inferos) | 219 |
| descensus ad inferos | 219 |
| de theophania | 62 |
| de Trinitate | 250 |
| Deum ex Deo | 57, 122 |
| Deum verum de Deo vero | 122 |
| Deus absconditus | 33 |
| Deus Filius | 56 |
| Deus-homo | 73, 84 |
| Deus incarnatus | 101 |
| Deus incarnatus, incarnatio Dei | 28 |
| Deus in carne, Deus incarnatus | 56 |
| Deus, θεος | 120 |
| Deus Verus de Deo Vero | 57 |
| dialogus | 250 |
| Dictaten Dogmatiek | 41, 181 |
| Die christliche Lehre von der Rechtfertigung und Versöhnung (Rechtfertigung und Versöhnung) | 31 |
| Die Dogmatik der evangelisch-lutherischen Kirche | 71, 91, 145, 182, 221 |
| die Schriften zur Theologie | 213 |
| die Theologie des Neuen Testaments | 121 |
| Dominus | 228 |
| δοῦναι τὴν ψυχὴν αὐτοῦ λύτρον ἀντὶ πολλῶν | 135 |
| Duns Scotus (Johannes) | 48 |
| duotheismus | 33, 42 |
| efficacia | 95 |
| ἐγώ εἴμι | 128 |
| Eirenaios, Irenaeus | 57, 193 |
| elevatio | 49 |
| ἔμεινεν ἐπ' αὐτόν | 160 |
| Enchiridion Symbolorum | 85, 122, 260 |
| endurantia passionis hypothetica | 146 |
| enhypostatia | 64 |
| ἐν τῷ υἱῷ αὐτοῦ Ἰησοῦ Χριστῷ. οὗτός ἐστιν ὁ ἀληθινὸς θεὸς καὶ ζωὴ αἰώνιος | 121 |
| Epistula 18 | 59 |

| | | | |
|---|---|---|---|
| Epistula ad Adelphium | 64 | Greogorios of Nazianzus | 86 |
| Epistula ad Philadelphianos | 59 | Grundkurs des Glaubens | |
| Epistula ad Trallianos | 59 | (Grundkurs) | 36, 236 |
| Epistula Ignatii ad Magnesianos | 59 | gubernatio | 257 |
| et in unam personam atque | | Herr | 31 |
| subsistentiam concurrente | 85 | Hippolytos | 62 |
| Eutyches | 86 | Hirsch (Emanuel), Hilfsbuch Zum | |
| expiatio | 188, 199 | Studium der Dogmatik | 238 |
| Expositio Fidei | 63 | Hoffmann | 88 |
| externa veritatis divinae promulgatio | 250 | homo doloris | 148 |
| extra-Calvinisticum | 91 | homoousia | 37 |
| Filii manifestatio est agnitio enim | | homo solitarius | 148 |
| Patris | 57 | humiliatio Christi | 139 |
| Filius aeternus | 70 | Ἰησοῦς | 104 |
| Filius Dei, ὁ υἱὸς τοῦ θεοῦ | 115 | Ignatios | 56, 59 |
| Filius incarnandus | 88, 172 | illuminatio mentis hominum per | |
| foedus gratiae | 181, 182 | Spiritum Sanctum | 251 |
| foedus novum | 41, 169, 172 | illuminatio Spiritus | 243 |
| formatio | 66 | Imago Dei | 57 |
| Foundations of Christian Faith | | immacula conceptio | 97 |
| (Foundations) | 51 | Immanuel | 55, 84, 151 |
| Fragmente | 63 | immutabilitas | 43 |
| Frank (F. H. R.) | 88 | immutabiliter | 73, 85 |
| Gereformeerde Dogmatiek | 41, 103, 181 | impassibilitas divinitatis | 145 |
| Gess (W.) | 88 | incarnatio Dei | 28, 30, 51, 141 |
| Giessen | 87 | inconfuse | 73, 85 |
| God-man | 64 | in die Würde der Messianität und | |
| God with us | 84 | Gottessohnschaft | 32 |
| Gottesbewusstein | 30 | indivise | 73, 85 |
| Gottmensch | 32 | ineffabilitas | 146 |
| gratia | 181, 182, 250, 254 | initium humiliationis | 141 |

| | | | |
|---|---|---|---|
| inseparabiliter | 73, 85 | Logos, Verbum Dei | 56 |
| Institutio | 48, 49, 222, 249 | Lumen ex Lumine | 57 |
| intercessio | 261 | majestas | 238 |
| interpretatio legis | 251 | Mediator redemptionis | 41, 100 |
| Ioustinos, Justine | 59, 250 | Mediator salutis | 99, 264 |
| iudicium | 256, 258 | μένον ἐπ' αὐτόν | 161 |
| iustificatio | 256, 260 | Methodios | 62 |
| iustitia | 43 | Methodios, Oratio | 60 |
| iustitia Dei vindicativa | 44 | Methodios, Oration on the Psalms | 63 |
| Jesus Christ and mythology | 34 | modus incarnationis | 64 |
| καὶ βασιλεύσει ἐπὶ τὸν οἶκον Ἰακὼβ εἰς τοὺς αἰῶνας | 259 | Moltmann (Jürgen) | |
| | | μονογενὴς θεὸς ὁ ὢν εἰς τὸν κόλπον τοῦ πατρὸς ἐκεῖνος ἐξηγήσατο | 120 |
| καὶ θεὸς ἦν ὁ λόγος | 120 | | |
| Και ταφεντα | 219 | motive | 28 |
| Kenotiker | 87 | munus duplex | 249 |
| κένωσις | 87 | munus tri plex | 249 |
| Kerygma and Myth | 234 | munus triplex Christi | 247 |
| Kirchliche Dogmatik (KD) | 33, 42, 50, 117, 212, 236 | Mythe | 31 |
| | | nativitas naturalis | 70 |
| Kuyper (Abraham) | 41, 181 | natura humana | 53, 90 |
| Kyrillos, Cyrill | 86, 219 | natus ex Maria virgine | 66, 68 |
| κύριος Ἰησοῦς | 104 | Nestorios of Antiochos | 86 |
| κύριος | 118, 119, 127, 228 | Nicaenum | 37, 57, 122 |
| lapsus hominis | 42 | nova creatio | 227 |
| Leontios | 65 | νοῦς | 85 |
| lex | 62, 247, 249, 250 | oboedientia activa | 167 |
| libri duo, genevae | 217 | oboedientia passiva | 167 |
| Liebner | 88 | O Felix culpa mea | 46 |
| limbus patrum | 219 | officium | 103 |
| Logos asarkos | 33, 181 | ὁ κύριος | 118 |
| Logos incarnatus | 64 | | |

| | | | |
|---|---|---|---|
| Ὁ κύριος αὐτῶν χρείαν ἔχει | 127 | perseverantia in infidelitate finalis | 44 |
| ὁ κύριος Ἰησοῦς | 118 | persistentia in fide finalis | 43 |
| Ὁ κύριός μου καὶ ὁ θεός μου | 120 | persona | 84 |
| Ὁ μονογενης | 134 | Persona Christi | 83 |
| ὁ ὢν ἐπὶ πάντων θεὸς εὐλογητὸς εἰς τοὺς αἰῶνας, ἀμήν | 121 | persona divina | 65, 85 |
| | | Persona Mediatoris | 103 |
| ὁ υἱὸς τοῦ θεοῦ | 115 | persona Verbi | 67 |
| ὁ Χριστός, מָשִׁיחַ | 106 | pignus | 42 |
| Olevianus (Gaspar) | 217 | pipe | 96 |
| omnipotentia | 71, 92, 227 | pluralitas | 44 |
| omnipraesentia | 71, 92, 227 | poena | 53 |
| omniscientia | 71, 92, 227 | pollutio | 72 |
| Oratio Catechisis | 91 | pollutio peccati | 66 |
| Oratio contra Arianos | 63 | praevisio | 43 |
| Origenes | 47 | Princeps e legibus solutus est | 144 |
| Osiander (Andreas) | 48, 248 | promulgatio evangelii | 178 |
| οὐ γὰρ ἐκ μέτρου δίδωσιν τὸ πνεῦμα | 160 | prophetia Christi | 249 |
| | | prophetia evangelica | 251 |
| οὐ γὰρ εἰς χειροποίητα ἅγια εἰσῆλθεν ὁ Χριστός, ἀντίτυπα τῶν ἀληθινῶν | 239 | prophetia legalis | 251 |
| | | propitiatio | 189 |
| | | Protreptikos | 62 |
| Οὐ πᾶς ὁ λέγων μοι, Κύριε κύριε, εἰσελεύσεται εἰς τὴν βασιλείαν τῶν οὐρανῶν | 127 | qui conceptus est de Spiritu Sancto, natus ex Maria virgine, | 66 |
| | | Rahner (Karl) | 35, 51, 213, 235 |
| pactum salutis | 28, 40, 100, 182 | reconciliatio | 194 |
| Paedagogus | 62 | recreatio | 227 |
| parousia | 244 | redemptio | 41, 53, 100, 186 |
| particularitas | 43 | regium munus Christi | 254 |
| Pater agit per Filium in Spiritu Sancto | 100 | regnum Christi | 254 |
| | | regnum gratiae | 254 |
| perseverantia in fide finalis | 178 | regnum oeconomicum | 254 |

| | | | |
|---|---|---|---|
| reprobatio | 43, 44 | subsistere | 65 |
| repudium meriti Christi | 44 | Suh (Chul Won), The Creation- | |
| restitutio | 47, 53 | Mediatorship of Jesus Christ | 114 |
| resurrectio Christi | 224 | Summa Theologica | 220 |
| resurrectio et ascensio Christi | 223 | Symbolum Apostolicum | 66 |
| revelatio divina ipsa | 250 | Symbolum Chalcedonense | 73, 85 |
| Ritschl (Albrecht) | 31, 117, 212, 233 | Symbolum Nicaeno- | |
| sacerdotale Christi munus | 260 | Constantinopolitanum | 126 |
| sacrificium | 54 | Symbolum Nicaenum | 57 |
| salus | 250 | Tatianos | 60 |
| salvator | 250 | Tatianos, Oratio | 60 |
| sanctificatio | 66 | τῇ δεξιᾷ οὖν τοῦ θεοῦ ὑψωθείς, | |
| σάρξ | 27 | τήν τε ἐπαγγελίαν τοῦ πνεύ– | |
| Sartorius | 88 | ματος τοῦ ἁγίου λαβὼν παρὰ | |
| satisfactio vicaria | 209 | τοῦ πατρός | 240 |
| Schein | 89 | τὴν ἐκκλησίαν τοῦ θεοῦ, ἣν | |
| Schilder (Klaas) | 242 | περιεποιήσατο διὰ τοῦ ἰδίου | |
| Schleiermacher (Friedrich) | 30, 70, 117, 211, 232 | αἵματος. | 121 |
| | | Tertullianus | 61 |
| Schmid, die Dogmatik | 92, 176, 221, 227 | testamentum | 42, 173 |
| Schmid (Heinrich) | 71, 91, 92, 145, 176, 182, 221, 227 | τεθέαμαι | 158 |
| | | Theology and The New Testament | 234 |
| sec. ordinem Romanum | 219 | theophania | 62, 250 |
| sec. Rufinum, forma Romana | 219 | The Works of John Wesley | 209 |
| self-humbling | 141 | Thomas (Aquinas) | 220 |
| Seligkeit | 211 | Thomasius (G.) | 88 |
| Sententiae | 48 | Tillich (Paul) | 34 |
| sepultus | 219 | Tillich (Paul), Systematic Theology | 34 |
| Servetus | 117 | tota natura hominis | 56 |
| Stauffer (Ethelbert) | 121 | τοῦ μεγάλου θεοῦ καὶ σωτῆρος | |
| Stromata | 62 | ἡμῶν Χριστοῦ Ἰησοῦ | 122 |

| | |
|---|---|
| τῷ προσώπῳ τοῦ θεοῦ ὑπὲρ ἡμῶν | 206, 239 |
| trinitatis inhabitatio | 176 |
| Trinität und Reich Gottes | 235 |
| type, Typos | 104 |
| unio personalis | 65, 92, 216 |
| Unum eundemque Christum Filium Dominum unigenitum | 85 |
| Vaticanum, 1870 | 97 |
| verba ipsissima | 128 |
| Verbum Dei | 48, 56 |
| Verbum Dei ipsum | 253 |
| Vere Deus Vere homo | 89 |
| Vermittlungstheologie | 49 |
| vocatio | 256, 260 |
| von oben nach unten | 37 |
| Wat is de hemel? | 242 |
| weil ein groβes, endgültiges, vollkommenes Sein im Dienste Gottes die Zukunft der Welt und jedes Menschen und so auch die seinige ist | 50 |
| wenn nicht Christus auch als Gott von Maria geboren wäre | 31 |
| Wesley (John) | 209 |
| Yahweh | 118 |
| YHWH | 118 |
| YHWH, יהוה | 119, 128 |
| עִמָּנוּאֵל (임마누엘) | 84 |